Einleitung

Seit mehr als 15 Jahren bringen wir in unserem jobvector Stellenmarkt und auf unseren jobvector career days Bewerber und Unternehmen aus Higt-Tech-Branche zusammen. Oft haben Bewerber uns nach einer Orientierungshilfe zum Thema Karriere gefragt, die speziell auf die Bedürfnisse von Ingenieuren zugeschnitten ist. Dieser fachspezifische Ratgeber liegt nun in Ihrer Hand!

Unser Ziel ist, Ihnen das breite Spektrum an Karrierewegen aufzuzeigen, das Ihnen mit einem natur-, medizin- oder ingenieurwissenschaftlichen Hintergrund offen steht sowie Ihnen wertvolle Tipps für Ihre Karriereplanung zu geben.

Es gibt die klassischen Wege, wie etwa ein Einstieg in die Konstruktion oder in die Produktion, doch die heutige Berufswelt ist offen für Menschen, die über ihr eigenes Studium hinausblicken und interdisziplinär arbeiten möchten.

Uns ist es wichtig auch ungewöhnliche und weniger bekannte Karrierewege vorzustellen, an die Sie bisher vielleicht noch nicht gedacht haben.

Die Berufsbilder und Erfahrungsberichte können natürlich nur Beispiele für die Bandbreite an Möglichkeiten sein, die für Sie als Ingenieur in Frage kommen. Gerne möchten wir Ihnen Perspektiven zeigen und Ihre Neugier wecken über den Tellerrand zu schauen.

Erfahren Sie mehr über Arbeitgeber aus der High-Tech- und Science-Branche. Die Unternehmensporträts zeigen, welch vielfältige Möglichkeiten sich Ihnen bieten.

Nutzen Sie dieses Nachschlagewerk als Orientierungshilfe, entdecken Sie Ihre Karriereperspektiven und profitieren Sie von spannenden Bewerbungs- und Karrieretipps. Wir möchten Ihnen etwas Inspiration mit auf Ihren Karriereweg geben.

Viel Erfolg
auf Ihrem Karriereweg
wünscht Ihnen

Eva Birkmann

Dr. Eva Birkmann,
CEO jobvector

D1731140

Karrieretrends für Ingenieure

Capsid GmbH (Herausgeber)

Diese Publikation ist ein Karriereratgeber für Absolventen, Fach- und Führungskräfte. In unseren Karrieretrends finden Sie Tipps für Ihre Bewerbung, aktuelle Trends auf dem Arbeitsmarkt, verschiedene Berufsbilder und Karriereperspektiven.

1. Auflage, 1. Ausgabe 2015

Bestellung

Die Publikation „Karrieretrends für Ingenieure" wird national und international auf branchenspezifischen Messen und Konferenzen, an Universitäten, Fachhochschulen und Berufsschulen kostenlos verteilt. Des Weiteren ist sie über den Herausgeber auf www.jobvector.com gegen ein Entgelt von 15,00 € erhältlich. Für die Richtigkeit der Angaben kann der Herausgeber keine Gewähr übernehmen.

Hinweise

Der Nachdruck von Beiträgen, auch auszugsweise, ist nur mit vorheriger schriftlicher Genehmigung des Herausgebers und unter Quellangabe gestattet. Die Beiträge geben nicht in jedem Fall die Meinung des Herausgebers wieder.
Aus Gründen der Lesbarkeit wird bei den meisten geschlechtsspezifischen Bezeichnungen die männliche Form gewählt.

Kontaktdaten

jobvector/Capsid GmbH
Kölner Landstr. 40
40591 Düsseldorf
Deutschland

Tel.: +49 (0) 211 301 384 01
Fax.: +49 (0) 211 301 384 69
www.jobvector.com

ISBN-Nr. 978-3-9813951-8-1

Inhaltsübersicht

Inhaltsverzeichnis

2. Unternehmen & Jobs

3. Branchentrends & Perspektiven

4. Bewerbung & Karriereplanung

1. Berufsbilder & Erfahrungsberichte

Sie sind Berufseinsteiger oder planen in Ihrem Berufsleben den nächsten Karriere-schritt? Im ersten Kapitel werden Ihnen vielseitige Berufsbilder und Erfahrungs-berichte aus unterschiedlichen Tätigkeitsfeldern vorgestellt. Die Artikel können Ihnen bei der Entscheidung behilflich sein interessante Bereiche für sich zu entdecken. Die Beiträge geben Ihnen Einblicke, wie Sie in den Berufsfelder erfolgreich sein können. Es werden nicht nur Berufsbilder vorgestellt, welche für Ingenieure als die klassischen Tätigkeitsfelder gelten wie z.B. im Konstruktionsbereich oder Anlagenbau, sondern auch weitere interdisziplinäre Bereiche. Somit können Sie die Vielfältigkeit Ihrer beruflichen Möglichkeiten entdecken.

1. Berufsbilder & Erfahrungsberichte

Ingenieur in der Medizintechnik
Entwickler zwischen Mensch und Maschine

Mediziningenieure oder Medizintechnikingenieure sind der Motor für den medizinischen Fortschritt, für die Entwicklung von neuen Implantaten, Prothesen, Verfahren und Geräten. Insbesondere chirurgische Instrumente und medizintechnische Geräte werden von Mediziningenieuren entwickelt.

Vielseitige Produkte
Fast jeder ist schon mal in Berührung mit Produkten aus der Medizintechnik gekommen: Bildgebende Verfahren (Röntgenaufnahmen, Kernspintomografie, Ultraschall), Zahnfüllmaterialien, Herzschrittmacher, künstliche Hüftgelenke und Hörgeräte sind nur einige Beispiele für die sehr unterschiedlichen und längst etablierten Errungenschaften der Medizintechnik. Aktuelle Forschungsfelder sind z.B. Prothesen, die vom Gehirn gesteuert werden können oder die Entwicklung von Geräten zur minimalinvasiven Chirurgie. Dies ist eine Operationsmethode, bei der der Patient u.a. durch möglichst kleine Schnitte in die Haut wenig belastet wird. Dazu werden spezielle Geräte wie beispielsweise Endoskope benötigt, die eine Orientierung im Körper ermöglichen. Sogenannte Telemedizinprodukte könnten in Zukunft viele Krankenhausaufenthalte verkürzen oder überflüssig machen.

Hier forschen aktuell unter anderem Elektrotechniker und Informatiker an zukunftsweisenden Projekten. Die Idee ist, dass Sensoren am Körper der Patienten oder Messgeräte in ▶

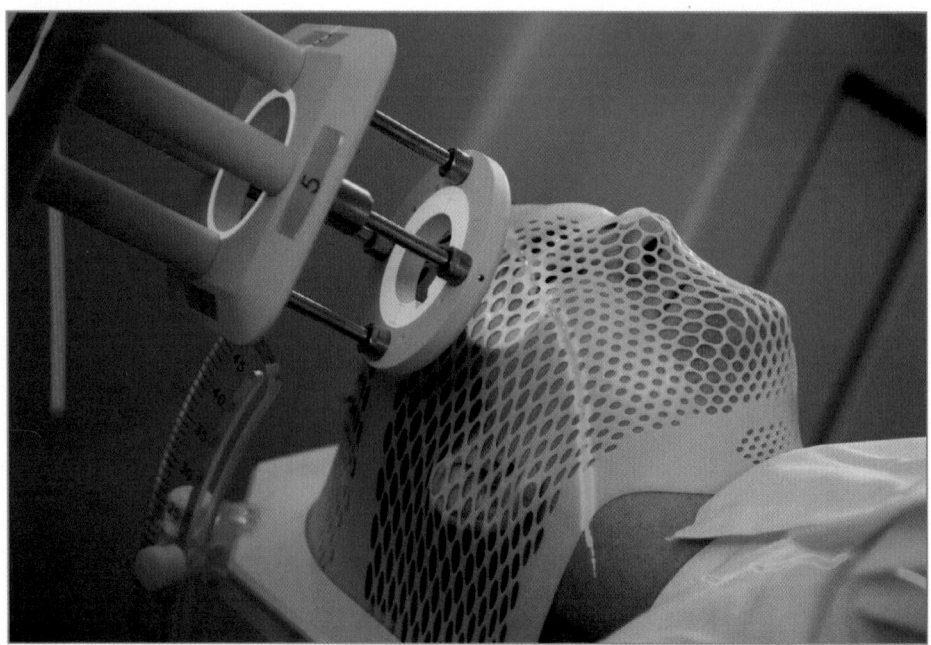

der Wohnung der Patienten zum Beispiel Blutdruck, Puls, Blutzucker, Sauerstoffsättigung, EKG oder auch das Gewicht der Patienten messen und diese Daten automatisch an ein Krankenhaus, einen Arzt oder ein telemedizinisches Zentrum senden, wo sie ausgewertet werden. Zur Beobachtung dieser Werte wäre kein Krankenhausaufenthalt mehr nötig und der Patient könnte sich in einer für ihn angenehmeren Umgebung erholen oder seinem Alltag nachgehen. Durch die somit mögliche längerfristige Beobachtung der Vitalparameter könnten Prävention, Behandlung und Nachversorgung von Volkskrankheiten wie Herz-, Kreislauf- oder Lungenerkrankungen und Schlaganfällen verbessert werden.

Industrie oder Forschung?

Mediziningenieure arbeiten in der Regel in der Medizintechnik-Industrie oder -Forschung. Ihre Aufgabe besteht darin, Medizintechnik-Produkte zur Prävention, Diagnose, Therapie und Rehabilitation zu entwickeln, beziehungsweise weiterzuentwickeln. Sie arbeiten an der Schnittstelle zwischen Medizin und Technik, wobei der Technikaspekt deutlich überwiegt. Sie schaffen die technischen Möglichkeiten, die der Arzt anwenden kann. Um die Technik praxistauglich zu gestalten, benötigt der Mediziningenieur auch umfassendes Wissen über den menschlichen Körper und die medizinischen Anwendungen. Medizintechnik ist eine Querschnittechnologie, für die man ein großes Breitenwissen und je nach Arbeitsgebiet ganz unterschiedliches Spezialwissen benötigt.

In das Aufgabenfeld der Ingenieure in der Medizintechnik fällt auch ein Teil des Qualitätsmanagements. Gerade die Entwicklung und der Einsatz von Medizintechnikprodukten unterliegt strengen Normen und Vorschriften. Jeder Schritt und jede Funktionalität in der Entwicklung wird detailliert dokumentiert. In diesem Bereich ist eine akribische Arbeitsweise und Detailgenauigkeit gefragt.

Einstiegsmöglichkeiten

Der Zugang zu diesem Beruf ist für Absolventen von Studiengängen wie Medizintechnik oder benachbarten Studiengängen wie etwa Medizinische Informatik, Dentaltechnologie, Lasertechnik, Technische Orthopädie offen. Doch auch Interessierten aus verwandten Fachbereichen ist der Weg nicht versperrt: Zum Beispiel kann nach einem Bachelorstudium in einem technischen oder naturwissenschaftlichen Bereich ein Medizintechnik-Master verfolgt werden.

Wie vielfältig die Studiengänge sind, mit denen man sich für einen Medizintechnik-Master qualifizieren kann, zeigt zum Beispiel ein Blick in die Prüfungsordnung der RWTH Aachen für den Masterstudiengang Biomedical Engineering: „Zugangsvoraussetzung ist ein anerkannter erster Hochschulabschluss in einem der Fächer Maschinenbau, Mechatronik, Automatisierungstechnik, Chemieingenieur, Elektrotechnik, Computer Sciences, Informationstechnik, Mathematik, Medizin, Zahnmedizin, Biologie, Biotechnologie, Chemie, Biochemie, Physik und Biophysik, durch den die fachliche Vorbildung für den Masterstudiengang nachgewiesen wird." ▶

Das Studium beginnt mit allgemeinen technischen Themen und spezialisiert sich erst später in Richtung Medizin. Studieninhalte sind unter anderem Mathematik, Physik, Elektrotechnik, Elektronik, Biologie, Mechanik, Anatomie, Hygiene, Informatik, Biomechanik und Physiologie. Je nach Vertiefungsrichtung beschäftigt man sich anschließend mit Biomedizintechnik, Krankenhaustechnik, Gerätetechnik, angewandter Medizintechnik, Nano-Technologie, Laser- und Materialforschung, Feinwerktechnik, Flüssigkeitsmechanik oder noch ganz anderen Schwerpunkten.

Perspektiven

Als Mediziningenieur trägt man maßgeblich zum medizinischen Fortschritt bei, verbessert die Lebensqualität vieler Menschen und hilft, eine effektive Gesundheitsversorgung zu ermöglichen. Damit kann man dazu beitragen vielen Menschen das Leben zu retten. Mediziningenieure können in kleinen und großen Unternehmen der Branche oder an Universitäten und Forschungszentren forschen oder aber auch als Servicetechniker anwendungsbezogen Hilfe leisten.

Weitere Arbeitsbereiche sind Kundenservice oder insbesondere Krankenhäuser, Kliniken und Forschungsinstitute. Dort betreut man die technische Ausstattung, berät zu Neuanschaffungen, hält vorhandene Geräte instand und schult Mitarbeiter im Umgang mit den Anwendungen. Wer neue Wege sucht, kann als Mediziningenieur etwa auch im Vertrieb oder in der Qualitätssicherung arbeiten. Aber auch in den klassischen Forschungs- und Entwicklungsbereichen haben Mediziningenieure

hervorragende Karriere- und Verdienstaussichten. Die Branche boomt in Deutschland und gilt als Zukunftsbranche. Rund 50% der produzierten Medizintechnik-Produkte sind für den Export bestimmt. Deutschland hat einen Welthandelsanteil von 15% und ist damit zweitgrößter Exporteur nach den USA. Das steigende Bevölkerungsalter in den Industriestaaten wird die Wichtigkeit der Medizintechnik noch verstärken. Da die Innovationsgeschwindigkeit sehr hoch ist, werden in Deutschland Medizintechnikingenieure gebraucht, um die Führungsrolle beizubehalten. Absolventen können daher mit hervorragenden Perspektiven rechnen. ∎

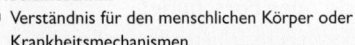

> **Erfolgsfaktoren für Ingenieure in der Medizintechnik**
> - Verständnis für den menschlichen Körper oder Krankheitsmechanismen
> - Technisches Fachwissen, Verständnis und Ideen
> - Talent für die Entwicklung von technischen Anwendungen
> - Dialogfähigkeit mit anderen Fachgruppen (Ärzten), zuhören können
> - Innovationsstärke

Passende Stellen
aus der Medizintechnik
finden Sie auf jobvector.com

Abteilungsleiter Technik / technische Anlagen in der pharmazeutischen Industrie - Erfahrungsbericht

Ein Ingenieurstudium sollte es eigentlich von Anfang an sein, dass es dann aber Pharmatechnik wurde war schon irgendwie Zufall. Aber der Mix aus Technik, Qualitätssicherungsthemen und die Aussicht auf die pharmazeutische Industrie haben mich dann gereizt. Mit dem Studiengang Pharmatechnik (FH) werden naturwissenschaftliches Grundwissen mit verfahrenstechnischen, biotechnologischen, pharmatechnologischen, biopharmazeutischen und ökologischen Kenntnissen sowie Überblicke über die Qualitätskontrolle und Fragen zum Qualitätsmanagement kombiniert. Nach meinem Studium startete ich als Betriebs- und Projektingenieur in einem Betrieb zur Herstellung von sterilen und aseptischen Lösungen für die Tiermedizin. Von Anfang an war klar,

dass sämtliche Anlagen oder Maschinen, die ich zu betreuen hatte, direkten und entscheidenden Einfluss auf die Qualität des Arzneimittels hatten. Gleich zu Beginn musste ich für diese Anlagen Verantwortung übernehmen und den Zustand dieser in Inspektionen vor den verschiedenen Regierungsbehörden vertreten.

Ich nutzte die Gelegenheit von bevorstehenden größeren Investitionen und konzentrierte mich mehr auf die reine Projektarbeit. Diese brachte mich dann auch für ein großes Investitionsprojekt innerhalb des Konzerns für mehrere Jahre ins europäische Ausland. Ein Standort zur Herstellung von flüssigen und halbfesten Arzneiformen in Frankreich musste ▶

für mehrere Millionen Euro renoviert werden und benötigte hierfür für drei Jahre Unterstützung eines technischen Projektleiters.

Von Anfang an im Projekt beteiligt zu sein, die neue Fabrik mit zu planen, das Budget hierfür zu beantragen und gestellt zu bekommen und dann die zum Teil eigenen Ideen umzusetzen war ganz klar ein erster Höhepunkt in meinem Berufsleben. Gleichzeitig war der Auslandsaufenthalt auch der Start für meine Mitarbeiterführung: Akademische Mitarbeiter in einer anfangs fremden Sprache zu führen und die Verantwortung für sie zu übernehmen war natürlich eine spannende Herausforderung, an der ich aber mehr und mehr Freude hatte. Die pharmazeutische Industrie ist strengstens reglementiert und durch verschiedene Regularien bestimmt. Verständlich, schließlich muss ein Arzneimittel genauestens hergestellt sein, um genau so zu wirken wie es soll. Nicht, dass es den Patienten im schlimmsten Fall sogar noch kranker macht. Daher sind für Betriebe zur Herstellung von Arzneimitteln Behördenabnahmen oder Inspektionen die Regel. Auch der neu renovierte Betrieb musste am Ende der Projektlaufzeit erneut seine Tauglichkeit für die Herstellung der Produkte aufweisen.

Diese Abnahmen sind Voraussetzung dafür, dass die hergestellten Produkte verkauft bzw. in Verkehr gebracht werden dürfen. Dies gilt nicht nur für den europäischen Markt, sondern auch für den amerikanischen Markt. Die Projektzeit in Frankreich nahm daher ihren Höhepunkt in zwei erfolgreich bestandenen Inspektionen durch die französische und die US-amerikanische Arzneimittelbehörde. Hier

bekommt man dann ganz offiziell sein Zeugnis über die durchgeführte Arbeit ausgestellt. Die nächste Etappe meines Berufslebens führte mich dann für fünf Jahre als Projektmanager in die globale Technikabteilung des Konzerns. Vom Hauptsitz in den Niederlanden aus betreute ich Investitionsprojekte an mehreren Standorten weltweit. Mein eigenes Büro sah ich dabei oft nur an einem Tag in der Woche, den Rest war ich in den zu betreuenden Standorten unterwegs. Neben rein technischen Entscheidungen und Aufgaben war es vor allem auch immer der beratende Aspekt hinsichtlich Qualitäts- und Regulatorienfragen, der mir Spaß machte.

Seit Anfang diesen Jahres bin ich als technischer Leiter eines Produktionsbetriebes recht sesshaft geworden. Die Möglichkeit über einen längeren Zeitraum am selben Ort einzuwirken war es hauptsächlich, die mich zu diesem Wechsel gebracht hat. Jetzt gibt es zwar einen mehr oder weniger wiederkehrenden Tagesablauf, allerdings muss ich auch sagen, dass es schwerfällt einen typischen Tagesablauf zu beschreiben.

Die Technikabteilung am Standort des weltweit agierenden Lohnherstellers besteht aus insgesamt vier Teams. Wir unterscheiden zum einen in typische Haustechnik-Aufgaben, zum anderen in technische Arbeiten mit Produktkontakt, zum Beispiel an den Produktionsmaschinen der sogenannten Produktionstechnik. Das dritte Team ist für die Instandhaltung der Werkstatt zuständig. Sie unterstützt grundsätzlich beide bereits genannten Bereiche. ▶

Als technischer Leiter des Herstellbetriebes bin ich also verantwortlich für sämtliche Anlagen und Liegenschaften. Da sind zum einen die gesamten Gebäude und ihre Infrastruktur zu nennen. Jeder denkt zunächst an die speziellen Räumlichkeiten zur Herstellung der Arzneimittel, die Reinräume. Allerdings gehören natürlich auch die ganz normalen Bürobereiche, Besprechungsräume, Sozialbereiche, ein Hochregallager und Werkstätten oder Laborbereiche zum Standort. Ähnlich ist wohl die Aufzählung der Anlagen: An Herstellbehälter, Abfüllmaschinen oder Verpackungslinien denkt man relativ schnell.

Dass im Technikbereich unter dem Hallendach aber auch eine große Anzahl an Lüftungsanlagen, Kältemaschinen, Heizungsanlagen, Druckluftkompressoren, Wasseranlagen oder Elektroverteilungen untergebracht sind, kommt oft erst auf den zweiten Blick hervor. Drei der Abteilungsteams sind nun schon genannt, fehlt eigentlich nur noch die Beschreibung des Letzten. Wir verfügen, wenn man so will, über unsere eigene Controllinggruppe: Unser Compliance-Team, das mit einer Art interner Qualitätssicherung gleichgesetzt werden kann. Diese Abteilungsgruppe erstellt Anlagenqualifizierungen, überwacht die Wartungen und Kalibrierungen und erstellt gegebenenfalls Abweichungen bei Unregelmäßigkeiten. Die Kollegen der Compliance-Gruppe sind aber auch von Anfang an bei der Auslegung von neuen Anlagen oder Gewerken mit dabei. Ein ganz normaler Arbeitstag bringt mich dabei mit allen unseren Teams in Verbindung. Bei einer Abteilungsgröße von 20 Personen ist dies aber auch nicht allzu schwierig.

Die ersten Aufgaben am Morgen sind in der Regel die Überprüfung, ob es während der vergangenen Nachtschicht zu Problemen, Anlagenausfällen oder anderen besonderen Vorkommnissen gekommen ist. Hatte die technische Rufbereitschaft diese Nacht einen Einsatz? Gibt es Rückmeldungen aus der Produktion? Gibt es gar Anlagen, die die Produktion im Moment behindern? Sicher ist dies nicht die Regel, nur kommen solche Ausfälle natürlich hin und wieder vor. Dann heißt es sofort nach Ankunft im Werk, sich mit den sich bereits vor Ort befindlichen Technikern zu treffen und abzustimmen. Zunächst gilt es natürlich die Anlage wieder in Betrieb zu bekommen. Gelingt dies nicht immer gleich, so ist die Abstimmung mit den verantwortlichen Kollegen der Produktion der nächste Schritt. Wie kann die Produktion ihre Mitarbeiter anderweitig einsetzen, wann wird die Anlage wieder in Betrieb gehen können? Wie sind die Auswirkungen auf das Produkt selbst? Haben wir Alternativen zu Anlagen, Produktionsräumen oder Bereichen?

Fehlersuchen an defekten Anlagen sind immer wieder spannende Aufgaben. Diese sind zwar am besten, wenn sie gar nicht erst vorkommen, jedoch im Notfall trotz der Anspannung, gegeben durch den Produktionsdruck, bereiten sie auch in gewissem Sinne Spaß. Da ist das Büro für einige Zeit vergessen. Wir sind im Team zusammen an der Anlage, im Produktions- oder Technikbereich; eben gemeinsam unterwegs auf Fehlersuche. Als Abteilungsleiter hat man ja auch schon einige Erfahrungen mit Anlagen gehabt, aber primär gilt es die Kollegen aus Mechanik, Elektrik und ▶

Automatisierung zu fordern. Sie kennen Ihre Anlagen am besten. Die Gruppe hierbei gut zu motivieren und durch geschicktes Hinterfragen in die richtige Richtung zu lenken ist jetzt angesagt. In aller Regel werden die Probleme dann früher oder später auch gefunden und die Anlagen gehen wieder in Betrieb!

Darüber soll und darf man sich auch einmal freuen. Nur gilt es nicht zu vergessen, dass jetzt die gesamte Dokumentation zum Vorgang erstellt werden muss. Die Techniker erstellen einen Eintrag ins Anlagenlogbuch. Eventuell sind verwendete Ersatzteile im Verzeichnis auszutragen und der Bestand ist nachzuführen.

Eine komplett andere Seite der Dokumentation ist dann dem Qualitätssicherungsaspekt gewidmet. Hatte der Störfall direkt mit der Produktqualität zu tun? Handelt es sich um eine qualifizierungspflichtige Anlage, die ausgefallen ist? Ein Abweichungsbericht, oder auch Deviationreport genannt, ist zu erstellen. Der Anlagenfehler ist darin kurz aber detailliert zu beschreiben. Es gilt anhand einer Risikoanalyse abzuschätzen und zu beurteilen, wie der Störfall auf das Produkt Einfluss genom-

men hat. Sind weitere Maßnahmen zu treffen? Betrifft der Störfall das herzustellende Arzneimittel direkt, so sind diese Beurteilungen oft zusammen mit Kollegen der Produktion, der Qualitätskontrolle und der Qualitätssicherung durchzuführen. An unserem Standort wird der Abweichungsbericht von meinen Technikkollegen der Gruppe Compliance erstellt. Als Hauptverantwortlicher unterzeichnet jedoch immer der Abteilungsleiter Technik und ich muss diesen Bericht wiederum in Behörden- oder Kundenaudits vertreten. Da gilt es grundsätzlich genau zu verstehen und alles zu hinterfragen. Gerade im Team zusammen mit den anderen Kollegen der beteiligten Abteilungen ist eine Entscheidungsfindung, welche man voll und ganz vertreten kann, aber immer möglich.

Eine Vielzahl an Besprechungen dreht sich in der Regel um geplante Investitionen wie Neuanschaffungen von Anlagen, Umbauten von Anlagen oder Veränderungen an Gebäuden oder die Infrastruktur. Als Technikleiter gilt es hier interne Ressourcen und externe Verstärkungen zielbringend zusammenzuführen. Zunächst aber einmal gilt es genau zu verstehen, was gefordert wird. Oft ist hierbei die Produktionsabteilung unser eigentlicher Kunde. Diese Abteilung kommt mit neuen Anforderungen wie der Möglichkeit für die Herstellung eines neuen Produktes, mit neuen geänderten, oft größeren Kapazitäten oder auch mit neuen oft strengeren Qualitätsanforderungen. Die recht einfach gestellte anfängliche Aussage wie „ich möchte dies im kommenden Jahr herstellen" muss dann von der Technikabteilung beantwortet werden. Was ▶

wird hierzu benötigt? Was wird es kosten? Wie kann es umgesetzt werden? Welcher Zeitplan steckt dahinter? Wie sind die Auswirkungen auf andere Bereiche oder Produkte? Um nur einige der typischen Fragen zu nennen. Diese Antworten werden dann in einer Benutzeranforderung oder URS zusammengetragen, sodass anhand eines Dokumentes das Projekt umfassend zusammengestellt und beschrieben wird.

Bereits in dieser Phase werden die Aufgaben umfassend mit den Kollegen anderer Abteilungen durchgesprochen. Es ist dann in der Regel so, dass an einem Tisch der zukünftige Benutzer der Anlage sitzt, der aus Produktion, Labor oder auch der Logistik kommen kann. Zeitgleich kann es aber auch vorkommen, dass wir bereits in dieser frühen Phase mit externer Verstärkung zusammen wichtige Punkte besprechen.

Externe Verstärkung kann ein Architekt, ein Fachplaner für Lüftung oder Kälteversorgung sein, aber generell auch einfach ein Ingenieurbüro, welches uns unterstützt. Greifen Um- oder Anbauten in das Gebäude mit ein, gilt es Bauplaner oder Statiker mit einzubinden. Dies ist auch gerade dann wichtig, wenn bei der örtlichen Baubehörde ein Bauantrag gestellt werden muss. In diesen ersten, eher vorbereitenden Besprechungen ist es wichtig noch nicht all zu sehr ins Detail zu gehen. Schnell verliert man sonst den Überblick und konzentriert sich zu stark auf Details. Sehr oft benötigen die internen Auftraggeber nämlich einfach nur eine generelle Aussage nach dem Motto: Ist machbar oder nicht! Eine ganz

grobe Kosten- oder Zeitschätzung basiert dann noch auf Erfahrungswerten.

Geht ein Plan in die nächste Phase und steht die Realisierung an, so startet das Ganze nur dann, wenn wir ausreichend finanzielle Mittel dafür gestellt bekommen. Die Stellung des Budgetantrages ist oft Sache des Technikleiters. Jetzt heißt es die Motivation des Kunden / Auftragsgebers voll auf sich selbst zu übertragen und sich für die Genehmigung der Mittel einzusetzen. Kennzahlen der Anträge, wie Rückzahlungszeiten (Payback) oder Ähnliches lasse ich dabei in der Regel von den Finanzfachabteilungen berechnen. Hierzu werden enge Kontakte mit dem Einkauf, dem Controlling und der Buchhaltung gepflegt.

Zur genauen Kostenberechnung werden Angebote der eventuell ausführenden Firmen benötigt. Diese bieten ihre Leistungen oder Anlagen ebenfalls gegen die bereits erwähnte Benutzeranforderung an. Ist die Zielsetzung in der Benutzeranforderung definiert, so gilt es zusammen mit der Einkaufsabteilung geeignete Lieferanten am Markt zu finden. Diese erarbeiten dann ein erstes Angebot. Wobei es durchaus normal ist, dass dies nur nach mehrmaligen Rückfragen oder Besprechungen erstellt werden kann. Grundsätzlich heißt das, dass wir als einkaufende Abteilung des Standortes somit auch sehr viel Kontakt mit externen Lieferanten haben.

Planungsphasen für Investitionen können sich da schon einmal über mehrere Monate, teilweise sogar Jahre hinziehen. Eine gewisse Hartnäckigkeit kann da auch nur von ▶

Vorteil sein. Sehr oft verändern sich innerhalb dieser Zeit auch gewisse Voraussetzungen. Eine Investitionsberechnung muss daher öfters angepasst werden. Schätzungen zukünftiger Verkaufszahlen können sich ändern, Lieferanten bieten andere Preise an, aber auch der zukünftige zu erzielende Verkaufspreis am Markt wird angepasst und ändert damit die Grundlage der Investition.

Sehr regelmäßig wird der Alltag von Inspektionen, Audits, beziehungsweise deren Vorbereitung unterbrochen. Als reiner Lohnhersteller, der die Produkte für andere namhafte Pharmaunternehmen produziert, sind wir es gewohnt in regelmäßigen Abständen von unseren Kunden auditiert zu werden. Außerdem wird unsere Ware weltweit verschickt und die Arzneimittelbehörden der Welt erkennen nicht immer die Inspektionen anderer Landesbehörden an. Länder oder Kunden melden sich dann mit etwas Vorlaufzeit an und beantragen eine Inspektion ihres Produktes bei uns im Werk. Diese Inspektionen zielen dann auf den allgemeinen Herstell- und Qualitätsstatus des Standortes ab, wobei natürlich die einzelne Herstellung des zu überprüfenden Produktes im Fokus liegt. Solche Inspekti-

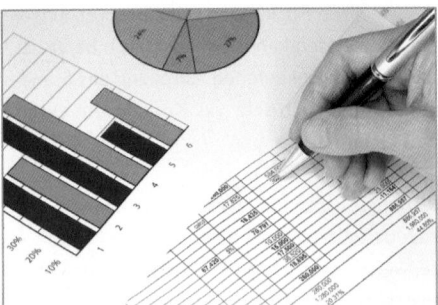

onen können zwischen einem und mehreren Tage dauern. Werden die Inspektionen von zwei oder drei Personen durchgeführt, so ist man nicht selten fast den gesamten Arbeitstag darin gebunden. Aufgrund der Internationalität der Kunden bzw. Auditoren werden viele dieser Audits auf Englisch abgehalten. Ein verhandlungssicheres Englisch, das auch einige technische und pharmazeutische Fachbegriffe beinhaltet, ist hierzu also absolut notwendig. Es kann jedoch auch vorkommen, dass noch zusätzlich ein Dolmetscher hinzugezogen wird.

Ein großer Teil der Inspektionen dreht sich dabei um die Qualifizierung von Anlagen oder Infrastrukturgewerken wie Medien, Lüftungen oder dem Gebäude selbst. Einfach betrachtet ist eine Qualifizierung ein dokumentierter Nachweis dafür, dass eine Anlage so ausgelegt ist wie angedacht und dass sie so funktioniert wie sie soll.

Die Technikabteilung ist mit der Gruppe Compliance für den Qualifizierungsstatus des gesamten Standortes mit Ausnahme von Laboranlagen verantwortlich. Diese werden aufgrund ihrer besonderen technischen Auslegung oft von den Spezialisten im Laborbereich selbst betreut. Für uns in der Technik bedeutet dies also, dass wir zum einen alle Anlagen einer Anfangsqualifizierung unterziehen müssen, zum anderen aber auch darauf achten, dass dieser Status erhalten bleibt. Eine Qualifizierung einer Anlage wird in mehreren aufeinanderfolgenden Schritten durchgeführt. Zunächst überprüft man die Planung einer neuen Anlage: Ist das Angebot eines Lieferanten geeignet, meine Anforderungen zu ▶

erfüllen? Hier wird dann oft von einer Design Qualifizierung gesprochen. Sie findet formal vor der Bestellung oder zumindest vor der vollendeten finalen Auslegung einer Neuanlage statt und wird oft in Verbindung mit dem Lieferanten durchgeführt.

Ist die Anlage geliefert oder eine Infrastrukturanlage wie eine Lüftung vollständig eingebaut, beginnt als nächster Schritt eine Überprüfung auf fachgerechte und vollständige Installation. Hierbei werden technische Zeichnungen, Rohrleitungsschemen oder Installationszeichnungen mit dem realen Einbau verglichen. Es gilt Bauteillisten abzugleichen oder sensible Gerätekomponenten wie Messsensoren auch mal im Detail genau auf Art, Typ oder deren richtigen Einbauort zu verifizieren. An die Installationqualifizierung schließt sich die Funktionsqualifizierung an. Hierbei werden Funktionen, Alarme, Sicherheitseinrichtungen oder auch andere Abläufe der neuen Anlage überprüft. Oft wird in diesem Zusammenhang eine neuen Anlage auch zum ersten Mal gestartet und „gefahren". Letztendlich schließt sich an die Funktionsqualifizierung auch Operational Qualification genannt, dann noch eine Prozess- oder Produktqualifizierung an. Das heißt, nun muss die Anlage zeigen, dass auch das Endprodukt genau den Anforderungen entspricht.

Das Qualifizieren ist dabei eine Arbeitsweise, welche die gesamte Bandbreite der technischen Abteilung herausfordert. Die Überprüfung selbst wird von den Kollegen der Compliancegruppe fachgerecht dokumentiert, technische Detailüberprüfungen werden von den ausgebildeten Technikern der Werkstatt übernommen und übergreifende Beurteilungen oft vom Fachingenieur der Produktionstechnikgruppe kommentiert. Letztendlich obliegt es aber dem Abteilungsleiter der Technik die Qualifizierungsdokumentation zu prüfen und zu genehmigen. Übergeordnet gibt es dann nur noch die Freigabe der Qualitätsabteilung.

Alles zusammen genommen ist es definitiv so, dass es keinen typischen Arbeitsalltag eines technischen Leiters gibt, aber gerade dies ist ja sicher eine der spannendsten Herausforderungen und auch definitiv die Eigenschaft der Arbeit, die mir am meisten Spaß bereitet. Sicher dreht sich irgendwie jedes Thema um eine technische Anlage oder deren Anwendung. Im Detail geht es aber um die Menschen, die die Anlagen betreuen, verwenden, warten, beschaffen, qualifizieren oder umbauen. ∎

Jochen Niethammer
Head of Technical Affairs

aenova

Passende Stellen
für Abteilungsleiter
finden Sie auf jobvector.com

Ingenieure im Vertrieb
Fachwissen trifft Verkaufstalent

Das Know-How von Ingenieuren ist in vielen Bereichen der Wirtschaft gefragt. Nicht nur in der Forschung oder in der Entwicklung von neuen Produkten können sie ihr Fachwissen erfolgreich einsetzen, sondern auch im Vertrieb. Gerade im Vertrieb von High-Tech Produkten wie Potovoltaikanlagen, Maschinen oder Automobilzubehör wird ein großes Maß an Fachwissen benötigt.

Der Verkäufer soll in der Lage sein, kompetent auf die Fragen der Kunden - meist selbst erfahrene Ingenieure - eingehen zu können. Aus diesem Grund sind Fachleute aus dem Ingenieurwesen im Vertrieb in der High-Tech- und Science-Branche sehr begehrt.

Fachwissen erforderlich

Durch eine Spezialisierung im Studium auf einen bestimmten Bereich kann die Basis für dieses vertriebliche Fachwissen geschaffen werden. Insbesondere im Business to Business (B2B) sind die Fachkenntnisse von Vertrieblern essentiell.

Berufseinstieg

Neueinsteiger beginnen oft im Vertriebsaußendienst: Sie besuchen potentielle Kunden vor Ort, um sie dort von den Vorteilen ihrer Produkte zu überzeugen. Mobilität und Reisefreudigkeit sind daher für Außendienstmitarbeiter unabdingbar. Ein Sales-Mitarbeiter versteht sich nicht als reiner Verkäufer, sondern als Berater und Ansprechpartner der ▶

Kunden: Er hilft ihnen, das für ihre Zwecke am besten geeignete Produkt zu finden. Darüber hinaus ist er häufig auch dafür verantwortlich, die Kunden in die Handhabung und den Umgang der Produkte einzuweisen, z.B. bei innovativen Maschinen oder Produktionsanlagen. Der Vertriebsmitarbeiter hat gegenüber seinen Kunden also eine große Verantwortung. Die Kunden erwarten natürlich, dass die erworbene Technik ihre Arbeit leichter und effizienter macht, sei es eine neu entwickelte Antriebstechnik oder integrierte Sensortechnologien. Im Vertriebsinnendienst bearbeiten Mitarbeiter die eingehenden Kundenaufträge, erstellen Angebote und setzen Verträge auf. Darüber hinaus verwalten sie die Kundendatenbank und steuern bzw. überwachen die Lieferprozesse. Der Innendienstmitarbeiter hält Kontakt zur Produktion und hat einen Überblick über die aktuellen Lieferzeiten. Auch die Beobachtung der neuesten Tendenzen auf dem Markt und der Entwicklung von Wettbewerber kann zu den Aufgaben im Innendienst gehören.

Betreuung nach dem Kauf

In vielen Unternehmen zählt auch der Kundenservice – auch After Sales genannt – zum Bereich Vertrieb. Dort werden die Kunden nach dem Kauf betreut und beraten, zum Beispiel zur Handhabung oder Wartung der Geräte. Die Kundenservice-Mitarbeiter befassen sich auch mit den Beschwerden und Wünschen der Kunden, organisieren Ersatzteile oder wickeln Reklamationen ab. Ziel ist es, die Zufriedenheit des Kunden zu gewährleisten, um auch zukünftige Aufträge zu erhalten oder vom Kunden empfohlen zu werden. Eine wichtige Funktion in der Pflege der Kundenkontakte kommt auch den sogenannten Key Account Managern zu. Sie kümmern sich speziell um die Wünsche und Bedürfnisse eines oder mehrerer wichtiger, meist großer Kunden. Mit diesen Kunden handeln sie spezielle Konditionen aus, die sie an das Unternehmen binden sollen. Im Großkundenbereich können Verhandlungen lang und anspruchsvoll sein. Ziel ist es, wichtige Kunden zu gewinnen und langfristig zu binden.

Enge Zusammenarbeit mit anderen Abteilungen

Oft arbeiten Vertriebler eng mit der Produktion und der Marketingabteilung zusammen. Die Informationen, die sie bei Kunden sammeln, können in der Planung und Konzeption von zukünftigen Produkten oder Marketing-Maßnahmen berücksichtigt werden. Somit hat der Vertriebler immer im Blick was am Markt passiert und wie Kundenwünsche sich weiterentwickeln. Zu weiteren Aufgabengebieten eines Vertrieblers gehört die Vertretung der Firma auf Messen oder fachspezifischen Kongressen. Dort präsentieren sie die Produktpalette des Unternehmens, beraten Neu- und Bestandskunden und führen Verkaufsgespräche. Hier gilt es sich von Wettbewerbern positiv abzuheben und Kunden zu gewinnen.

Voraussetzungen

Geeignet ist der Vertrieb für kommunikationsstarke Menschen, die offen auf ihr Gegenüber zugehen können, sympathisch wirken und eine große Überzeugungskraft haben. Grundlegend ist, dass der Vertriebler sowohl fachliches Wissen als auch kaufmännisches ▶

Verständnis besitzt. Außerdem ist es sehr wichtig, eigenes Wissen gezielt einzusetzen und strukturiert wiedergeben zu können. Die Vorteile des Produkts werden dem Gegenüber angemessen vermittelt. Dazu sollte der Vertriebsmitarbeiter in der Lage sein, seinen Gesprächspartner einzuschätzen und in der Kommunikation entsprechend auf ihn eingehen zu können. Neben Überzeugungskraft und Verhandlungsstärke braucht ein Vertriebler auch Geduld, Flexibilität und Ausdauer, um auch langwierige Verhandlungen erfolgreich zum Abschluss zu führen.

Gehalt

Das Gehalt setzt sich im Vertrieb in der Regel aus einem Festgehalt und einer Provision für abgeschlossene Geschäfte zusammen. Aus diesem Grund ist das Festgehalt in den Bereichen, für die explizit Ingenieure gesucht werden, in der Regel höher als anderswo. Die Provision kann bei erfolgreichen Vertrieblern einen enormen Anteil ausmachen, sodass eine Vertriebsposition sehr attraktive Gehaltsperspektiven liefert.

Perspektiven

Im Vertrieb hat man die Chance, durch persönlichen Einsatz unmittelbar am Erfolg seines Unternehmens beteiligt zu sein. Durch die Beschäftigung mit unterschiedlichen Kunden und deren speziellen fachlichen Anforderungen knüpft man nicht nur vielfältige Kontakte, sondern erweitert auch ständig sein Fachwissen. Schnelle Entwicklung eigener Karriere- und Verdienstmöglichkeiten sind charakteristisch für den Bereich Vertrieb. Nach einem Start im Außendienst eröffnen sich rasch neue Karrierechancen, zum Beispiel als Verantwortlicher für eine bestimmte Region, als Key Account Manager oder Leiter einer Vertriebsabteilung. Leitende Vertriebsmitarbeiter sind unter anderem für die Ausarbeitung der Verkaufsstrategie, die Organisation und Steuerung von Vertriebsaktivitäten zuständig und überwachen die Erfüllung der Umsatzziele ihrer Abteilung. Auch ein Wechsel in die angrenzenden Bereiche, zum Beispiel ins Marketing oder Produktmanagement, steht vielen Vertriebsmitarbeitern offen. Die Karrieren verlaufen in kleinen Unternehmen meist geradlinig, man übernimmt schon nach kurzer Zeit mehr Verantwortung. In großen Unternehmen gibt es die Möglichkeit, sich zu spezialisieren, z.B. auf spezifische Produktlinien oder Verfahren, oder verschiedene Abteilungen zu durchlaufen. Der Einstieg ins Berufsleben über eine Vertriebsposition eröffnet vielseitige Entwicklungsmöglichkeiten. Letztlich lebt jedes Unternehmen von dem erwirtschafteten Umsatz, weswegen Vertriebserfahrung für jede zukünftige Position von Vorteil ist. ∎

Erfolgsfaktoren für Ingenieure im Vertrieb
- Herausragende Kommunikationsstärke
- Freude am Umgang mit Menschen
- Verkaufs- und Verhandlungsgeschick
- Reisebereitschaft und Flexibilität
- Kompetenz im jeweiligen Fachgebiet
- Kundenorientierung und Ökonomisches Verständnis
- Soziale Kompetenz
- Zielorientierte Arbeitsweise
- Führerschein

Passende Stellen für den Vertrieb finden Sie auf jobvector.com

Die wesentliche Aufgabe eines Produktmanagers ist es, den Erfolg des Produkts in seinem Verantwortungsbereich voranzutreiben. Ingenieure sind meist für innovative Produkte, die aus der Forschung und Entwicklung hervorgehen, verantwortlich. Das können z.B. Antriebe oder elektronische Sicherheitssysteme sein. Der Produktmanager begleitet das Produkt über den gesamten Lebenszyklus, also den gesamten Prozess von der Markteinführung bis zum Marktaustritt. Zum Teil beginnt dieser Prozess sogar schon mit der Ideenfindung.

Er ist im Unternehmen der erste Ansprechpartner bei allen Fragen zu seinem Produkt. Er arbeitet eng mit allen Abteilungen zusammen, die in irgendeiner Weise mit dem Produkt zu tun haben und stimmt sie aufeinander ab. Insbesondere den Abteilungen Vertrieb, Entwicklung, Produktion und Marketing kommt dabei eine besondere Bedeutung zu. Die Pflege des Dialogs mit den verschiedenen Abteilungen ist sehr wichtig, denn man stimmt Zeitpläne ab, stellt den Beteiligten alle für sie wichtigen Informationen zur Verfügung, vermittelt bei Konflikten, motiviert die Mitarbeiter und koordiniert die gemeinsamen Ziele.

Schnittstellenmanagement

Produktmanager arbeiten somit an der Schnittstelle zwischen Vertrieb, Marketing, Produktion und Entwicklung. Hat die Entwicklung begonnen und ist die Idee geschützt, ▶

präsentieren sie „ihre" Fortschritte auch auf Fachtagungen oder Messen. Außerdem schulen sie das Vertriebs- und Serviceteam, damit alle das Produkt verstehen und Kundennachfragen beantworten können. Der Produktmanager ist im Unternehmen entsprechend der Fachmann für alle Fragen rund um „sein" Produkt.

Vielseitiges Aufgabenfeld

Eine Kernaufgabe des Produktmanagers ist in den meisten Unternehmen das Launchmanagement, also die Vorbereitung der Markteinführung des Produkts. Hierzu gehört auch die Erarbeitung einer Vermarktungsstrategie und des Reviews von Dokumenten wie Bedienungsanleitungen oder Handbüchern. Der Produktmanager kann dabei auch für Teile der Marketingaktivitäten zuständig sein oder sehr eng mit dem Marketing oder Marketingagenturen zusammen arbeiten. Um seine Aufgaben optimal wahrnehmen zu können, ist es wichtig, dass er mit dem Markt, in dem das Unternehmen bzw. das Produkt angesiedelt ist, eng vertraut ist und aktuelle Entwicklungen erkennt. So sollte ein Absolvent des Ingenieurwesens über branchenspezifische Trends und Begebenheiten informiert sein.

Insbesondere in Branchen, in denen der Erwerb von detailliertem Produktwissen sehr aufwändig oder vertieftes Fachwissen erforderlich ist, besteht eine erhöhte Nachfrage an Ingenieuren oder technisch ausgebildeten Fachkräften. Produktmanager analysieren Märkte und führen mit Vertretern der Zielgruppe Tests durch, um darauf zu schließen, wie ein bestimmtes Produkt ankommt.

Weiterhin ist ein Produktmanager für das Portfoliomanagement eines Unternehmens zuständig. Das Produktmanagement plant die Produktpalette des Unternehmens in der Breite (welche Produkte werden angeboten?) und in der Tiefe (in welchen Versionen kommt das Produkt auf den Markt?). Aus diesem Grund koordiniert er in bestimmten Branchen wie z.B. Automotive oder Energie auch die Marktforschung und die Entwicklungsarbeiten und hält Rücksprache mit der Abteilung für Forschung & Entwicklung, sowie der Produktion.

Er analysiert Marktstudien und entwickelt in Rücksprache mit dem Vertrieb und den Kunden Ideen für Produktspezifikationen, die an die Marktbedürfnisse angepasst sind oder entdeckt Marktlücken, die mit Innovationen ausgefüllt werden können. Bei der Fertigung oder Forschung und Entwicklung gibt er Prototypen oder Forschungsvorhaben in Auftrag.

In Zusammenarbeit mit dem Qualitätsmanagement werden Verbesserungen bestehender Produkte koordiniert. Auch die sogenannte Lifecycle-Planung liegt in der Hand des Produktmanagers: Er entscheidet, wann ein Produkt auf den Markt kommt und wann es durch eine neue oder modifizierte Version ersetzt wird. Dabei ist es enorm wichtig auf die Bedürfnisse der Zielgruppe einzugehen. Bei technischen Entwicklungen hängt der Erfolg nicht immer von der Anzahl der Features ab, sondern dem Nutzen den die Zielgruppe darin sieht.

Auch Aufgaben der Öffentlichkeitsarbeit fallen teilweise in den Verantwortungsbereich ▶

des Produktmanagements. So verfassen die Produktmanager auch Fachartikel für verschiedene (Fach-) Medien, insbesondere bei spezialisierten und für Laien schwer verständlichen Produkten. Dies gilt auch für das Verfassen von Produktbeschreibungen.

All diese Aufgaben können je nach Unternehmen auch anderen Abteilungen zukommen. Die Grenze zu anderen Berufsbildern ist fließend, zumal nicht alle Unternehmen ein eigenes Produktmanagement besitzen.

Gerade als Ingenieur hat man gute Chancen, als Produktmanager in innovativen Branchen zu arbeiten. Dynamische Entwicklungsmöglichkeiten bestehen hier zum Beispiel im Bereich Biotechnologie. In vielen Bereichen besteht Erklärungsbedarf, dementsprechend muss der Produktmanager viel Produkt- und Fachwissen mitbringen. Dieses kann er entsprechend nur mit dem Hintergrund seines Fachstudiums oder seiner Fachausbildung einbringen.

Voraussetzung

Wer sich für eine Zukunft im Produktmanagement entscheidet, hat viele Möglichkeiten, sich die dazu nötigen Fähigkeiten anzueignen. Produktmanager gibt es in sehr vielen Firmen, dennoch kann man diesen Beruf weder als Ausbildungsberuf erlernen, noch an Hochschulen studieren. Der Einstieg kann nach dem Fachstudium oder einer Fachausbildung z.B. über eine Position im Vertrieb, als Produktspezialist oder aus der Forschung und Entwicklung erfolgen. Wer bereits einschlägiges Wissen über spezialisierte Produkte oder Techniken besitzt, kann sich mit Fachlektüre

oder Weiterbildungs-Seminaren das nötige Marketingwissen aneignen. Wer noch studiert oder sich in seiner Ausbildung befindet, sollte die Möglichkeit nutzen, fachübergreifende Veranstaltungen zu besuchen. Das praktische Know-How lernt man am besten durch die Anwendung. Ideal ist auch ein einschlägiges Praktikum. Viele Unternehmen setzen bei Stellenausschreibungen für Produktmanager auf Erfahrung mit dem entsprechenden Produkt. Es werden daher oft Fachexperten gesucht.

Perspektiven

Das Produktmanagement ist eine gute Einstiegsmöglichkeit für alle, die langfristig im Management tätig sein möchten. Im Dialog mit Mitarbeitern aus verschiedenen Abteilungen des Unternehmens lernt man Unternehmensabläufe sehr gut kennen, kann seine Management-Fähigkeiten beweisen und seine Führungsqualitäten stärken. ■

Erfolgsfaktoren für Produktmanager
- Einschlägige Erfahrung im entsprechenden Produktbereich
- Fachstudium oder Fachausbildung in einem technischen Bereich
- Kreativität und Innovationslust
- Fähigkeit, sich schnell Wissen über Produkte und Techniken anzueignen
- Marketingkenntnisse (z.B. über Werbung, Vertrieb)
- Managementfähigkeiten und Organisationstalent
- Kontaktfreudigkeit

Passende Stellen
aus dem Produktmanagement
finden Sie auf jobvector.com

Qualitätsmanager
Schnittstelle zwischen Produkt und Unternehmensabläufen

Ein Qualitätsmanager ist verantwortlich für die Qualitätsstandards im Unternehmen. Der Qualitätsmanager ist der erste Ansprechpartner bei Qualitätsfragen. Er entwickelt Qualitätsrichtlinien und überwacht deren qualitative und zeitliche Einhaltung, beobachtet die Qualitätsentwicklung und sorgt für stetige Verbesserungen. Dabei befasst er sich in erster Linie mit den Produkten des Unternehmens, aber auch mit der Beobachtung und Optimierung von Dienstleistungen und internen Prozessen.

Effizient und Effektiv

Ziel des Qualitätsmanagers ist es, die Produkte zu verbessern und die Unternehmensabläufe effizienter und effektiver zu gestalten. Dabei muss er die Kosten im Blick behalten und die Kundenzufriedenheit garantieren. Zusätzlich obliegt es ihm zu gewährleisten, dass die Produkte und Prozesse neben den eigenen Unternehmensstandards auch gesetzliche und behördliche Vorgaben erfüllen. So müssen bei der Installation einer Fertigungsanlagen festgelegte Sicherheitsnormen eingehalten werden. Zu den zu analysierenden Unternehmensabläufen zählen zum Beispiel Kommunikationsabläufe zwischen verschiedenen Abteilungen oder Hierarchieebenen.

In der Schnittstellenposition ist der Qualitätsmanager weniger von festgefahrenen Prozessen beeinflusst und erkennt wie Arbeitsabläufe effizienter gestaltet werden können. ▶

Was ist ein Audit?

Ein Audit ist eine systematische, unabhängige Untersuchung, mit deren Hilfe herausgefunden werden soll, ob Qualitätsanforderungen erfüllt werden. Audits überprüfen aber auch, ob die durchgeführten Tätigkeiten und Produktionsweisen geeignet sind, diese Qualitätsanforderungen zu erfüllen. Die Ergebnisse der Audits werden dokumentiert und anschließend ausgewertet. Die Auswertung bildet die Basis für weitere Qualitätsverbesserungspotentiale. Der Qualitätsmanager leitet daraus ab, wo Qualitätsmängel oder Verbesserungsmöglichkeiten zu erkennen sind und wo eventuelle Ursachen für Mängel oder Verbesserungspotentiale liegen.

Auf dieser Grundlage entwickelt er einen Maßnahmenkatalog, der zur Optimierung der Produkte oder Prozesse dient. In Zusammenarbeit mit den Mitarbeitern der jeweiligen Abteilungen führt der Qualitätsmanager die Maßnahmen ein und kontrolliert deren Umsetzung und Erfolge. Audits können sich z.B. auf System-, Produkt- und Lieferantenaudits beziehen.

Systemaudits

Systemaudits untersuchen alle Bereiche des Unternehmens. Sie prüfen die Wirksamkeit und Effizienz eines Managementsystems, zum Beispiel eines Umweltmanagementsystems, das die Umweltfreundlichkeit des Unternehmens sowie die Nachhaltigkeit seiner Produkte maximieren soll.

Produktaudits

Ein Produktaudit geht über die eigentliche Beurteilung der Qualität eines Produkts hinaus:

Die tatsächlichen Produkteigenschaften werden auch mit den Kundenwünschen abgeglichen. Die Kundenwünsche können aus regelmäßigen Kundenbefragungen, aus dem Kundenservice oder der engen Zusammenarbeit mit einem Großkunden bekannt sein. In erster Linie soll die Produktqualität erhöht werden und damit natürlich auch die Kundenzufriedenheit. Außerdem können so Fehler in ganzen Produktionsreihen vermieden werden.

Lieferantenaudits

Darüber hinaus führen Qualitätsmanager auch Lieferantenaudits durch, die im Prinzip eine Mischung aus Produkt- und Systemaudits sind. Lieferantenaudits werden durchgeführt, um verschiedene Lieferanten zu vergleichen und die Qualität und Organisation des Lieferanten beurteilen zu können. Wichtig sind Lieferantenaudits vor allem, wenn neue Lieferanten ausgewählt werden sollen, die zum Beispiel Ausgangsstoffe herstellen, die für die Fertigung der Produkte des eigenen Unternehmens benötigt werden. Für die Produktion von Treibstoffen oder Bremsbelägen werden oft Ausgangsstoffe von externen Quellen bezogen.

Beurteilt wird der Zulieferer nach folgenden Punkten:

- Qualität der Produkte
- Produktionsbedienungen (Welche Sicherheitsmaßnahmen werden getroffen? Werden alle relevanten Produktionsstandards erfüllt?)
- Qualitätsmanagement und Zuverlässigkeit des Zulieferers ▶

Qualitätsmanager

Aber auch Themen wie Umweltfreundlichkeit, Nachhaltigkeit und die Rückverfolgbarkeit der gelieferten Produkte spielen eine wichtige Rolle. Lieferantenaudits finden häufig in Form von Gesprächen und Werksbegehungen vor Ort statt. Qualitätsmanager sollten deshalb auch bereit sein, für ihren Job zu reisen.

Qualitätskontrollen

Eine andere Möglichkeit um Daten zu erheben und somit bestehende Prozesse zu optimieren, ist die Ergebnisse der regel- und routinemäßigen Qualitätskontrollen von Produkten, deren Lagerung und Dienstleistungen kontinuierlich zu evaluieren. Die Aufgabe des Qualitätsmanagers ist die Überwachung und Verbesserung des Qualitätssicherungssystems eines Unternehmens. Zum Arbeitsbereich gehört außerdem, die Auswertungen der Qualitätsdaten an die Unternehmensführung zu kommunizieren.

Sollte noch kein Qualitätssicherungssystem bestehen, ist es die Aufgabe des Qualitätsmanagers, dieses zu entwickeln, einzuführen und gegebenenfalls auch bis zur Zertifizierung nach DIN ISO auszubauen. Wenn neue

Qualitätssicherungsmaßnahmen eingeführt werden sollen, bereitet der Qualitätsmanager Mitarbeiter-Schulungen vor. Die Mitarbeiter werden entsprechend in den neuen Verfahren und Richtlinien geschult.

Produktentwicklung

Wenn ein Unternehmen ein neues Produkt entwickelt, legt der Qualitätsmanager die Standards fest, die es zu erfüllen gilt. So lernt er die gesamte Prozesskette kennen und ist mit jedem einzeln Schritt vertraut.

Je später im Entwicklungsprozess eines Produkts ein Fehler erkannt wird, desto teurer wird es, ihn zu beheben. Um mögliche Schwächen eines Produkts deshalb schon zu erkennen, bevor größere Mengen produziert werden, führen Qualitätsmanager in der Design- und Entwicklungsphase sogenannte Fehlermöglichkeits- und Einflussanalysen (FMEA) durch. Diese sind besonders bei einer internen Massenproduktion von Verpackungen oder ähnlichen Gütern bedeutend. Dazu sind oft spezielle technische und ingenieurwissenschaftliche Kenntnisse notwendig. Stellt der Qualitätsmanager dabei fest, dass der Prototyp die Anforderungen noch nicht erfüllt, analysiert er die Schwachstellen und initiiert und koordiniert die Nachbesserungsarbeiten.

Die Aufgabe des Qualitätsmanagers besteht hier darin, stets über aktuelle Richtlinien und deren Umsetzung im Betrieb informiert zu sein. Im Maschinenbau sind beispielsweise die CE-Kennzeichnungen von Maschinen entscheidend, die durch die Maschinenrichtlinien vorausgesetzt werden. ▶

Branchen

Arbeiten können Qualitätsmanager in fast allen Branchen, da Qualitätskontrollen in vielen Unternehmen eine wichtige Rolle spielen, um die Wettbewerbsfähigkeit zu gewährleisten. In einigen Branchen ist der Einsatz von Qualitätsmanagern sogar gesetzlich vorgeschrieben. Dazu zählen zum Beispiel, die Medizintechnik, die Luft- und Raumfahrt, die Umwelttechnik oder die Lebensmittelherstellung – also Bereiche, in denen die Produktqualität eng mit der Sicherheit bzw. Gesundheit des Verbrauchers zusammenhängt. Qualitätsmanager spielen aber auch im Bereich des Anlagenbaus, der Elektro- und Automatisierungstechnik und der Automobilindustrie eine wichtige Rolle.

Um die Qualität solcher Produkte zu beurteilen, ist in vielen Bereichen ein fachspezifisches Studium hilfreich oder sogar vorausgesetzt. Ein Quereinstieg ist aber auch möglich, besonders wenn man in anderen Bereichen des Unternehmens schon Erfahrungen gesammelt hat und Ideen mitbringt, wie Arbeitsabläufe oder Produkte optimiert werden könnten.

In vielen Stellenanzeigen wird ein technisches Studium oder eine entsprechende Ausbildung gefordert, da für viele Bereiche des Qualitätsmanagements Kenntnisse in Produktions-, Prüf- oder Messtechnik sowie Kenntnisse zu komplexen Abläufen oder Produkten nötig sind. Ebenso sind betriebswirtschaftliche Grundkenntnisse von Vorteil. Da Qualitätsmanager in Schnittstellenpostionen zwischen mehreren Abteilungen oder Dienstleistern arbeiten, sollten sie auch Kommunikations- und Moderationsgeschick mitbringen.

Perspektiven

Nobody is perfect – auch kein Unternehmen. Deshalb ist die Arbeit eines Qualitätsmanagers eigentlich nie abgeschlossen. Irgendwo finden sich immer noch Optimierungsmöglichkeiten. Außerdem bringen der technische Fortschritt und spezielle Kundenwünsche es mit sich, dass Produkte und Qualitätsstandards ständig weiterentwickelt werden. Besonders in den Bereichen, in denen Qualitätsstandards gesetzlich vorgeschrieben sind, ergeben sich gute Karriereperspektiven, auch für Berufseinsteiger. Als Karriereperspektive ist nach einigen Jahren Erfahrung ein Aufstieg zur Leitung des Qualitätsmanagements möglich. ∎

Erfolgsfaktoren für Qualitätsmanager

- Analytisch-konzeptionelle Fähigkeiten
- Durchsetzungsvermögen
- Führungsfähigkeiten und Organisationstalent
- Blick für technische Details
- Kenntnisse in Produktions-, Prüf- oder Messtechnik und Qualitätsstandards
- Kenntnisse der gesetzlichen Anforderungen (DIN, ISO...)

Passende Stellen aus dem Qualitätsmanagement finden Sie auf jobvector.com

Jobs

Projektmanager
Organisationstalent mit dem Blick für das Wesentliche

Projektmanager können in allen Unternehmensbereichen arbeiten. Ihre Aufgabe ist die Organisation und verantwortliche Betreuung von Projekten, das heißt: Einmalige Vorhaben mit definiertem Anfangs- und Endtermin sowie einem definierten Ziel.

In der Praxis werden Projektmanager für komplexe Projekte eingesetzt, für die zunächst ein Lösungsweg gefunden werden muss oder die Zusammenarbeit mit anderen Bereichen oder externen Partnern nötig ist. So können Projektmanager beispielsweise für die Vorstellung neuer Maschinen eingebettet in eine Fachmesse zuständig sein.

Ingenieure
Ingenieure können beispielsweise für die individuelle Anpassung und Inbetriebnahme einer Maschine für einen Großkunden verantwortlich sein. Die Installation und der Bau von technischen Anlagen oder Produktionsstraßen werden im Projektmanagement abgebildet. Dies sind nur einige Beispiele von Projekten in denen Ingenieure tätig sind.

Planung, Steuerung und Kontrolle
Die Arbeit des Projektmanagers besteht aus Planung, Steuerung und Kontrolle des Projekts. Dazu gehören vor allem die Budgetplanung und -kontrolle sowie die Kommunikation mit firmeninternen und externen Partnern. ▶

Wichtig ist, dass der Projektmanager Faktoren wie Zeit, Kosten und Ressourcen realistisch einschätzen und sinnvoll einteilen kann.

Nachdem der Projektmanager den Projektauftrag erhalten hat, strukturiert er das Projekt. Dazu teilt er es in verschiedene Phasen ein und setzt Termine, an denen bestimmte Teilziele (sogenannte Meilensteine / Milestones) erreicht sein sollen. Seine Erfahrung und sein Fachwissen helfen ihm dabei, die Zeit für Arbeitsabläufe, die Risiken und Einflussfaktoren realistisch einschätzen zu können. Gleichzeitig kalkuliert der Projektmanager die voraussichtlichen Kosten und erwägt die Kooperation mit externen Dienstleistern. Oft ist der Kostenrahmen, den der Projektmanager bei der Planung berücksichtigen muss, vom Auftraggeber vorgegeben. Der Projektmanager geht mit dem zur Verfügung stehenden Budget verantwortungsvoll um und überwacht die anfallenden Kosten.

Nach der Strukturierung des Projekts stellt der Projektmanager sein Team zusammen und verteilt die Aufgaben. Der Projektleiter ist in der Regel die disziplinarische und fachliche Führung für die Mitarbeiter. Eine wichtige Aufgabe eines Projektmanagers ist es, sein Team zu motivieren und die Zeitlinie im Auge zu behalten.

Da der Projektleiter, der in allen Belangen des Projekts zentraler Ansprechpartner für sein Team, Kunden, externe Dienstleister, Vorgesetzte und andere Abteilungen des Unternehmens ist, besteht eine wichtige Aufgabe in der Kommunikation. Damit das Projekt effizient umgesetzt werden kann, ist es wichtig, dass er sich über den Fortschritt informiert und die Informationen an alle Beteiligten weitergibt, die davon betroffen sind.

Zeitmanagement
Während des Projekts achtet der Projektmanager darauf, dass Termine eingehalten werden und die Kosten im Rahmen bleiben. Risiken und Probleme z.b. technischer oder betriebswirtschaftlicher Art muss er schnell erkennen und Lösungen finden. Ebenso sollte er die möglichen Risiken für die „Zielgruppe" des Projekts (z.b. Verbraucher oder Bediener der Maschine) stets gering halten. Bei Projekten für Kunden hat der Projektleiter engen Kontakt zum Kunden und orientiert sich an seinen Wünschen. Auch für die Qualitätssicherung ist der Projektleiter verantwortlich.

Ist das Projekt beendet, dokumentiert er die Ergebnisse und präsentiert sie seinen Auftraggebern. Projektleiter sollten in der Lage sein, auch unter zeitlichem Druck zuverlässig zu arbeiten und den Zeitaufwand für bestimmte Arbeitsschritte einzuschätzen, denn jedes Projekt hat einen definierten Anfang und ein definiertes Ende. Der Projektmanager sollte immer den Überblick über alle Aufgaben behalten und delegieren können. Eine gewisse ökonomische Veranlagung ist ebenfalls hilfreich, um die Budgetplanung treffsicher gestalten zu können.

Eine wichtige Fähigkeit des Projektmanagers ist es, Wichtiges von Unwichtigem unterscheiden zu können. Der Projektleiter vermittelt seinem Team, wo die Prioritäten liegen. Bei ▶

internationalen Projekten sind entsprechende Sprachkenntnisse sowie interkulturelle Kompetenz gefragt.

Perspektiven

Das Projektmanagement ist abwechslungsreich, spannend und herausfordernd. In diesem Beruf können Sie in einer verantwortungsvollen Position die Forschung & Entwicklung oder auch Produkteinführung vorantreiben und bleiben immer auf dem neuesten Stand. Da er die Projekte von der Planung bis zur Umsetzung und Erfolgskontrolle begleitet, sieht der Projektmanager den Ertrag seiner Arbeit. Sie können sich fachlich weiterentwickeln und Projekt- und Personalverantwortung übernehmen. Internationale oder interdisziplinäre Projekte sind keine Seltenheit. So lernen Projektmanager viele interessante Menschen kennen und können ihren persönlichen Horizont permanent erweitern.

Es gibt die Möglichkeit an Hochschulen, im öffentlichen Dienst oder in der Industrie zu arbeiten. Die Aufgabenbereiche reichen vom Management technischer Forschung über die Entwicklung von neuen Produkten bis hin zum Qualitätsmanagement. Auch der Wechsel in

fachfremde Bereiche ist für gute Projektmanager möglich: Die Steuerungsfunktion eines Projekts ist in einigen Fällen unabhängig von dem fachlichen Wissen des Projektmanagers. In diesen Fällen übernimmt ein Mitarbeiter die Lösung von fachlichen Fragestellungen. ■

Erfolgsfaktoren für Projektmanager
- Organisationstalent
- Fundierte Fachkenntnisse bei Forschungsprojekten
- Teamfähigkeit und Führungsstärke
- Strukturierte, lösungsorientierte Arbeitsweise
- Ausgezeichnete Kommunikationsfähigkeit
- Sprachkenntnisse
- Entscheidungsstärke
- Belastbarkeit, auch unter zeitlichem Druck
- Gutes Zeitmanagement

Passende Stellen aus dem Projektmanagement finden Sie auf jobvector.com

Ingenieur in der Werkstoffentwicklung
Mission: Haltbarer, günstiger, praktischer

„Höher, schneller, weiter!" ist das Motivationsziel in der Leichtathletik. Ingenieure in der Werkstoffentwicklung handeln nach dem Motto: Haltbarer, günstiger, praktischer!

Innovationsmanagement

Viele Innovationen gehen mit neuen Werkstoffen einher, die speziell für diesen neuen Zweck entwickelt wurden oder bereits bekannten Werkstoffen, die hinsichtlich bestimmter Eigenschaften verbessert wurden. Produktionsverfahren werden so umweltschonender, Laptops leichter, Windräder haltbarer und Hauswände verschmutzungsresistenter.

Ingenieure in der Werkstoffentwicklung forschen an neuen Werkstoffen, erproben ihre Einsatzmöglichkeiten und verbessern bereits verwendete Werkstoffe hinsichtlich der spezifischen Eigenschaften, die dem fertigen Produkt einen Wettbewerbsvorteil verschaffen. Ziele sind Qualitätsverbesserung und Kostenreduzierung. Die Wettbewerbsvorteile können etwa Kostensenkung, bessere Haltbarkeit, Kratzfestigkeit, antibakterielle Eigenschaften, Hitzebeständigkeit, Verschmutzungsresistenz, weniger Gewicht, Ressourcenschonung, Schutz vor Oxidation oder neue, erweiterte Einsatzmöglichkeiten sein.

Mit Hilfe ihrer Fachkenntnisse testen Ingenieure in der Werkstoffentwicklung neue Werkstoffzusammensetzungen und analysieren ihre Eigenschaften, um sie in einzelnen Punkten ▶

weiter zu verbessern. Bei der Entwicklung werden die verschiedensten Einflussfaktoren auf die Produkteigenschaften getestet.

Vielseitige Techniken und Geräte

Abhängig von Branche und Werkstoff kommen unterschiedliche Prüfverfahren in Frage. Der Ingenieur setzt vielseitige Techniken und Geräte für diese Prüfverfahren ein. Je mehr diese Techniken im Studium erlernt wurden, das heißt umso besser die Spezialisierung zu den entwickelnden Werkstoffen passt, desto besser sind die Einstiegschancen. Idealerweise waren diese Techniken oder Werkstoffe Teil der praktischen Abschlussarbeit, oder in Praktika während des Studiums.

Hier können Sie mit Weitsicht punkten. Wenn Sie schon früh im Studium wissen in welcher Branche Sie später tätig sein, oder mit welchen Materialien bzw. Verfahren/ Methoden Sie arbeiten möchten, dann richten Sie Ihre Studienschwerpunkte bzw. das Thema Ihrer Abschlussarbeit darauf aus. In der Oberflächentechnik kann beispielsweise der Umgang mit spektroskopischen Verfahren, elektrochemischen Prüfmethoden oder der Umgang mit Rasterelektronenmikroskopen wichtig sein.

Produkt- und Prozessoptimierung

Neben der Produktoptimierung ist auch die Prozessoptimierung ein möglicher Arbeitsbereich. Hier werden Möglichkeiten erforscht, Werkstoffe oder Produkte materialeffizienter zu machen und mit weniger Aufwand herzustellen. Die Forschungsergebnisse und Fortschritte werden dokumentiert und so aufbereitet, dass sie an Vorgesetzte, z.B. den Leiter der Forschung und Entwicklungsabteilung oder die Geschäftsleitung, berichtet werden können. Wer also Ergebnisse gut zusammenfassen und transparent präsentieren kann, hat hier Vorteile, da die Teams meist interdisziplinär agieren.

Werkstoffentwicklung- und technik

In der Werkstoffentwicklung und -technik bildet man die die Schnittstelle zwischen den Unternehmensbereichen Forschung & Entwicklung und Produktion. Wenn der maßgeschneiderte Werkstoff zunächst im Labormaßstab entwickelt worden ist, ist es am Ingenieur eng mit der Produktion zusammenzuarbeiten, um eine Serienfertigung zu ermöglichen. Er gibt unter anderem Daten wie die Fertigungsparameter an die Produktion weiter.

Wenn Werkstoffe als Auftragsarbeiten für auswärtige Betriebe gefertigt werden, kann auch die Kundenbetreuung oder -beratung in das Aufgabengebiet des Ingenieurs fallen. Zukünftige Arbeitgeber können Forschungsinstitute, Universitäten oder die Industrie sein. Freude an Teamarbeit und die Fähigkeit präzise zu arbeiten sollten selbstverständlich sein. Aktuell sind etwa die Nanotechnologie oder sogenannte Smart Materials große Forschungsthemen in der Werkstoffentwicklung.

Studiengänge wie Werkstofftechnik oder Materialwissenschaft sind der direkte Einstieg in dieses Berufsfeld. Mit entsprechender Spezialisierung können auch Studiengänge der Chemie, Nanotechnologie oder Verfahrenstechnik gute Grundlagen für den Einstieg in der Werkstoffentwicklung sein. ▶

Perspektiven

Die Perspektiven in der Werkstoffentwicklung sind vielfältig. Innovative Werkstoffe können helfen, die Umweltbelastung zu verringern, sowie Produkte haltbarer und stabiler zu machen. Werkstoffentwicklungen sind wichtig für die Konkurrenzfähigkeit der Unternehmen auf dem internationalen Markt. Je nachdem, auf welche Materialien man sich spezialisiert, kann man an Zukunftstechnologien mitarbeiten oder im Automotivebereich zur Sicherheit im Rennsport und im Straßenverkehr beitragen. Werden die Werkstoffe in der Medizintechnik eingesetzt, kann man den medizinischen Fortschritt vorantreiben. ■

Erfolgsfaktoren für Ingenieure in der Werkstoffentwicklung
- Studium der Materialwissenschaft, Werkstofftechnik, Ingenieurwissenschaften, Chemie, Nanotechnologie, Verfahrenstechnik, o.ä.
- Freude an der Arbeit in interdisziplinären Teams
- Experimentierfreudigkeit und Forschergeist
- Projektmanagementkenntnisse
- Kreativität und Innovationsmotivation

Abteilungsleiter in der Werkstoffentwicklung - Erfahrungsbericht

Dass ich mich für die Werkstoffwissenschaft entscheide, war keineswegs von Anfang an klar. Die sehr gute Betreuungssituation sowie der Hauch des Besonderen bei den Hüttenleuten gaben schließlich den Ausschlag für ein Studium der Metallurgie und Werkstofftechnik an der RWTH Aachen. Die Vielfalt der Welt der Werkstoffe hat mich beeindruckt. Nach meiner Promotion 2006 am Max-Planck-Institut für Eisenforschung in Düsseldorf auf dem Gebiet der intermetallischen Eisen-Aluminide, wurde ich Mitarbeiter der Salzgitter Mannesmann Forschung in Duisburg. Seit 2009 bin ich als Abteilungsleiter verantwortlich für die Werkstoffentwicklung Rohr, Profil und Grobblech. Mein Team arbeitet ständig an einer Vielzahl von Entwicklungsund Optimierungsprojekten sowie an der Analyse von Schadensfällen. Nach wie vor fasziniert mich, dass die Metallkunde in allen Bereichen unserer sehr anwendungsnahen Arbeit von entscheidender Bedeutung ist. Direkter Kundenkontakt, eine spannende Führungsaufgabe, der Einsatz moderner Methoden der Charakterisierung und der Werkstoffmodellierung prägen heute meinen Arbeitsalltag und machen ihn jeden Tag spannend und abwechslungsreich. ■

Dr.-Ing. Joachim Konrad

Passende Stellen
aus der Werkstoffentwicklung
finden Sie auf jobvector.com

Tätigkeitsfelder in der Fahrzeugtechnik

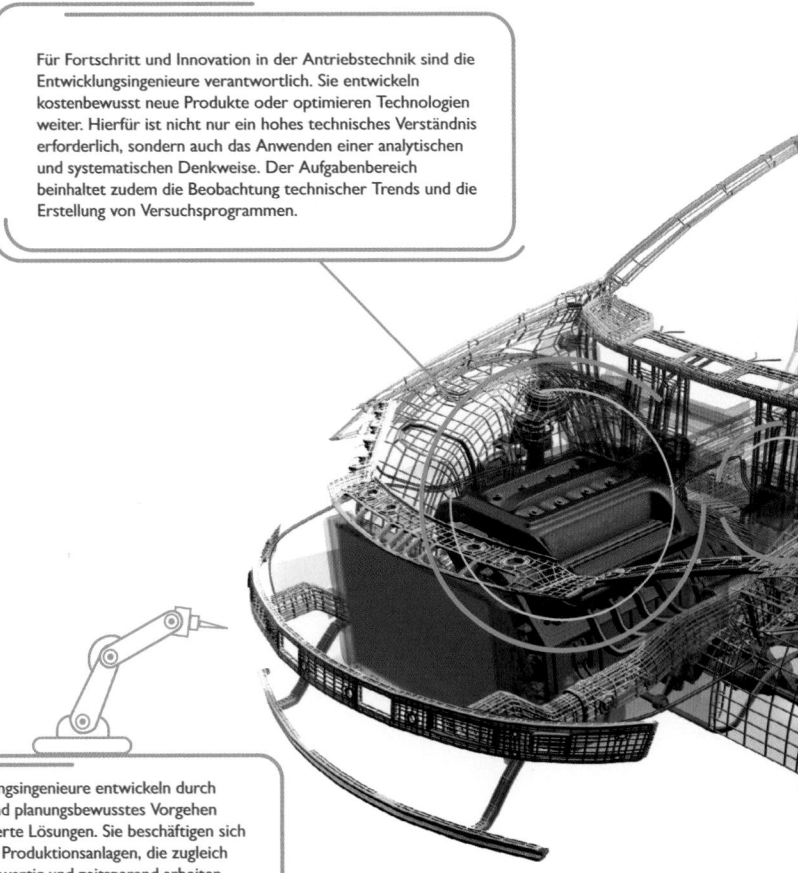

Für Fortschritt und Innovation in der Antriebstechnik sind die Entwicklungsingenieure verantwortlich. Sie entwickeln kostenbewusst neue Produkte oder optimieren Technologien weiter. Hierfür ist nicht nur ein hohes technisches Verständnis erforderlich, sondern auch das Anwenden einer analytischen und systematischen Denkweise. Der Aufgabenbereich beinhaltet zudem die Beobachtung technischer Trends und die Erstellung von Versuchsprogrammen.

Automatisierungsingenieure entwickeln durch analytisches und planungsbewusstes Vorgehen maßgeschneiderte Lösungen. Sie beschäftigen sich mit modernen Produktionsanlagen, die zugleich qualitativ hochwertig und zeitsparend arbeiten können. Die Verantwortung liegt hier besonders in der Entwicklung und Installation von innovativen Antriebssystemen und Verbrennungsmotoren.

Die Fahrzeugsicherheit hat eine hohe Priorität. Bei Prüfingenieuren gehört dies mit zur Tagesordnung. Sie überprüfen durch Einsatz ihres technischen Fachwissen alles auf Herz und Nieren, denn sie sind dafür verantwortlich, dass Geräte, Anlagen und Systeme funktionieren und die Qualität gewährleistet wird.

Softwareingenieure sind vielfältig einsetzbar und sind vor allem für die Programmierung und Optimierung von Software-Systemen zuständig. Die System-Vernetzung des Fahrzeugs ist unabdingbar. Heutzutage umfasst die Fahrzeugelektronik im Wagen eine Vielzahl an Systemen und Sensoren, wie GPS, Einparkhilfen und Spurhalteassistenten. Gerade diese Vielfältigkeit der Software macht eine ständige Qualitätssicherung durch den Softwareingenieur notwendig.

Spezialwissen zur Fahrwerktechnik bringt der Fahrzeugtechnikingenieur mit ein. Er ist unabhängig von der Art des Fahrzeugs zuständig für die Konzeption, Simulation und den gesamten Betrieb des Fahrzeugs und seiner Komponenten. Die stetige Internationalisierung im Automotive Bereich erfordert hier auch interdisziplinäres Denken.

Ingenieure im Einkauf in der Automobilbranche
Fachwissen trifft Verhandlungsgeschick

Dass der Unternehmenserfolg vom Umsatz also Verkauf abhängt, ist jedem klar. Jedoch wird oft vergessen, dass auch der Einkauf einen wichtigen Beitrag leistet. Denn umso geringer die Einkaufs- und Produktionskosten sind, desto höher ist unterm Strich der Gewinn. Aus diesem Grund sind gerade in Unternehmen aus der Automobil-Branche Ingenieure im Einkauf ein wichtiger Bestandteil des Unternehmenserfolgs.

Welchen Tätigkeitsbereich hat ein Ingenieur im Einkauf?

Als Ingenieur in der Automobilbranche erwartet Sie im Einkauf ein sehr abwechslungsreicher Beruf. Ihr Aufgabengebiet in der Fahrzeugtechnik bezieht sich nicht nur auf das Einkaufen von Materialien für die Produktion. Bei dem Beschaffungsprozess spielen noch eine Menge anderer Faktoren eine große Rolle. Sie sind als Ingenieur im Einkauf ein Teil der Schnittstelle zwischen verschiedenen Fachbereichen, wie z.B. der Entwicklung, Finanzierung, After Sales, sowie Produktmanagement und Qualitätssicherung.

Zunächst ist es Ihre Aufgabe, die Materialien zum richtigen Zeitpunkt in der passenden Menge und am benötigten Ort zur Verfügung zu stellen. Diese Beschaffung sollte effizient, kostengünstig und nach den Qualitätsstandards des Unternehmens erfolgen. Daher ist es von Vorteil, wenn Sie das Erlernte aus Ihrem Ingenieurstudium anwenden oder die bisher ▶

erlangte Erfahrung in den Bereichen wie z.b. Antriebs- oder Kraftfahrzeugtechnik einbringen können. Sie müssen für jedes Produkt, wie z.b. für die Türgriffe von Autos, die Sensoren für die Lichtsteuerung oder die Fahrzeugelektronik, die passende Beschaffungsart wählen. Fehlt ein Element, steht die gesamte Produktionskette des Fahrzeugbaus still und der Kunde muss auf sein neu gekauftes Auto, sein LKW oder auch seine Landmaschine länger warten. Deshalb ist es Ihre Aufgabe dafür zu sorgen, dass die Produkte immer pünktlich am Produktionsort zur Verfügung stehen, es auf der anderen Seite aber im Unternehmen auch nicht zu viel Lagerware gibt.

Neben den alltäglich anfallenden Aufgaben können Sie Ihre Flexibilität unter Beweis stellen, indem Sie bei aufkommenden Herausforderungen, wie Lieferengpässen z.b. von Akkubestandteilen für Elektroautos oder Werkstoffe für Verbrennungsmotoren die passenden Lösungswege entwickeln oder kurzfristige Planänderungen meistern.

Marktforschung
Die Beschaffungsmarktforschung ist ein wichtiges Aufgabengebiet des Einkäufers. Hierzu recherchieren Sie zunächst mögliche Anbieter, die in der Lage sind die Produkte mit den entsprechenden Spezifikationen zu liefern. Gerade hierbei ist Ihr Fachwissen in der Fahrzeugtechnik gefragt. Anschließend lassen Sie sich von den entsprechenden Lieferanten, oft Certified Supplier genannt, Angebote zukommen und beurteilen diese nach Kosten, Spezifikationen und Qualität der Produkte. Dies beinhaltet unter anderem, dass Sie als Ingeni-

eur im Einkauf das Preis – Leistungs – Verhältnis der unterschiedlichen Produkte im Bezug auf Spezifikationen, Qualitätsanforderungen und Produkteigenschaften vergleichen und das für Ihr Unternehmen passende auswählen.

Hier ist insbesondere Ihr technisches Know-How gefragt, denn Sie müssen entscheiden, ob die Qualität des Produktes den Standards des Unternehmens entspricht und die Produkteigenschaften den Anforderungen für die spätere Nutzung erfüllen. Sie tragen damit auch zur Fahrzeugsicherheit bei, denn weist ein Airbagsensor einen Fehler auf, kann dies fatale Folgen bei einem Unfall haben. So können Materialeigenschaften, Funktionalitäten, Lieferbedingungen und Verarbeitbarkeit von entscheidender Bedeutung für die Fahrzeugdynamik eines Autos sein.

Zudem betreiben Einkäufer auch Marktforschung. Das bedeutet, dass Sie den Markt und das Unternehmensumfeld genauer analysieren und mit Hilfe Ihrer Kenntnisse und Erfahrungen die beste Entscheidung für den Kauf treffen können.

Verhandlungsgeschick
Eine weitere Aufgabe für Sie als Ingenieur im Einkauf besteht in der Verhandlung der Preise und Konditionen für das benötigte Produkt. Hier hilft Ihnen wieder Ihr Fachwissen, um mit dem Lieferanten gekonnt verhandeln und argumentieren zu können. Ziel ist es, den Lieferanten durch Supplier-Relationship-Management dauerhaft und mit möglichst guten Konditionen an das Unternehmen zu binden. Das ist von Vorteil für beide Parteien, da der ▶

Zulieferer ein sicheres Auftragsvolumen und das Unternehmen einen Lieferanten mit guter Qualität und günstigen Konditionen hat. Auch bei alternativen Antriebstechniken kann das Supplier-Relationship-Management entscheidend für den Erfolg auf dem Automobilmarkt sein. Das bedeutet für Sie auch, dass nicht bei jeder neuen Bestellung erneute Vergleiche zwischen den Lieferanten gemacht werden müssen.

Budget

Auch wenn Materialien häufig sehr schnell benötigt werden, dürfen Sie das Einkaufsbudget nicht vergessen. Die Einkaufspreise sollen das Beschaffungsbudget nicht übersteigen. Daher sind besonders die Ingenieure im Einkauf erfolgreich, die gekonnt mit Lieferanten verhandeln können, dabei aber die Qualität nicht aus dem Auge verlieren.

Sie haben neben dem Einkauf bzw. der Beschaffung auch mit Lager- und Materialwirtschaft sowie Versand, Management und Unternehmensführung zu tun. Das ermöglicht es Ihnen, einen Einblick in viele Unternehmensbereiche zu erlangen. Um die bestmöglichen Produkte für die Bedürfnisse des

Unternehmens einkaufen zu können, werden Sie schon in der Konzeptionsphase in den Planungsprozess mit einbezogen. Dadurch ist die Abstimmung mit anderen Komponenten einfacher.

Kommunikation und interdisziplinäres Arbeiten

Mit Kommunikationsfähigkeit und Interesse am internationalen Arbeiten sind Sie in diesem Berufsfeld genau richtig. Sie haben die Möglichkeit, mit vielen verschiedenen Menschen im In- und Ausland zusammen zu arbeiten. Um die Qualität und die Produktionsstätten vor Ort zu sehen und zu vergleichen, reisen Sie zu den verschiedensten Lieferanten vor Ort und machen sich ein eigenes Bild von den Produkten. Ebenfalls gehört der Besuch von Fachmessen mit zu Ihren Aufgaben, um dort neue Lieferanten zu treffen.

Um als Ingenieur im Einkauf Erfolg zu haben, sollten Sie vor allem in Verhandlungen die Oberhand behalten können und Durchhalte- bzw. Durchsetzungsvermögen zeigen. Sie sollten gute Menschenkenntnis mitbringen, damit Sie Ihr Gegenüber einschätzen können und wissen, wie weit Sie in den Verhandlungen noch gehen können.

Perspektiven

Wenn Sie Interesse an Innovationen oder Möglichkeiten zur Problemlösung haben, sind Sie im Einkauf an der richtigen Stelle. Hier spezialisieren Sie sich nicht nur auf einem Gebiet, sondern bauen ein Grundverständnis für die umliegenden Abteilungen auf. Auf Grund Ihres breit gefächerten ▶

Aufgabengebiets ist es sehr leicht, sich im Unternehmen weiter zu entwickeln und aufzusteigen. Da Sie die Zusammenhänge verstehen und ein Grundverständnis von der Arbeitsweise haben, ist der Einkauf eine gute Basis um auch in eine andere Fachabteilung wechseln zu können. Sie können neue Verantwortungsbereiche übernehmen und als Berechnungs- oder Prüfingenieur tätig sein.

„Man muss nicht immer sofort wissen, was man will."
Falls Sie am Anfang Ihrer Karriere noch nicht genau wissen, ob Sie im Einkauf tätig sein möchten, so können Sie auch über Randbereiche des Einkaufs einsteigen. Über eine Tätigkeit in der Logistik, Qualitätssicherung oder Prozessentwicklung haben Sie eine sehr gute Möglichkeit auch später noch in den Einkauf zu wechseln. Stellen Sie sich möglichst breit auf, so stehen Ihnen für Ihre weitere Laufbahn mehr Möglichkeiten zur Verfügung. Versuchen Sie so viel Erfahrung wie möglich zu sammeln, dadurch erhöht sich Ihre Chance auf einen guten Job.

Jedoch ist es von Vorteil, wenn Sie von Anfang an wissen, in welcher Branche oder in welchem Unternehmen Sie tätig sein möchten. So kann man Erfahrungen im Automotivebereich natürlich für zukünftige Karriereschritte auch besser im Automotivebereich nutzen. Setzen Sie sich Ziele, auf die Sie hinarbeiten können und geben Sie sich am Anfang auch mit Randbereichen Ihrer Wunschtätigkeit zufrieden.

Sehr wichtig bei der Wahl des Berufes ist, dass Sie von dem Bereich und dem Produkt begeistert sind. So wird es Ihnen leichter fallen sich mit dem Unternehmen sowie Ihrer Arbeit zu identifizieren und berufliche Erfolge zu feiern. ∎

Erfolgsfaktoren für Ingenieure im Einkauf
- Verhandlungsgeschick
- Fachwissen im Produktbereich und der Fahrzeugtechnik
- Durchsetzungsvermögen
- Begeisterung für Produkte und Prozesse
- Interdisziplinäres Verständnis
- Sehr gute rhetorische Fähigkeiten
- Gute Menschenkenntnis

Passende Stellen
für Ingenieure im Einkauf
finden Sie auf jobvector.com

Entwicklungsingenieur in der Photovoltaik
Erfinderjob mit sonnigen Aussichten

Die Photovoltaiktechnik zählt zu den beliebtesten Nutzungsarten regenerativer Energien in Deutschland. Die Anzahl von deutschen Haushalten mit einer eigenen Photovoltaikanlage steigt stetig. Hauseigentümer produzieren dadurch nicht nur Strom für ihren eigenen Haushalt, sondern speisen den entstehenden Überschuss an Strom in das deutsche Netz ein. Mit Hilfe von Solarzellen wird in diesen Photovoltaikanlagen Sonnenenergie in Strom umgewandelt. Aber wo kommt diese Technologie eigentlich her? Die Entwicklung von moderner, marktreifer Technik ist häufig die Aufgabe von Entwicklungsingenieuren. Allerdings ist das nur der erste Schritt - auch die Weiterentwicklung und Verbesserung eines Produkts gehören zur Arbeit eines Entwicklungsingenieurs. Dieses Berufsfeld ist für Unternehmen von enormer Bedeutung, da die dort entwickelten Innovationen der Produkte den Erfolg auf dem Markt bestimmen.

Einsatzgebiet von Entwicklungsingenieuren

Entwicklungsingenieure sind in Unternehmen verschiedener Branchen im Bereich Forschung und Entwicklung beschäftigt. In der Solarindustrie verbessern sie zum Beispiel Solarmodule hinsichtlich Effizienz und Kosten. Ebenso versuchen sie die Degradation der Solarzellen zu verringern, um eine längere Lebenszeit zu ermöglichen. Sie entwickeln nach Kundenwünschen neue Produkte, die genau an die Bedürfnisse angepasst sind. Dabei setzen sie die ▶

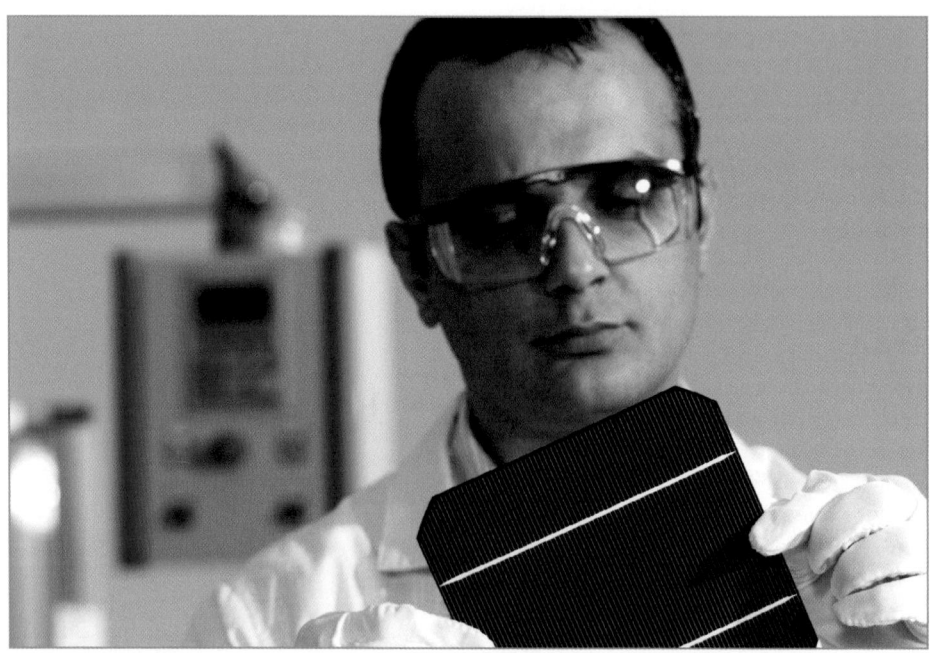

Ergebnisse der Grundlagenforschung in angewandte Forschung um. Ein Entwicklungsingenieur muss bei seiner Arbeit nicht nur im Blick haben, was technisch möglich, sondern immer auch, was rentabel und bezahlbar ist.

Von den Entwicklungsingenieuren hängt es ab, wie innovationsstark ein Unternehmen ist. Die Branche der erneuerbaren Energien entwickelt sich schnell und die Konkurrenz ist groß. Firmen, die mit ihrer Technik am Markt bestehen wollen, die vielleicht sogar die Technologieführerschaft in ihrem Bereich anstreben und selbst Maßstäbe setzen möchten, sind auf gute Entwicklungsingenieure angewiesen. Nur dadurch können sich Unternehmen von der Konkurrenz abheben und sich in der Branche als Marktführer durchsetzen.

Kreative Lösungen

Ein Entwicklungsingenieur versucht durch kreative Ideen Probleme zu lösen, entwirft Produkt-Prototypen und testet sie in selbst entworfenen Versuchsprogrammen. Diese Tests führt er zum Beispiel mit Hilfe von Sonnensimulatoren durch. Die Nutzung dieser Geräte hat den Vorteil, dass die Leistungsfähigkeit eines Prototyps zunächst unter Laborbedingungen getestet wird. Dadurch ist das Ergebnis nicht von den Witterungsbedingungen abhängig. Im Anschluss daran kann man dann in den Freilandversuch gehen, wofür ein Entwicklungsingenieur häufig auch Reisen in Kauf nimmt.

Teamarbeit ist eine wichtige Komponente des Berufsalltags eines Entwicklungsingenieurs. Messergebnisse werden im Team besprochen und analysiert und bei der Produktentwicklung oder der Vorbereitung der Markteinführung arbeitet man mit anderen Funktionsbereichen des Unternehmens zusammen, zum Beispiel mit dem Produkt- oder Qualitätsmanagement. Manchmal stehen Entwicklungsingenieure auch in direktem Kundenkontakt, um mit ihren Entwicklungen den Kundenbedürfnissen optimal entgegenkommen zu können. Gelegentlich begleitet der Entwicklungsingenieur das gesamte Zertifizierungsverfahren des von ihm entwickelten Produkts.

„Dauerbrenner" in der Forschung und Entwicklung der Solarbranche sind die Steigerung der Effizienz der Anlagen und die Senkung der Kosten pro Kilowattstunde, die mit der Senkung der Produktionskosten einhergehen. Der Wirkungsgrad gibt an, welchen Anteil der Sonnenenergie das Solarmodul in Strom umwandelt. Aktuell liegt der durchschnittliche Wirkungsgrad noch weit vom theoretischen Maximum entfernt. Da ist noch Steigerungspotenzial!

Intelligente Stromnetze

Eine Neuerung, die aktuell in der Solarbranche entwickelt wird, ist die Integration von Solarmodulen in so genannte Smart Grids: „Intelligente" Stromnetze. Smart Grids können Informationen über alle Netzelemente (zum Beispiel Stromerzeuger, stromverbrauchende Geräte, Stromspeicher usw.) abrufen und verarbeiten. Da die Wetterverhältnisse nicht immer gleich sind, ist es schwierig vorherzusagen, wann ein Solarmodul wie viel Strom produzieren wird. ▶

Entwicklungsingenieur Photovoltaik

Ein intelligentes Stromnetz könnte zum Beispiel erfassen, wann viel Energie erzeugt wird und die Produktion in einem nahegelegenen Kohlekraftwerk automatisch reduzieren, bis wieder Energie benötigt wird oder ein Pumpspeicherwerk in Betrieb setzen. So kann das Klima geschont und die Probleme bei den Spannungsschwankungen gesenkt werden, indem Stromüberschüsse aus regenerativen Energiequellen für Zeiten gespeichert werden, in denen weniger Strom produziert wird. Bei einer konsequenten Umsetzung des Smart Grid Konzeptes könnten dann alle „Akteure" auf dem Strommarkt (inklusive der einzelnen stromverbrauchenden Geräte) miteinander vernetzt sein und nur so viel Strom produzieren, wie verbraucht wird.

Fachwissen zählt

Um diesen Beruf ausüben zu können, muss man sein Fachwissen immer auf dem neuesten Stand halten und ein Auge dafür haben, was im Labor und unter realen Bedingungen umsetzbar ist.

Die meisten Firmen suchen Absolventen der Elektrotechnik oder der Physik. Jedoch ist es auch aus fast allen anderen ingenieurstechnischen Studiengängen möglich den Einstieg in die Karriere als Entwicklungsingenieur zu starten. Es werden aber beispielsweise auch Chemiker, Verfahrenstechniker, Messtechniker, Mechatroniker, Materialwissenschaftler oder Wirtschaftsingenieure als Entwicklungsingenieure gesucht.

Wichtige Eigenschaften als Entwicklungsingenieur sind Kreativität, um neue Lösungswege zu finden und der Wille, etwas zu verändern. Um als Entwicklungsingenieur erfolgreich zu sein, braucht man vor allem Eigeninitiative und -verantwortung, nur so kann man effizient arbeiten und zu einem guten Ergebnis kommen. Ein Entwicklungsingenieur braucht meistens gute Fremdsprachenkenntnisse, um mit ausländischen Kollegen, Kunden und auf internationalen Fachmessen kommunizieren zu können und einen starken Schuss Motivation, um sich auch von Rückschlägen nicht abschrecken zu lassen.

Entwicklungsingenieure sollten in der Lage sein, mit mathematischem und technischem Verständnis Probleme oder neue Ideen anzugehen und diese mit einem gewissen Maß an Kostenbewusstsein umzusetzen.

Wer nachweisen kann, dass er sich in seinem Studium oder in einem Praktikum mit Photovoltaiktechnik auseinander gesetzt hat, vielleicht sogar Spezialwissen für den konkreten Einsatzbereich besitzt, ist klar im Vorteil. Umso mehr Kenntnisse man in einem ▶

Bereich hat, desto höher ist die Chance, eine Innovation in diesem Feld zu schaffen. Einige Firmen sehen auch eine Promotion gerne. Bei der Analyse von Stellenanzeigen fällt auf, dass Firmen neben der fachlichen Qualifikation besonderen Wert auf das individuelle Engagement, die Motivation und Begeisterungsfähigkeit legen – hier sind Überzeugungstäter gefragt!

Ressourcen und Nachhaltigkeit

Viele Menschen in der Solarbranche treibt das Bewusstsein an, einen verantwortungsvollen Umgang mit den Ressourcen der Erde voranzutreiben und eine Technik zu schaffen, die den Klimawandel begrenzen könnte. Solarenergie ist ein wichtiger Baustein im Rahmen einer nachhaltigen, dezentralen Energieversorgung. Die Branche ist hoch dynamisch, dass heißt sie bringt viele Innovationen hervor und ändert sich ständig. Dieser Job ist etwas für Menschen, die Veränderung mögen, etwas bewegen wollen und dabei gut verdienen möchten. Spätere Karriereschritte können zum Beispiel über die Projektleitung ins Management führen. ∎

Erfolgsfaktoren für Entwicklungsingenieure in der Photovoltaik

- Studium der Elektrotechnik oder Physik, aber auch andere technisch-naturwissenschaftliche Studiengänge
- Praktische Erfahrungen
- Solide Englischkenntnisse, andere Fremdsprachenkenntnisse erwünscht
- Engagement, Motivation und Begeisterungsfähigkeit für die Branche
- Teamfähigkeit und kommunikative Fähigkeiten (auch interdisziplinär und international)
- Analytisch-strukturierte Arbeits- und Denkweise
- Projektmanagement-Kenntnisse
- Eigeninitiative/Selbstständigkeit/Eigenverantwortlichkeit
- Kreativität
- Reisebereitschaft
- Ziel- und lösungsorientiertes Arbeiten
- Durchsetzungsvermögen
- Technische Sachverhalte schriftlich und grafisch aufbereiten können

Passende Stellen
aus der Photovoltaik
finden Sie auf jobvector.com

Jobs

Validierungsingenieur
Mission: Testen, optimieren und beurteilen

Als Validierung wird der Beweis bzw. die Beweisführung verstanden, dass etwas (z.B. ein Prozess oder System) in der Praxis dauerhaft funktioniert bzw. die entsprechenden Anforderungen erfüllt.

Beweise vorlegen

Die Aufgabe des Validierungsingenieurs ist es, diesen Beweis zu erbringen. Er bereitet zum Beispiel Tests von Produktionsprozessen, Software oder Maschinen vor, führt sie durch und bewertet sie in einem Ergebnisbericht. Treten Fehler oder Abweichungen von den erwarteten Ergebnissen auf, beurteilt der Validierungsingenieur den Einfluss und die Auswirkungen auf die Produktion oder z.B. die Sicherheit der Mitarbeiter.

Mit Hilfe der Validierung werden zum Beispiel Programmierfehler oder Sicherheitslücken in Softwareprodukten aufgespürt bzw. ausgeschlossen. Hierbei arbeitet der Validierungsingenieur eng mit der Qualitätssicherung, z.B. den Qualitätsingenieuren zusammen.

Gerätequalifizierung

Ein weiterer wichtiger Bereich ist die Qualifizierung und Inbetriebnahme von Geräten und Maschinen. Unter Gerätequalifizierung versteht man zu testen, ob das Gerät für die vorgesehene Aufgabe geeignet ist und zu zufriedenstellenden Ergebnissen führt.

In der Pharmaindustrie ist die Qualifizierung ein wichtiges Element des ▶

Verantwortungsbereichs des Validierungsingenieurs, da sie zur Einhaltung der gesetzlich vorgeschriebenen Richtlinien nötig ist. So wird zum Beispiel überprüft, ob eine Maschine, mit der Arzneimittel hergestellt werden sollen, in der Lage ist, konstant gleiche Mischungen herzustellen, so dass jedes Präparat die exakt gleiche Dosierung des Wirkstoffs enthält. Die Aufgaben sind hier im wahrsten Sinne des Wortes lebenswichtig. Die Durchführung der Validierungen und Qualifizierungen dokumentiert der Validierungsingenieur nach den geltenden Richtlinien (z.B. Standards wie GMP - „Good Manufacturing Practise").

Kommunikations- und Führungsfähigkeiten

In seinen Aufgabenbereich kann auch die Erstellung und Überarbeitung von Qualitätsdokumenten fallen, sofern es um die Validierung oder Qualifizierung geht. Um die Testanforderungen festzulegen oder die Fehler beheben zu lassen, stimmt er sich mit unternehmensinternen oder externen Funktionsbereichen ab (z.B. Lieferanten, Mitarbeitern aus Materialeinkauf, Produktentwicklung, Produktion, Qualitätsmanagement und Fertigungstechnik) und beachtet regulatorische und qualitätsrelevante Vorgaben. Daraus entwickelt er Prüfpläne. Bei der Testdurchführung leitet er auch Versuchstechniker oder andere Mitarbeiter an. Daher sind gute Kommunikationsfähigkeiten und Führungsqualitäten gefragt. Wenn ein Unternehmen spezielle Dienstleistungen oder Anfertigungen für Kunden anbietet, schätzt er auch den personellen und zeitlichen Aufwand der notwendigen Validierung ab, damit dem Kunden ein Angebot unterbreitet werden kann.

Je nach Branche sind unterschiedliche Ingenieur-Abschlüsse und spezielle Fachkenntnisse erforderlich. Im internationalen Umfeld sind gute Englischkenntnisse wichtig, da Englisch häufig die Arbeitssprache und die Sprache der Fachliteratur ist.

Die Arbeit des Validierungsingenieurs ist eine fachlich anspruchsvolle Aufgabe. Im Rahmen dieser Tätigkeit kann Führungserfahrung gesammelt werden, die einen späteren Wechsel in die Führungslaufbahn ermöglichen kann. ∎

> **Erfolgsfaktoren für Validierungsingenieure**
> - Je nach Branche: Abgeschlossenes Studium der Verfahrenstechnik, Biotechnologie, Elektrotechnik, Physik, Produktionstechnik, Medizintechnik, Pharmazie oder anderer naturwissenschaftlicher oder technischer Studiengänge
> - Führungskompetenz
> - Gute Englischkenntnisse
> - Analytisches Denken, strukturierte Arbeitsweise
> - Kenntnis der regulatorischen Anforderungen und Richtlinien für die Branche

Passende Stellen
aus der Validierung
finden Sie auf jobvector.com

Jobs

Marketing-Manager
Kommunikationstalent mit dem Gespür für das Produkt

Wenn Sie sich als Ingenieur für Marketing interessieren und sich in einem facettenreichen Beruf sehen, dann ist der Beruf des Marketing-Managers ein große Chance für Sie. Mit der Kombination aus technischem Fachwissen und Ihrem Kommunikationstalent können Sie Erfolge feiern.

Im Maschinenbau kümmert sich der Marketing-Manager u.a. um Produkteinführungen von Antrieben und Maschinen, erstellt Schulungs- sowie Verkaufsunterlagen und präsentiert die Produkte bei Fachkreisen und Meinungsbildenden. In anderen High-Tech-Branchen ist das Aufgabenfeld vergleichbar und variiert je nach Produkt, Dienstleistung, Firmengröße und Ausrichtung.

Die Zielgruppe ansprechen

Der Posten des Marketing-Managers hat entscheidenden Einfluss auf den Erfolg und die Entwicklung eines Unternehmens, denn er stellt die Schnittstelle zwischen Produkt-, Preis-, Kommunikations- und Verkaufsmanagement dar. Die Herausforderung dabei lautet marktgerichtete Steuerung und Koordination der Ressourcen durch Planung und Kontrolle der effizientesten Lösungen. Ein Marketing-Manager hat die Chance, mit einer zukunftsorientierten Zielsetzung das Erscheinungsbild des Unternehmens nachhaltig zu prägen. Dabei ist es wichtig, ein Gespür dafür zu haben, was der Kunde besonders schätzt und so zu kommunizieren, dass genau dies bei der Zielgruppe angesprochen wird. Die ▶

Kaufentscheider in der Branche sind oft hervorragend ausgebildete Ingenieure und wer könnte diese Zielgruppe besser ansprechen als Sie als Ingenieur?

Die Tools des Marketing-Managers

Als Marketing-Manager nutzen Sie u.a. folgende Instrumente: Produkt-, Preis-, Kommunikations- und Distributionspolitik. Die Produktpolitik spielt eine entscheidende Rolle, denn die Gesamtheit der Produkte und Dienstleistungen eines Unternehmens bildet die Basis des Unternehmenserfolgs. Dabei ist zu entscheiden, welche Produkte jetzt und in Zukunft den Markt bestimmen. Welche Produkte sollen entwickelt oder verbessert werden? Welche Produkte sind erfolgreich? Die Tätigkeiten des Marketing-Managements in Bezug auf Produktpolitik umfassen im Wesentlichen die Entscheidung über Produktinnovationen, -differenzierung, sowie -elimination und haben die Innovation und damit die Steigerung des Unternehmenswachstums zum Ziel.

Durch die Kombination und Variation der Eigenschaften eines Produkts oder einer Dienstleistung kann eine stärkere Differenzierung gegenüber der Konkurrenz erreicht werden. Darüber hinaus gehört auch das Markenmanagement und somit der Aufbau und die Wahrung des guten Markennamens auf nationalen und internationalen Märkten zum Aufgabengebiet des Marketing-Managements.

Der Preis ist heiß

Die Preispolitik beschreibt die Anpassung des Preises an die Nachfrage durch die Zielgruppe. Darauf basierend wird der Preis für das Produkt festgelegt, um wettbewerbsfähig zu sein. Unter Preispolitik fallen aber auch alle vertraglichen Konditionen, die in Zusammenhang mit einem Produkt stehen, wie Kredite, Lieferungs- und Zahlungsbedingungen sowie Rabatte.

Marke und Vertriebsunterstützung

Unter Kommunikationspolitik versteht man Ziele und Maßnahmen zur einheitlichen Gestaltung aller das Unternehmen bzw. das Produkt betreffenden Informationen. Das umfasst z.B. klassische Werbung, Verkaufsförderung und Pressearbeit. Dabei gehört es zu den Aufgaben der Marketingabteilung, intern wie auch extern Informationen zu sammeln, zu bearbeiten sowie zu verbreiten. Das Hauptziel hierbei ist, die Marketingmaßnahmen so aufeinander abzustimmen, dass eine bestmögliche Verkaufsunterstützung aufgebaut wird und die Produkte bekannt gemacht werden. Auch die Media-Planung, Zusammenarbeit mit Werbeagenturen sowie die Evaluierung der Wirkung der Marketingaktionen gehören zu dem Aufgabenfeld des Marketings.

Mit dem Einsatz von Distributions- oder Vertriebspolitik trifft das Management alle Entscheidungen bezüglich der Verbreitungskanäle eines Produkts. Sie klärt alle Fragen in Bezug auf die Verkaufswege. Dies schließt die Entscheidungen über die Auswahl der Vertriebspartner, Vertriebswege und Gestaltung der Kundenbeziehungen mit ein.

Ist Marketing das Richtige für Sie?

Da Sie in Ihrem ingenieurwissenschaftlichen Studium wahrscheinlich wenig mit diesen ▶

Begriffen in Berührung gekommen sind, ist es nun schwierig zu sagen, ob Marketing das Richtige für Sie ist. Beantworten Sie sich folgende Fragen: Konnten Sie bei Vorträgen oder Präsentationen Ihre Kommilitonen für die Ergebnisse oder Themen begeistern? Hat es Ihnen Spaß gemacht Präsentationen zu erstellen, ganz unabhängig von den jeweiligen Inhalten? Konnten Sie auch komplexe Themen anschaulich darstellen und erklären? Konnten Sie bei Fachdiskussionen überzeugen? Sind Sie kreativ? Wenn Sie diese Fragen bejahen, dann könnte Marketing genau das Richtige für Sie sein.

Perspektiven

Besonders durch die wachsende Komplexität von Produkten der High-Tech-Branche sind Ingenieure essentiell wichtig für das Marketing eines Unternehmens in diesem Bereich. Ihre fachspezifische Ausbildung bzw. Ihr fachspezifisches Studium ermöglicht es, in den Bereichen Markt- und Produktforschung sowie in der Produktentwicklung, Daten zielgruppenspezifisch auszuwerten und die geeigneten Kommunikations- und Vertriebsformen zu wählen. Mittelständische und große Unternehmen haben eine fest integrierte Marketingabteilung, unabhängig davon, ob es sich um ein Unternehmen mit Spezialisierung auf Verfahrenstechnik oder Biotechnologie handelt. In Unternehmen, die Produkte oder Dienstleistungen für die Branche herstellen und verkaufen, sind Ingenieure als Marketingexperten fester Bestandteil des Marketingteams. Detaillierte Produktkenntnisse eines Marketing-Managers sind elementar, da durch immer kürzere Produktlebenszyklen, Innovationen im High-Tech-Bereich und wandelnde Kundenbedürfnisse eine kundenorientierte Produktentwicklung unumgänglich ist.

Dabei steht nicht die praktische Forschungsarbeit im Vordergrund, sondern die Kommunikation der Ergebnisse, die Planung und Delegation der Aufgaben, Budgetplanung, Kontrolle und die Kommunikation in den Vertrieb. Durch die Globalisierung ist ein internationaler Auftritt für viele Unternehmen unverzichtbar geworden. Ein Marketing-Manager sollte in der Lage sein, das Unternehmen und sein Image auch international zu positionieren. Hierfür werden Fremdsprachenkenntnisse, interkulturelle Kompetenzen und Kreativität vorausgesetzt. ■

Erfolgsfaktoren für Marketing-Manager
- Fundierte Fachkenntnisse und technisches Verständnis
- Analytisches Denken und strukturiertes Handeln
- Kommunikative und teamorientierte Arbeitsweise
- Überdurchschnittliche Dynamik und Innovationswillen
- Zielorientierte Arbeitsweise und Entscheidungsstärke
- Kundenorientiertes Denken
- Selbstbewusstes und souveränes Auftreten
- Hohes Maß an Kreativität
- Sprachkenntnisse

Passende Stellen
aus dem Marketing
finden Sie auf jobvector.com

Berufung statt Beruf
Professor an der Fachhochschule

Wer nach mehrjähriger Industrieerfahrung sein Wissen gerne weitergeben und gleichzeitig noch weiter aktiv in der Forschung sein möchte, der sollte sich überlegen dem Ruf einer Fachhochschule zu folgen. Der Fachhochschulprofessor ist in erster Linie ein Hochschullehrer. Dass heißt, die Lehre und die Ausbildung der Studenten steht im Vordergrund. Zusätzlich gibt es viel Freiraum und Gestaltungsmöglichkeiten für die Forschung.

Lehre an der Fachhochschule

Die Lehre und die Ausbildung der Studenten steht für einen FH-Professor an erster Stelle. Sie versuchen die Studenten best möglichstauf das Berufsleben in der Industrie vorzubereiten. Praktika haben eine besonders hohe Gewichtung bei Fachhochschulen. Es handelt sich hierbei um Lehreinheiten, die durch praktische Übungen in technisch gut ausgestatteten Räumen oder Laboren vermittelt werden. In den Praktika üben Studenten also praktisch das, was der FH-Professor in der Vorlesung theoretisch vermittelt hat.

Da die Studierendenzahlen eines Fachbereichs in Fachhochschulen häufig kleiner sind als in Universitäten, kennen viele FH-Professoren ihre Studenten persönlich. In den späteren Vertiefungsfächern sind die Gruppen meist noch kleiner. Zur Lehre kann auch eine Art Hausarbeit gehören, die in der ganzen Gruppe diskutiert und bewertet wird. ▶

Zunehmend gibt es auch verschiedene Arten von Projekten, die man unter „Problem based learning" zusammenfassen kann. Hierbei geht es in erster Linie um die Aufgabe und nicht um einen bestimmten Lösungsweg. Der FH-Professor vermittelt den Studenten hierbei, dass eine Aufgabenstellung mehrere richtige Lösungswege haben kann. Diese Art der Lehre bereitet besonders gut auf das spätere Arbeitsleben vor, denn in der Praxis weiß man die Lösung nicht vorher, sondern muss sie sich zunächst mittels verschiedener Ansätze erarbeiten.

Diese neuartigen Lehrformen sind zwar keine Erfindung der Fachhochschulen, sind aber bezeichnend für die Praxisnähe der Ausbildung der Studenten. Das können Projekte sein, die auch kompetitiv, also als eine Art Wettbewerb zwischen den Studenten durchgeführt werden. Die Studenten sollten ihr Wissen fächerübergreifend anwenden und miteinander verknüpfen können. Dadurch werden Soft-Skills wie z.B. Teamfähigkeit, Präsentationsverhalten, Zeitmanagement erlernt, die in keinem klassischen Ausbildungsfach an Fachhochschulen Lehrinhalte sind. Wenn sie also Spaß an der Vermittlung von Wissen haben, stehen Ihnen als FH-Professor die verschiedensten Lehrformen zur Verfügung.

Weiterhin vermittelt ein FH-Professor in den Vorlesungen aktuelle Ergebnisse aus der Wissenschaft. Die Studenten sollen auf dem aktuellsten Stand sein, um später auch in der Forschung & Entwicklung eingesetzt werden zu können.

Durch die enge Zusammenarbeit mit den Studenten kann der FH-Professor besonders talentierte Studenten erkennen, fördern und eventuell sogar zur Promotion führen. Die Studenten arbeiten dann schon während ihrer Studienzeit als wissenschaftliche Hilfskräfte oder während ihrer Bachelor- und Masterarbeit an aktuellen Industrie- und Forschungsprojekten mit. Manche Master-Studenten bekommen auch eine halbe Stelle als wissenschaftlicher Angestellter und können so frühzeitig Arbeitserfahrungen sammeln.

Forschung
Neben der Grundfinanzierung von Fachhochschulen ist die Einwerbung von Drittmitteln eine wichtige Einnahmequelle. Durch diese Drittmitteleinwerbung finanziert sich ein FH-Professor zum großen Teil die Forschung. Im Durchschnitt hat ein FH-Professor 0,5 Mitarbeiter – wenn er gut aufgestellt ist kann der FH-Professor sogar eine volle Position für einen Angestellten vergeben. Weitere Mitarbeiter können über Drittmittelprojekte bezahlt werden. Da der FH-Professor erst nach Bewilligung des Forschungsantrags Personal einstellen und bezahlen kann, schreibt er die Anträge meist selbst.

Während bei Universitäten die Forschung in sogenannten Instituten stattfindet, sind die Professoren an Fachhochschulen meist auf verschiedene Lehrgebiete aufgeteilt. Die Lehrgebiete sind breiter aufgestellt als an Universitäts-Instituten. So gibt es meist nicht das Lehrgebiet „Thermodynamik" oder „Regelungstechnik". Ein FH-Professor ist manchmal für zwei oder auch drei Fächer zuständig. ▶

Daraus ergibt sich die Möglichkeit an der Schnittstelle verschiedener Themen zu forschen.

Ein weiterer Unterschied zwischen den Hochschulformen sind die Forschungsthemen. Universitäten erarbeiten eher sehr spezielles Wissen, welches sehr nah an der Grundlagenforschung liegt. Solche Projekte haben häufig eine Laufzeit von drei bis fünf Jahren und beschäftigen mehrere Mitarbeiter. Bei den Fachhochschulen liegt dagegen die Anwendbarkeit im Vordergrund. Fragestellungen werden daher praxisnäher behandelt. Nicht selten bauen die Forschungen, die an Fachhochschulen betrieben werden auf den Forschungsergebnissen der Universitäten auf und werden weiter entwickelt. Auch werden Erkenntnisse aus der Grundlagenforschung in Anwendungen eingebracht, um Innovationen voranzutreiben. So kommt es vor, dass ein Fraunhofer-Institut Grundlagen für die Anwendung einer Technologie erforscht und der FH-Professor diese weiter entwickelt. Die Technologien können dadurch auch in der Industrie praktisch angewendet und umgesetzt werden.

Forschung an der Fachhochschule basiert oft auf Kooperationen mit kleineren Unternehmen. Dabei tritt der FH-Professor in direkten Kontakt mit dem Firmenleiter, der entscheidet, ob eine Zusammenarbeit zustande kommt oder nicht. Die Leitungsebene der Firmen sind oft graduierte Ingenieure oder auch Nicht-Akademiker wie z.B. Handwerksmeister, die über die Jahre einen Betrieb aufgebaut haben. Hierbei kommt dem FH-Professor seine Industrieerfahrung zugute, denn er weiß, wie es in einem Betrieb abläuft und kann mit dem Verantwortlichen auf Augenhöhe sprechen. Bei diesen Kooperationen wird häufig nicht von Forschung, sondern von Entwicklung und Optimierung gesprochen – hier zeigt sich, wie anwendungsnah die Forschung an Fachhochschulen ist.

Drittmittel

Klassischerweise schreibt eine Exzellenzinitiative, Forschungsförderung von Bund, Ländern oder Europäischer Union, Stiftung oder ein Unternehmen zu einem bestimmten Forschungsthema aus (umgangssprachlich „Call" genannt). Auf diese Ausschreibung bewirbt sich der Professor - meist zusammen mit anderen Kollegen, Hochschulen und Firmen - mit einem Forschungsantrag. Diese Art der Kooperationen werden immer häufiger, damit in einem Antrag mehrere fachliche Disziplinen abgedeckt sind. Wird der Forschungsantrag bewilligt, so wird durch diese Drittmitteleinwerbung u.a. Geld für neues Personal und benötigtes Equipment für die Forschung frei.

Promotion an der Fachhochschule

Gesetzlich liegt das Promotionsrecht in Deutschland bei den Universitäten. An Fachhochschulen können Studenten nicht promovieren. Trotzdem ist es heutzutage nicht mehr ungewöhnlich, wenn ein FH-Absolvent promoviert und dabei an der Fachhochschule bleibt – die sogenannte „kooperative Promotion" gewinnt zunehmend an Bedeutung. Der Promotionsstudent führt die Forschungsarbeiten an der Fachhochschule durch und wird auch von einem FH-Professor betreut. Die Prüfung der Doktorarbeit erfolgt dann am Ende an der Universität. Inwieweit der Universitätsprofessor involviert ist und welche Voraussetzungen, wie z.B. zusätzliche Klausuren an der Universität, noch erfüllt werden müssen, wird meist individuell geregelt. Immer häufiger erfolgen kooperative Promotionen über ▶

Promotionskollegs, in denen ganz klar geregelt ist, unter welchen Bedingungen ein FH-Absolvent über die jeweilige Universität promovieren kann. Die Promotion an der Fachhochschule wird den Studenten damit zunehmend erleichtert und macht Leistungsanforderungen transparenter.

Mit der kooperativen Promotion zeigen Fachhochschulen, dass sie die Kompetenz haben, um Doktoranden auszubilden. Gleichzeitig bietet sie eigenen Absolventen die Möglichkeit den höchsten akademischen Grad zu erlangen, ohne dabei an eine Universität wechseln zu müssen. Aus diesem Grund unterstützen die Fachhochschulen geeignete Kandidaten für eine Promotion auch finanziell. Häufig haben sie dafür eigene Stipendienprogramme. Darin ist in erster Linie Gehalt für den Promotionsstudenten aber auch Budget für Investitionen vorgesehen.

Voraussetzungen für die FH-Professur

Um als FH-Professor berufen werden zu können, muss ein Bewerber einige Einstellungsvoraussetzungen erfüllen. Im Gegensatz zur Universität kann an einer Fachhochschule nur Professor werden, wer mindestens fünf Jahre Berufserfahrung hat – davon drei Jahre in der Industrie. In selten Fällen und bei besonderer Eignung kann ein Kandidat auch mit drei Jahren Berufserfahrung berufen werden. Zunächst muss ein Kandidat nachweisen, dass er wissenschaftlich im jeweiligen Fachgebiet tätig war und in diesem Bereich up-to-date ist. Ein Kriterium hierfür ist veröffentlichte Publikationen in einschlägigen wissenschaftlichen Zeitschriften. Die Anzahl der Veröffentlichun-

gen als Erstautor und der Impact-Factor des Journals spielen auch eine Rolle. Viel wichtiger ist jedoch, was der Professoren-Anwärter während seiner bisherigen Zeit in der Industrie wirklich gemacht hat und wie gut er sich in dem zukünftigen Lehrgebiet wirklich auskennt.

Die Abschlussnote eines einschlägigen wissenschaftlichen Studiums des Kandidaten spielt auch nach mehrjähriger Berufserfahrung eine Rolle. Im Normalfall wird eine Promotion vorausgesetzt. Es gibt Ausnahmefälle, wie eine hinausragende Leistung, wie z.B. die Veröffentlichung eines anerkannten und viel gelesenen Fachbuchs. Dann ist eine Einstellung auch ohne Promotion möglich. Dies ist aber eher die Ausnahme.

Durch diese Regelungen soll sichergestellt werden, dass der FH-Professor auch wirklich in der Lage ist, seine Studenten auf die Industrie vorzubereiten. Eine Habilitation hat dabei keine Bedeutung. Wichtig bei der Beurteilung des Bewerbers ist jedoch, ob dieser bereits Lehrerfahrung gesammelt hat. Das können Dozententätigkeiten auf Seminaren aber auch Lehraufträge an Hochschulen sein. Es gibt also auch schon vor einer Berufung die ▶

> **Publikationen**
> Publikationen in Fachzeitschriften, auch „Paper in Journals" genannten, sind Veröffentlichungen in einschlägigen Fachzeitschriften, um originäre Forschungsergebnisse der Öffentlichkeit bekannt zu machen. Inoffizielle Regel ist dabei, dass der genannte Erstautor die Forschungsarbeit praktisch durchgeführt und die Veröffentlichung geschrieben hat. Der Letztautor hat die Studie meist betreut und ist häufig der Leiter der Abteilung oder Forschungseinrichtung. In der Praxis kann dies aber durchaus anders geregelt sein.

Möglichkeit, an einer Hochschule zu unterrichten. Da es keine didaktischen Prüfungen für Professoren gibt, kann diese Lehrerfahrung ausschlaggebend für eine Einstellung sein.

Berufungsverfahren

Die Einstellung eines FH-Professors wird durch das sogenannte Berufungsverfahren geregelt. Die Fachhochschule muss zunächst die Position öffentlich ausschreiben. Ein interessierter Kandidat kann sich dann ganz klassisch bei der Fachhochschule bewerben. Eine Kommission, bestehend aus Professoren, wissenschaftlichen Mitarbeitern und Studenten, trifft zunächst eine Vorauswahl an Kandidaten. Studenten haben bei der Berufung von FH-Professoren also ein großes Mitspracherecht. Geeignete Bewerber werden dann eingeladen, einen oder mehrere öffentliche Vorträge zum Thema des zukünftigen Lehrgebiets zu halten.

Der Bewerber muss durch den Vortrag zeigen, dass er auf dem jeweiligen Fachgebiet Experte ist und den Praxisbezug aus der Industrie mitbringt. Wichtig hierbei ist nicht nur, dass der Kandidat neue Erfindungen in der Forschung gemacht hat, sondern auch dass er bei Themen mitreden kann, die für die Industrie eine besondere Gewichtung haben.

Anschließend erfolgt ein persönliches Gespräch zwischen Bewerber und Kommission. Zusätzlich gibt es je nach Fachhochschule noch weitere Schritte, wie z.B. das Einholen von Gutachten durch Externe, Probevorlesung oder Präsentationen der eigener Forschungsergebnisse. Nach diesen Schritten wird eine Berufungsliste mit den besten drei

Bewerbern erstellt. Je nach Bundesland entscheidet dann der zuständige Landesminister oder die Hochschule selbst, welcher Bewerber eine Professur angeboten bekommt.

Vergütung und Aufstiegschancen

Hat sich eine Fachhochschule für einen Kandidaten zur Besetzung der offenen Professoren-Stelle entschieden, geht es in die Berufungsverhandlung. Der Professor vereinbart die Bedingungen zur Besoldung und zur Einrichtung der Labore und Büroräume sowohl in materieller als auch personeller Hinsicht.

Der FH-Professor wird in festgelegten Abständen evaluiert. Wenn die vorgegebenen Kriterien der Evaluierung erfüllt werden, gibt es Zulagen in verschiedener Höhe. Mit der Zeit kann ein höheres Gehalt erarbeitet werden, das auch auf die Rente anrechenbar ist. Weitere Leistungszulagen werden hochschulintern geregelt. Der FH-Professor kann z.B. durch die Betreuung entsprechend vieler Bachelor- oder Masterarbeiten, durch Drittmitteleinwerbung oder durch Publikationen in Fachzeitschriften Zulagen erhalten.

Mit der Funktionsleistungszulage können Professoren darüber hinaus Ämter und Aufgaben innerhalb der Hochschule, wie z.B. Dekan oder Studiengangsleiter übernehmen. Immer mehr gewinnen auch Ämter für Qualität und internationale Belange an Bedeutung. Manche dieser Ämter werden gerne aus Prestige-Gründen übernommen, in anderen Ämtern ist die Bezahlung ausschlaggebend. ▶

Dass ein FH-Professor zurück in die Industrie wechselt, ist eher selten. Wenn ein FH-Professor weiter aufsteigen möchte, gibt es professionelle, gut bezahlte Hochschulämter wie z.B. Co-Rektor oder Rektor einer Fachhochschule. Diese bringen andere Aufgaben mit sich und beinhalten häufig keine Lehrtätigkeit mehr. Gute Chancen auf diese Ämter hat der FH-Professor, wenn er sich vorher durch Ämter wie z.B. Studiengangsleiter oder ähnliches qualifiziert hat.

Besoldung
2005 wurde die Besoldung von Hochschullehrern von der C- auf die W-Besoldung umgestellt. Im Gegensatz zur vorher herrschenden C-Besoldung folgt die jetzige Vergütung nicht mehr dem Senioritätsprinzip, also der Honorierung der Dienstjahre, sondern einem System aus Grundgehalt und Leistungszulagen. Dadurch ist das Grundgehalt zwar meist kleiner, durch zusätzliche Aufgaben und Ämter lassen sich jedoch große Gehaltssteigerungen erzielen. Weitere Informationen siehe auch Artikel: Vergütung im öffentlichen Dienst.

Nebentätigkeiten
Neben zusätzlichen Ämtern innerhalb der Fachhochschule sind Nebentätigkeiten außerhalb der Fachhochschule nicht unüblich. Sie müssen formal vom Dekan genehmigt werden und sind häufig sogar erwünscht, da der FH-Professor dadurch auf der Höhe der Zeit bleibt. Deswegen sind Zusammenarbeiten mit der Industrie willkommen.

Je nach Fachbereich stehen die FH-Professoren dabei in der Industrie in einem Angestellten-Verhältnis oder sind sogar selbstständig. Leitende Positionen als erster Geschäftsführer werden eher selten genehmigt, da der Professor in erster Linie der Fachhochschule und nicht der Firma verpflichtet sein soll.

Der FH-Professor als Klein-Unternehmer
Da ein FH-Professor in der Regel nicht viele Angestellte hat, kümmert er sich um viele administrative Aufgaben selbst. Er wird zu einer Art Klein-Unternehmer, der sich auch mal am Kopierer wiederfinden kann. Im Gegensatz zur Universität werden Klausuren an Fachhochschule meist vom Professor selbst korrigiert. In Übungen und Vorlesungen trifft man den FH-Professor noch persönlich an.

Der FH-Professor kann dabei selbst akquirieren, sich mit Firmeninhabern und Verantwortlichen in verschiedensten Betrieben unterhalten und Verhandlungen führen. Für die beteiligten Unternehmen ist dies häufig sehr attraktiv, weil so ein Ansprechpartner zur Verfügung steht, der die Sprache der Kunden spricht. Der Tagesablauf gestaltet sich für einen FH-Professor sehr abwechslungsreich und ist vorher nicht immer planbar.

Berufsaussichten
Die Berufsaussichten für FH-Professoren sehen sehr gut aus. Stetig wachsende Studentenzahlen und die Tatsache, dass eine ganze Reihe älterer Professoren bald in Ruhestand gehen, lässt die Zahlen der Ausschreibungen an Fachhochschulen steigen. Besonders weibliche Anwärter haben bei geeigneter Qualifikation beste Chancen auf eine Berufung. Aufgrund des Bestrebens, die Zahl der Professorinnen an Fachhochschulen zu erhöhen, sind Bewerbungen von Frauen besonders gern gesehen. ▶

Da ein Professor Spezialist in seinem Fachbereich ist, kann er natürlich nicht an jeder Fachhochschule eine Anstellung finden. Mobilität ist daher sehr wichtig. Andererseits ist es natürlich auch gewünscht, dass ein FH-Professor den Kontakt zu seinem Betrieb aufrecht erhält. Wenn ein Kandidat aber bereit ist umzuziehen, die formalen Voraussetzungen für eine Professur erfüllt und die Professur wirklich möchte, sehen die Chancen einer Berufung aussichtsreich aus. Nach einer Erstberufung hat der FH-Professor meist eine mehrjährige Probezeit. Danach wird seine Stelle in der Regel entfristet und hält dann ein Professorenamt auf Lebenszeit. ∎

Prof. Dr.-Ing. Andreas Gebhardt
FH Aachen University of Applied Sciences
Dekan im Fachbereich Maschinenbau und
Mechatronik

Erfolgsfaktoren für FH-Professoren
- Begeisterung Wissen zu vermitteln
- Forscherdrang
- Verhandlungsgeschick
- Freude am lebenslangen Lernen, um immer up-to-date zu sein
- Industrieerfahrung
- Sehr gute Englischkenntnisse um auch in internationalen Fachzeitschriften publizieren zu können
- Fähigkeit interdisziplinär Denken zu können
- Freude an einer abwechslungsreichen Tätigkeit

Passende Stellen
für Professoren
finden Sie auf jobvector.com

2. Unternehmen & Jobs

Sie sind auf der Suche nach einer neuen beruflichen Perspektive und möchten sich orientieren, welches Unternehmen zu Ihnen passt? Im zweiten Kapitel präsentieren sich Unternehmen, welche Karriereperspektiven für Ingenieure bieten. Im Jobfinder erhalten Sie einen schnellen Überblick, welche Unternehmen in welchen Tätigkeitsfeldern, Fachbereichen und Karrierestufen Jobs vergeben. In den darauf folgenden Seiten stellen sich diese wachstumsstarken Unternehmen im Profil vor und geben einen Einblick in ihre Branche und gesuchten Qualifikationsprofilen. Haben Sie ein Unternehmen gefunden, dass Ihnen zusagt? Dann scannen Sie einfach den QR-Code ab und Sie landen direkt online bei den aktuellen Stellenausschreibung Ihres Wuncharbeitgebers.

2. Unternehmen & Jobs

Übersicht gesuchter Qualifikationen

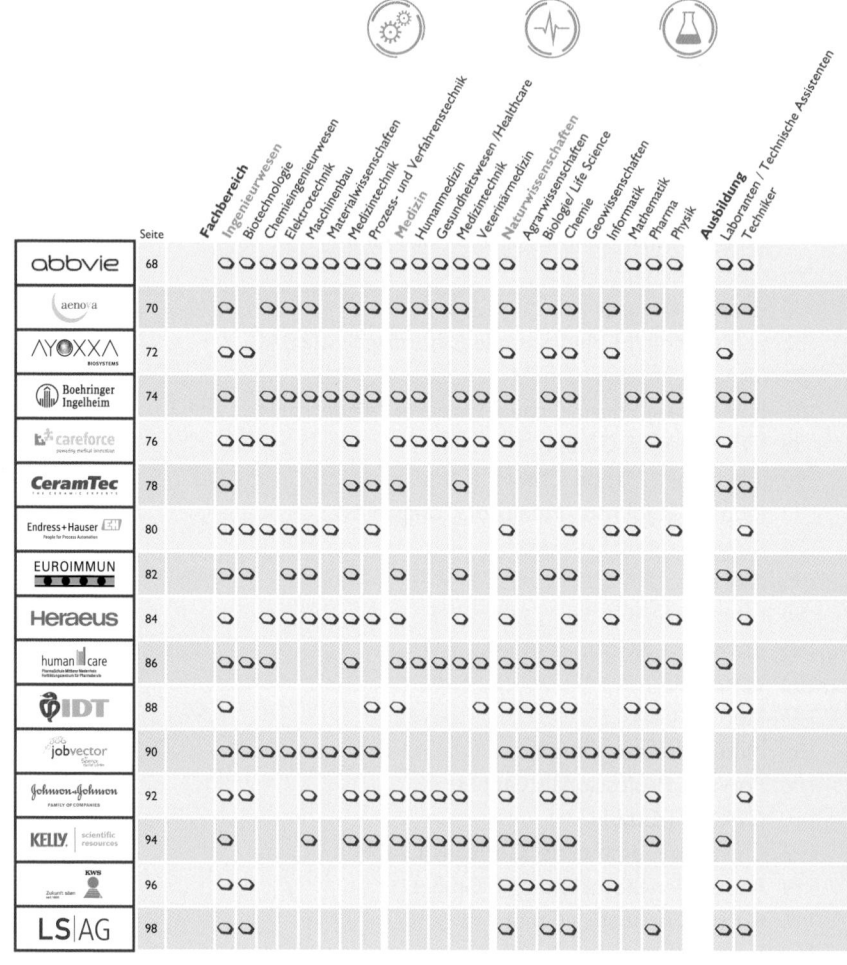

The table below shows, for each company, the page number (Seite) and the qualifications sought (Fachbereich and Ausbildung). A marker (●) indicates a sought qualification.

Firma	Seite	Ingenieurwesen	Biotechnologie	Chemieingenieurwesen	Elektrotechnik	Maschinenbau	Materialwissenschaften	Medizintechnik	Prozess- und Verfahrenstechnik	Medizin	Humanmedizin	Gesundheitswesen / Healthcare	Medizintechnik	Veterinärmedizin	Agrarwissenschaften	Biologie / Life Science	Chemie	Geowissenschaften	Informatik	Mathematik	Pharma	Physik	Laboranten / Technische Assistenten	Techniker
abbvie	68	●	●	●	●	●	●	●	●	●	●	●	●	●		●	●		●	●	●		●	●
aenova	70	●		●	●	●			●	●	●	●				●	●		●		●		●	●
AYOXXA BIOSYSTEMS	72	●	●												●	●	●		●				●	
Boehringer Ingelheim	74	●		●	●	●	●	●	●	●	●	●	●			●	●		●	●	●		●	●
careforce	76	●	●	●			●			●	●	●	●	●		●	●			●			●	
CeramTec	78						●	●	●								●						●	●
Endress+Hauser	80	●	●	●	●	●	●								●	●		●	●	●			●	
EUROIMMUN	82	●	●		●		●			●	●	●				●	●		●				●	●
Heraeus	84	●		●	●	●	●	●	●			●				●	●			●			●	
human care	86	●	●	●			●			●	●	●	●	●		●	●			●	●		●	
IDT	88	●					●	●		●	●	●				●	●			●	●		●	●
jobvector	90	●	●	●	●	●	●	●								●	●	●	●	●	●	●		
Johnson & Johnson	92	●	●			●	●	●	●	●	●	●				●					●			
KELLY scientific resources	94	●			●		●	●	●	●	●	●	●			●			●				●	
KWS	96	●	●												●	●	●	●		●			●	●
LS|AG	98	●	●									●		●		●			●				●	●

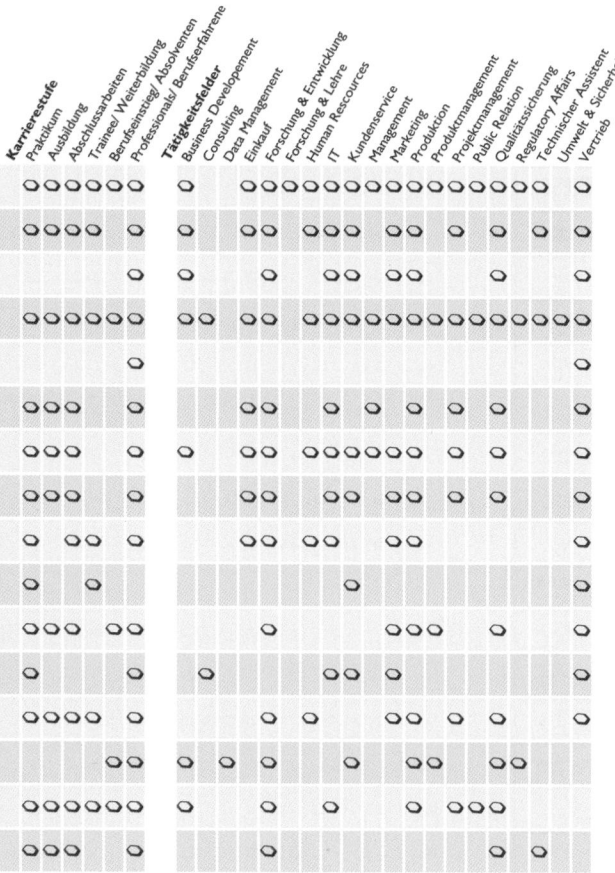

Karrierestufe: Praktikum, Ausbildung, Abschlussarbeiten, Trainee/ Weiterbildung, Berufseinstieg/ Absolventen, Professionals/ Berufserfahrene

Tätigkeitsfelder: Business Development, Consulting, Data Management, Einkauf, Forschung & Entwicklung, Forschung & Lehre, Human Resources, IT, Kundenservice, Management, Marketing, Produktion, Produktmanagement, Projektmanagement, Public Relation, Qualitätssicherung, Regulatory Affairs, Technischer Assistent, Umwelt & Sicherheitstechnik, Vertrieb

Jobfinder

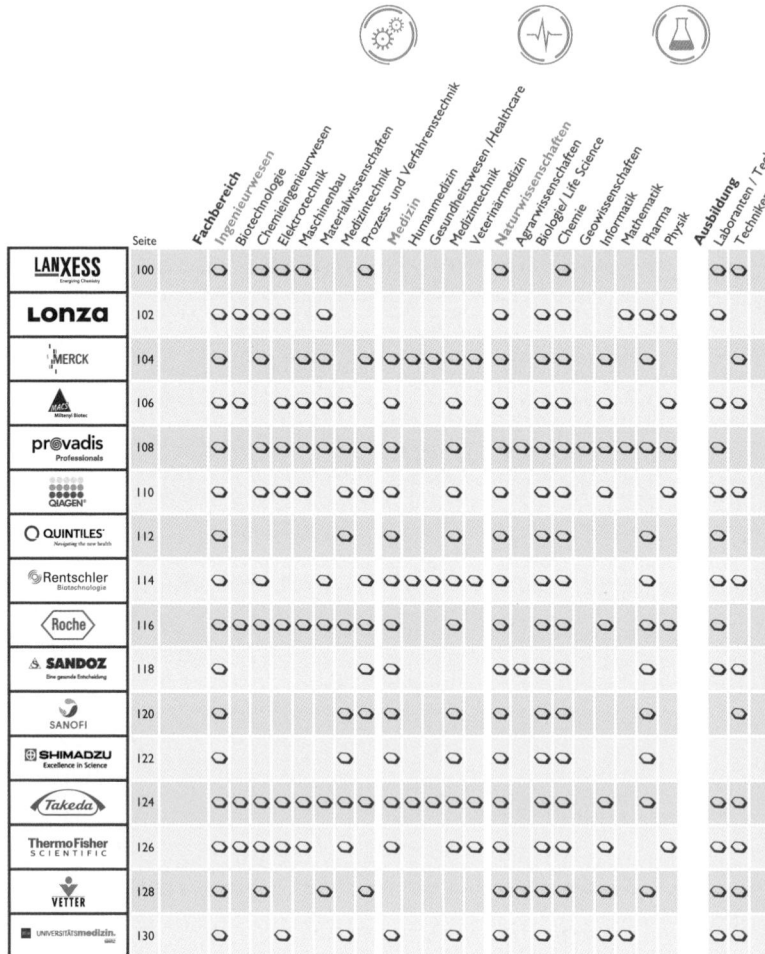

	Seite	Ingenieurwesen	Biotechnologie	Chemieingenieurwesen	Elektrotechnik	Maschinenbau	Materialwissenschaften	Medizintechnik	Prozess- und Verfahrenstechnik	Humanmedizin	Gesundheitswesen /Healthcare	Medizintechnik	Veterinärmedizin	Agrarwissenschaften	Biologie/ Life Science	Chemie	Geowissenschaften	Informatik	Mathematik	Pharma	Physik	Laboranten / Technische Assistenten	Techniker
LANXESS	100	○	○	○	○		○					○			○					○	○		
Lonza	102	○	○	○	○	○						○		○	○			○	○	○	○		
MERCK	104	○		○		○	○	○	○	○	○	○	○		○	○	○		○		○		
MACS Miltenyi Biotec	106	○	○		○	○	○		○		○			○	○				○	○	○		
provadis Professionals	108	○		○	○	○	○	○	○		○		○	○	○	○	○	○	○	○			
QIAGEN	110	○		○							○				○	○						○	
QUINTILES	112	○				○		○		○		○			○	○					○		
Rentschler Biotechnologie	114	○		○		○		○	○	○	○	○						○		○	○		
Roche	116	○	○	○	○	○	○	○	○		○		○		○	○		○		○	○		
SANDOZ	118	○					○	○			○	○	○	○				○			○	○	
SANOFI	120	○				○	○	○		○		○			○			○			○		
SHIMADZU	122	○				○		○		○		○	○					○					
Takeda	124	○	○	○	○	○	○	○	○	○	○	○	○		○	○	○	○	○	○	○		
ThermoFisher SCIENTIFIC	126	○	○	○	○	○		○		○		○	○		○	○	○			○	○		
VETTER	128	○	○		○		○				○	○	○	○		○		○			○	○	
UNIVERSITÄTSmedizin	130	○		○		○		○		○		○			○	○					○	○	

Karrierestufe
- Praktikum
- Ausbildung
- Abschlussarbeiten
- Trainee / Weiterbildung
- Berufseinstieg/ Absolventen
- Professionals/ Berufserfahrene

Tätigkeitsfelder
- Business Development
- Consulting
- Data Management
- Einkauf
- Forschung & Entwicklung
- Forschung & Lehre
- Human Resources
- IT
- Kundenservice
- Management
- Marketing
- Produktion
- Produktmanagement
- Projektmanagement
- Public Relation
- Qualitätssicherung
- Regulatory Affairs
- Technischer Assistent
- Umwelt & Sicherheitstechnik
- Vertrieb

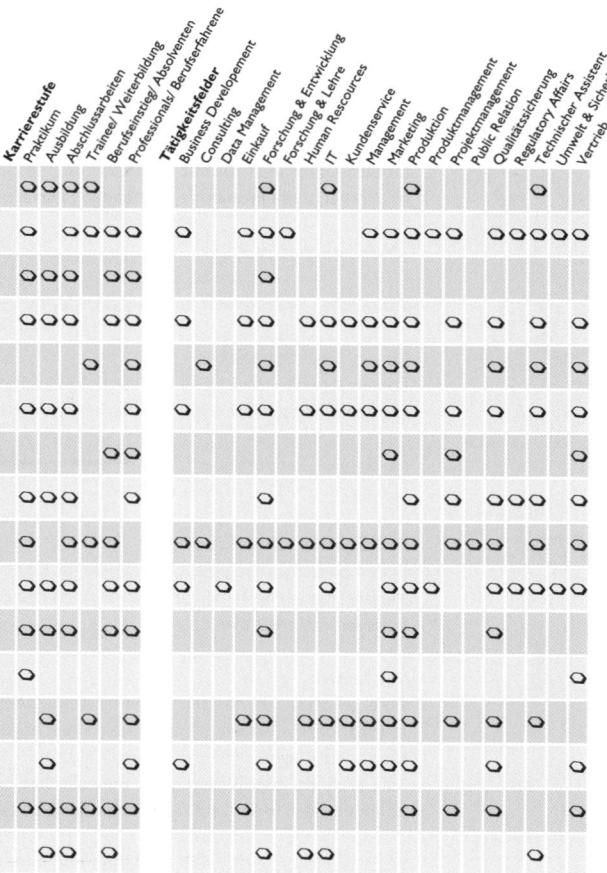

abbvie

AbbVie Deutschland GmbH & Co. KG

Kontakt HR
Janina Zettelmann
TalentAcquisition.de@abbvie.com

Firmenadresse
AbbVie Deutschland
GmbH & Co. KG
Mainzer Straße 81
65189 Wiesbaden
Deutschland

Hauptsitz
Wiesbaden

Weitere Standorte
Ludwigshafen, Berlin

Web
www.abbvie.de

Einstiegsmöglichkeiten
Direkteinstieg
Trainee
Postdoc
Praktikum

Bewerbungsverfahren
Online-Bewerbung

Auswahlverfahren
Einstellungsgespräch
Telefoninterview

Firmenprofil

AbbVie ist ein globales, forschendes BioPharma-Unternehmen, das auf die Erforschung und Entwicklung innovativer Therapien für einige der schwersten und komplexesten Krankheiten der Welt spezialisiert ist.

Das neue Unternehmen vereint die Dynamik und Fokussierung eines Biotech-Unternehmens mit der Expertise und der Organisation eines erfahrenen und führenden forschenden Pharmaunternehmens.

Wen suchen wir

Wir suchen Absolventen und Studierende (m/w)

für die Tätigkeitsbereiche:
Forschung und Entwicklung, Produktion, Qualitätssicherung, Quality Control, Wirtschaftsinformatik, Marketing, Vertrieb uvm.

an unseren Standorten:
Ludwigshafen, Wiesbaden und Berlin

mit folgenden Qualifikationen:
In den Bereichen Biologie, Biotechnologie, Chemie, Chemietechnik, Verfahrenstechnik, Informatik, Wirtschaftsingenieurwesen, Betriebswirtschaft uvm.

Wir bieten:
Direkteinstieg, Traineestellen und interessante Projekte im internationalen Umfeld. Wer sich für Ideen begeistert, gern Verantwortung übernimmt, andere Kulturen respektiert und weiß, dass man auch mal querdenken muss, um auf schnellstem Weg zum Ziel zu kommen - der findet sein berufliches Zuhause bei AbbVie.

AbbVie zeichnet sich durch Diversität und Internationalität aus. Daher begrüßen wir Vielfalt bei unseren Bewerbern, insbesondere auch von chronisch kranken und schwerbehinderten Menschen.

Jobs

abbvie

MENSCHEN.
MÖGLICHKEITEN.
LEIDENSCHAFT.

AbbVie ist ein globales BioPharma-Unternehmen, das auf die Erforschung und Entwicklung innovativer Arzneimittel für einige der schwersten Krankheiten der Welt spezialisiert ist.

Unser Ziel ist es, die Gesundheit und Lebensqualität von Patienten nachhaltig zu verbessern – durch wirkungsvolle Spezialmedikamente, fokussierte Forschung und den leidenschaftlichen Einsatz für unsere Patienten. Dafür setzen sich in Deutschland rund 2.400 Mitarbeiter ein.

abbvie.de | abbvie.com

aenova

Aenova Holding GmbH

Kontakt HR
Susanne Fischer
Fon +49 8151 9987 119
susanne.fischer@
aenova-group.com

Firmenadresse
Aenova Holding GmbH
Berger Str. 8-10
82319 Starnberg
Deutschland

Hauptsitz
Starnberg

Weitere Standorte
Deutschland und weltweit

Web
www.aenova-group.com

Einstiegsmöglichkeiten
Direkteinstieg
Trainee
Praktikum

Bewerbungsverfahren
E-Mail-Bewerbung
Bewerbungsmappe
Initiativbewerbung

Auswahlverfahren
Einstellungsgespräch
Telefoninterview

Firmenprofil

Die Aenova Group ist einer der weltweit größten pharmazeutischen Auftragshersteller. In Europa ist das Unternehmen Marktführer bei der Entwicklung, Herstellung und Vermarktung von Arznei- und Nahrungsergänzungsmitteln. Aenova betreibt 21 Standorte in sieben europaischen Ländern und den USA. Zum Erfolg der Unternehmensgruppe tragen mehr als 4.500 Mitarbeiter bei.

Wir sind ein dynamisches Unternehmen und bieten vielfältige Einstiegsmöglichkeiten. Für Fach- und Führungskräfte, Auszubildende oder Studenten. Gestalten Sie aktiv unsere Erfolgsgeschichte und erleben Sie unsere Unternehmenskultur.

Als Europas führender Hersteller für Arznei- und Nahrungsergänzungsmittel leisten wir einen wichtigen gesellschaftlichen Beitrag. Höchste Qualitätsansprüche prägen unser Geschäft und beeinflussen die Zusammenarbeit auf allen Ebenen. Der Qualifizierung und Weiterentwicklung unserer Mitarbeiter kommt dabei eine Schlüsselrolle zu. Sie sind unser maßgeblicher Erfolgsfaktor.

Wir eröffnen motivierten Bewerbern die Chance, Visionen zu verwirklichen, neue berufliche Wege zu beschreiten und Verantwortung in einem dynamisch wachsenden Unternehmen zu übernehmen. Gleichzeitig bieten wir zukunftssichere Perspektiven und schaffen damit die Basis für eine vertrauensvolle Zusammenarbeit. Unsere Unternehmenskultur ist geprägt von gegenseitigem Respekt und eigenverantwortlichem Gestaltungsspielraum.

Wen suchen wir

Kandidaten mit naturwissenschaftlichen Hintergrund, insbesondere Pharmazeuten, Ingenieure und technisches Personal sowie Spezialisten für den Produktionsbereich. Wir suchen flexible engagierte und interessierte Bewerber die sich den Herausforderungen innerhalb einer dynamischen, modernen Unternehmensgruppe mit spannenden Produkten stellen möchten.

Jobs

Werden Sie Teil der Aenova Group

Ob neu im Geschäft oder mit langjähriger Berufserfahrung, bei uns können Sie sich in vielen Bereichen profilieren. Wir setzen auf die individuellen Fähigkeiten jedes Einzelnen. In einer kontinuierlich wachsenden internationalen Unternehmensgruppe stehen Ihnen viele Türen offen. Wir bieten spannende Perspektiven und ein breites Betätigungsfeld in verschiedenen Positionen und Fachrichtungen.

- **Fach- und Führungskräfte**
- **Studenten**
- **Bachelor- und Masteranden**

Wir freuen uns auf eine gemeinsame Zukunft, vielleicht mit Ihnen?

www.aenova-group.com

AYOXXA Biosystems GmbH

Kontakt HR
Kirsten Sievert
Fon +49 221 222 529 0
career@ayoxxa.com
Executive Assistant

Firmenadresse
AYOXXA Biosystems GmbH
Nattermannallee 1
50829 Köln
Deutschland

Hauptsitz
Köln

Weitere Standorte
Singapur, USA

Web
www.ayoxxa.com

Einstiegsmöglichkeiten
Direkteinstieg

Bewerbungsverfahren
E-Mail-Bewerbung
Bewerbungsmappe
Initiativbewerbung

Auswahlverfahren
Einstellungsgespräch
Telefoninterview

Firmenprofil

AYOXXA Biosystems GmbH ist eine international operierende Biotechnologiefirma mit Sitz in Köln und Singapur, die eine patentierte Technologieplattform für die Multiplex-Proteinanalyse entwickelt hat. Kern dieses innovativen Systems ist die sogenannte In-situ Encoded Bead Array Technologie. Diese Technologie ermöglicht es eine Vielzahl von Proteinen gleichzeitig, präzise und kosteneffektiv in sehr kleinem Probevolumen zu analysieren. Die AYOXXA Protein-Biochips finden Anwendung in der biomedizinischen Forschung, im Pharmascreening und der Diagnostik.

Wir bieten Ihnen ein dynamisches und innovatives Arbeitsumfeld in einem jungen und wachsendem Unternehmen, das Sie bei AYOXXA aktiv mitgestalten können.

Wen suchen wir

Werden Sie Teil unseres interdisziplinären Teams aus Naturwissenschaftlern, Ingenieuren, Softwareentwicklern und Vertriebsspezialisten.

Arbeiten Sie an der Schnittstelle zwischen F&E, Engineering, Produktion und Marketing.

AYOXXA sucht talentierte Berufsanfänger und berufserfahrene Mitarbeiter für ein internationales Team mit Spirit.

Wir suchen regelmäßig versiertes technisches Personal (BTA, CTA, MTA) mit Laborerfahrung und Verständnis für die Durchführung von Immunoassays.

Gute Englisch- und MS Office-Kenntnisse werden vorausgesetzt.

Bitte informieren Sie sich über aktuelle Stellenausschreibungen auf unserer Homepage: www.ayoxxa.com/careers

AYOXXA

LEVERAGING SUCCESS IN PROTEOMICS

Every Employee Counts!

In unserem jungen Unternehmen kommt es auf jeden Einzelnen an. Jedes Teammitglied zählt, sein Profil, seine Kreativität und seine Leistungen. Jeder Beitrag ist wertvoll. Werde Teil unseres internationalen Teams. Mit Experten aus verschieden Fachbereichen. Herausragende Lösungen entstehen nur gemeinsam und mit Begeisterung arbeiten wir alle an einem Ziel. So entwickeln wir Dinge, durch die Forschung in völlig neuen Gebieten erst möglich wird.

Weitere Informationen zu den aktuellen Stellenausschreibungen findest Du auf unserer Webseite: www.ayoxxa.com/careers

Wir freuen uns auf Dich!

Boehringer Ingelheim Pharma GmbH & Co.KG

Kontakt HR
Recruiting Services
Fon + 49 (0) 6132/77-93240
careers.boehringer-ingelheim.com

Firmenadresse
Boehringer Ingelheim Pharma
GmbH & Co.KG
Binger Str. 173
55216 Ingelheim am Rhein
Deutschland

Hauptsitz
Ingelheim am Rhein

Weitere Standorte
Biberach an der Riss, Dortmund,
Hannover, weltweit in über 100
Ländern

Web
www.boehringer-ingelheim.de
/karriere

Einstiegsmöglichkeiten
Direkteinstieg
Trainee
Promotion
Postdoc
Praktikum

Bewerbungsverfahren
Online-Bewerbung

Auswahlverfahren
Einstellungsgespräch
Assessment Center
Telefoninterview

Firmenprofil

Wir zählen mit 146 verbundenen Unternehmen zu den 20 führenden Pharmaunternehmen weltweit. Die Schwerpunkte unseres 1885 gegründeten Familienunternehmens mit Hauptsitz in Ingelheim, Deutschland, liegen in der Forschung, Entwicklung, Produktion sowie im Marketing neuer Medikamente mit hohem therapeutischem Nutzen für die Humanmedizin und die Tiergesundheit. Unsere innovative Produkt-Pipeline besteht aus verschreibungspflichtigen Medikamenten, Selbstmedikationsprodukten, Biopharmaka sowie Produkten rund um die Tiergesundheit.

- 146 Gesellschaften auf allen Kontinenten
- Mitarbeitende: über 47.700 weltweit, davon mehr als 14.700 am Standort Deutschland
- Umsatz: 13,3 Milliarden Euro
- Forschung und Entwicklung weltweit an 5 Standorten in 5 Ländern
- 20 Produktionsstätten in 11 Ländern
- Investitionen für Forschung und Entwicklung: 2,7 Milliarden Euro (Vorjahr: 2,7 Milliarden Euro)

Wir bieten unseren Mitarbeiterinnen und Mitarbeitern anspruchsvolle, herausfordernde Aufgaben mit vielfältigen interessanten Perspektiven zur Weiterentwicklung auf nationaler und internationaler Ebene. Für Boehringer Ingelheim ist die Übernahme gesellschaftlicher Verantwortung ein wichtiger Bestandteil der Unternehmenskultur. Dazu zählt das Engagement in sozialen Projekten ebenso wie der sorgsame Umgang mit den eigenen Mitarbeitenden. Respekt, Chancengleichheit sowie die Vereinbarkeit von Beruf und Familie bilden dabei die Basis des Miteinanders. Bei allen Aktivitäten des Unternehmens stehen zudem der Schutz und Erhalt der Umwelt im Fokus.

Wen suchen wir

Bewerberinnen und Bewerber aus den Bereichen:
- Naturwissenschaften
- Ingenieurwissenschaften
- Wirtschaftswissenschaften
- Informatik
- Medizin
- Biotechnologie

Mit Stammbaum.
Und starken familiären Wurzeln.

Wir sind eines der 20 führenden Pharmaunternehmen weltweit.
Unabhängig. Forschend und produzierend. Seit 1885 familien-
geführt. Deshalb sehen wir in jedem einzelnen unserer mehr als
47.700 Mitarbeitenden ein Familienmitglied, für dessen Wohl-
ergehen und Entwicklung wir uns verantwortlich fühlen. Und
das wir aktiv fördern, wo und wann immer wir es können. Das
wird auch in Zukunft so bleiben. Denn: Nur wenn wir unsere
Mitarbeiterinnen und Mitarbeiter und ihre Ideenstärke konstant
weiterentwickeln, können wir mit Innovationen als Unternehmen
weiterwachsen.
Wir sind Boehringer Ingelheim.

Wachsen Sie mit uns:
www.boehringer-ingelheim.de/karriere

careforce marketing & sales service GmbH

Kontakt HR
Lena Fiedler
Fon 02234 / 2036-213
recruitment@careforce.de

Firmenadresse
careforce marketing & sales service
GmbH
Horbeller Str. 11
50858 Köln
Deutschland

Hauptsitz
Köln

Web
www.careforce.de

Einstiegsmöglichkeiten
Direkteinstieg

Bewerbungsverfahren
Online-Bewerbung
E-Mail-Bewerbung
Bewerbungsmappe
Initiativbewerbung

Auswahlverfahren
Einstellungsgespräch
Assessment Center
Telefoninterview
Recruiting Events

Firmenprofil

careforce - Ihre Experten für Erfolg im Healthcare-Markt Seit mehr als fünfzehn Jahren unterstützen wir Pharmaunternehmen mit ihrer flexiblen Personalplanung. Dabei setzen wir bewusst auf die Spezialisierung im Bereich pharmazeutischen Außen- und Innendienst. Im Fokus: die erfolgreiche Marktpräsenz der Produkte renommierter Pharmaunternehmen. In der Realisierung: die konsequente Ausrichtung auf eine vertrauensvolle, erfolgreiche Verbindung zwischen Mitarbeitern und Unternehmen. Unsere Kunden vertrauen uns seit Jahren bei der Besetzung vakanter Positionen wie auch bei der Rekrutierung und Steuerung ganzer Außendienstlinien. Unsere Außendienstmitarbeiter und Führungskräfte engagieren sich täglich für unsere Kunden und realisieren mit uns ihre persönlichen Perspektiven. Gegründet im Jahr 2000 gehört careforce aktuell zu den führenden Unternehmen seiner Branche. Wir arbeiten in erster Linie mit innovativen, forschenden Pharmaunternehmen zusammen. Dabei bieten wir unseren Mitarbeitern interessante und anspruchsvolle Positionen in verschiedensten Bereichen des pharmazeutischen Außendienstes, vielfältige Zielgruppen, innovative und besprechungsintensive Produkte. Aktuell arbeiten mehr als 500 Außendienstmitarbeiter für careforce. Entwicklungsperspektiven bestehen für jeden Mitarbeiter durch die weitere Qualifizierung in der jeweiligen Position. Eine Karriere bei careforce ist durch vielfältige anspruchsvolle Fach- und Führungspositionen in den Projekten sowie durch eine Übernahme in die Unternehmen unserer Kunden möglich. Dazu bieten wir Ihnen verschiedene Fortbildungs- und Entwicklungsprogramme.

Wen suchen wir

Naturwissenschaften: Biologie, Chemie, Oecotrophologie/ Ernährungswissenschaften, Medizin, Pharmazie, Veterinär Medizin, Biochemie, Pharma- und Klinikreferenten, Fachreferenten, Apothekenaußendienstmitarbeiter, Regional- und Vertriebsleiter Pharma

Technische Assistenten: MTA, MTRA, MTA-V, PTA, CTA, BTA, Lehrer mit Fachrichtung Biologie und Chemie Sek.II, Vertriebsaußendienstmitarbeiter OTC, Medizinprodukte, Gesundheits- und Krankenpfleger

Jobs

Leidenschaft Innovation Erfolg

Wir bringen Ihre Leidenschaft für den Pharmaaußendienst mit den innovativen Präparaten unserer Kunden zusammen.
Hierfür suchen wir bundesweit für verschiedene Indikationen

Pharma- und Fachreferenten (m/w).

Freuen Sie sich auf interessante Aufgaben, ein engagiertes Team und beste Perspektiven!

Erfahren Sie mehr über careforce unter www.care-force.de

careforce – wir unterstützen Pharmaunternehmen mit dem Einsatz von Außendienstmitarbeitern sowie Fach- und Führungskräften. Unsere Kunden vertrauen uns seit Jahren bei der Besetzung vakanter Positionen und bei der Rekrutierung und Steuerung ganzer Außendienstlinien.

CeramTec GmbH

THE CERAMIC EXPERTS

Kontakt HR
Annegret Wöhrle
a.woehrle@ceramtec.de

Firmenadresse
CeramTec GmbH
CeramTec-Platz 1-9
73207 Plochingen
Deutschland

Hauptsitz
Plochingen (bei Stuttgart)

Weitere Standorte
Marktredwitz, Lauf a. d. Pegnitz,
sowie weitere Produktionsstätten
und Tochtergesellschaften in
Europa, Amerika und Asien

Web
www.ceramtec.de/karriere

Einstiegsmöglichkeiten
Direkteinstieg
Praktikum

Bewerbungsverfahren
E-Mail-Bewerbung
Bewerbungsmappe

Auswahlverfahren
Einstellungsgespräch

Jobs

Firmenprofil
Karriere bei den Spezialisten für Hochleistungskeramik

Einer der faszinierendsten Werkstoffe unserer Zeit:
Hochleistungskeramik. Tagtäglich und überall auf der Welt begegnet
man unseren wegweisenden Innovationen, meist im Verborgenen. Zum
Beispiel beim Autofahren, beim mobilen Telefonieren, im Büro, beim
Händewaschen, im OP oder sogar als Implantat im menschlichen
Körper. Wo andere Werkstoffe wie Kunststoff oder Metall an ihre
Grenzen stoßen, leisten Lösungen von CeramTec deutlich mehr.

Seit 40 Jahren haben sich unsere keramischen Komponenten im
klinischen Einsatz bewährt. Alle 30 Sekunden und in jeder zweiten
Hüftgelenks-OP auf der Welt wird eine Hüftgelenksprothese mit
BIOLOX-Komponenten aus Hochleistungskeramik implantiert.
CeramTec hat so bis heute über zehn Millionen Patienten zu mehr
Lebensqualität verholfen.

Als Arbeitgeber bietet CeramTec ein partnerschaftliches Arbeitsklima,
das vergleichbar ist mit dem eines Familienunternehmens und zugleich
den Erfolg und die Sicherheit, sowie die Strukturen eines
Großunternehmens mit internationaler Ausrichtung.

Wen suchen wir
Wir suchen engagierte Persönlichkeiten, die mehr können und
den Willen haben, ganz vorne dabei zu sein. Menschen mit
Charakter, die querdenken und vernetzt im Team arbeiten. Die
durch hohe Fachkompetenz überzeugen, ohne überheblich zu
sein, und Ziele mit Engagement und Ausdauer verfolgen. Sie
leisten Herausragendes, gestalten mit Leidenschaft und Teamgeist
gemeinsame Erfolge. Aus einem Material, dem die Zukunft
gehört.

Gesucht sind unter anderem Spezialisten für Forschung und
Entwicklung, Projekt-, Entwicklungs- und Prozessingenieure,
Werkstoff- und Fertigungsspezialisten und Spezialisten für
Qualität.

Willkommen in der Welt der Hochleistungskeramik!

People for Process Automation

Endress+Hauser AG

Kontakt HR

Martin Beßler, Nesselwang

job@wetzer.endress.com

Aufgrund unserer dezentralen
Organisation entnehmen Sie die
individuellen Ansprechpartner und
Kontaktdaten bitte den
Stellenanzeigen unter
www.endress.com/karriere

Firmenadresse

Endress+Hauser AG

Kägenstrasse 2

4153 Reinach BL

Schweiz

Hauptsitz

Reinach (bei Basel)

Weitere Standorte

Deutschland: Maulburg bei
Lörrach, Weil am Rhein,
Gerlingen bei Stuttgart und
Nesselwang im Allgäu sowie
weitere Standorte in 46 Ländern
weltweit

Web

www.endress.com

Einstiegsmöglichkeiten

Direkteinstieg

Praktikum

Bewerbungsverfahren

Online-Bewerbung

E-Mail-Bewerbung

Auswahlverfahren

Einstellungsgespräch

Telefoninterview

Firmenprofil

Endress+Hauser ist einer der international führenden Anbieter von
Messgeräten, Dienstleistungen und Lösungen für die industrielle
Verfahrenstechnik. Auch wenn bei uns weltweit inzwischen über 12.000
Menschen arbeiten, sind wir ein Familienunternehmen geblieben. Mit
einer ganz eigenen Arbeitsphilosophie, die besondere Vorteile für Sie
bereithält.

Wen suchen wir

Weil wir uns bei der Arbeit auf hervorragende Mitarbeitende,
klar definierte Prozesse und Teamstrukturen verlassen können,
gehören wir heute zu den weltweit führenden Anbietern von
Prozessmesstechnik. Entsprechend suchen wir Menschen, für die
Teamgeist genauso wichtig ist wie Technik. Ganz gleich, auf
welcher Karrierestufe sie sich gerade befinden.

- Schülerinnen und Schüler: An vielen Standorten bieten wir
  zahlreiche Möglichkeiten der Ausbildung in technischen und
  kaufmännischen Berufen sowie jährlich Studienplätze in
  unterschiedlichen Fachrichtungen für ein duales Studium bei
  Endress+Hauser. Dabei haben unsere Auszubildenden
  teilweise auch Gelegenheit, erste Auslandserfahrung zu
  sammeln.
- Studierende: Lernen Sie Endress+Hauser bereits während
  Ihres Studiums als möglichen Arbeitgeber kennen. Wir bieten
  Ihnen eine Reihe von Angeboten, mit denen Sie erste Einblicke
  gewinnen können, zum Beispiel ein Praktikum oder das
  Schreiben einer unternehmensbezogenen Abschlussarbeit.
- Absolventen/Fachkräfte/Professionals: Egal ob Sie bereits
  Berufserfahrung gesammelt oder Ihr Studium gerade erst
  abgeschlossen haben: Wir suchen stets talentierte und
  motivierte neue Mitarbeitende, die zum Erfolg unseres
  Unternehmens beitragen können, insbesondere Ingenieure aus
  technischen Bereichen mit Spezialisierung auf Automatisierung
  und Sensortechnik.

Als Mitarbeiterin kann ich mich in anspruchsvollen Aufgaben immer wieder neu beweisen.

HERAUS-FORDERUNG + HEREIN-SPAZIERT

Als Mensch fühle ich mich vom ersten Tag an herzlich aufgenommen. Das ist meine Formel für Zufriedenheit.

People for Process Automation

Endress+Hauser ist einer der international führenden Anbieter von Messgeräten, Dienstleistungen und Lösungen für die industrielle Verfahrenstechnik. Eine Mitarbeit bei uns verbindet immer zwei Seiten: die technische plus die menschliche. Das Ergebnis: ein Mehr an Zufriedenheit. Jeden Tag. Informieren + Bewerben geht am einfachsten unter **www.endress.com/karriere**

Endress+Hauser **EH**

EUROIMMUN Medizinische Labordiagnostika AG

Kontakt HR
Denise Duckert
Fon 0451 5855-25515
bewerbung@euroimmun.de

Firmenadresse
EUROIMMUN AG
Seekamp 31
23560 Lübeck
Deutschland

Hauptsitz
Lübeck

Weitere Standorte
Groß Grönau, Dassow und
Selmsdorf (bei Lübeck),
Herrnhut-Rennersdorf und
Bernstadt (Sachsen), Pegnitz
(Bayern)

Web
www.euroimmun.de/karriere

Einstiegsmöglichkeiten
Direkteinstieg
Praktikum

Bewerbungsverfahren
E-Mail-Bewerbung
Bewerbungsmappe
Initiativbewerbung

Auswahlverfahren
Einstellungsgespräch
Telefoninterview

Firmenprofil

Als weltweit führender Hersteller im Bereich der medizinischen Labordiagnostik steht EUROIMMUN für Innovation. Mehr als 1800 Mitarbeiter in der ganzen Welt entwickeln, produzieren und vertreiben Testsysteme zur Bestimmung von Krankheiten sowie die Software- und Automatisierungslösungen zur Durchführung und Auswertung der Tests. Bereits heute diagnostizieren mehr als 6000 Laboratorien in über 150 Ländern Autoimmun- und Infektionskrankheiten sowie Allergien mit EUROIMMUN-Produkten.

Ein Arbeitgeber - über 50 Extras:

Neben spannenden Aufgaben mit viel Freiraum für eigene Ideen schätzen die EUROIMMUN-Mitarbeiter vor allem das außergewöhnliche und sehr vielfältige Mitarbeiterangebot und die einzigartige Firmenkultur, in der jeder so sein kann, wie er ist. Unbefristete Arbeitsverträge, flexible Arbeitszeiten und Betriebskindergärten sorgen für die Vereinbarkeit von Privat- und Berufsleben in den unterschiedlichsten Lebensphasen. Ebenso bezuschusst das Unternehmen das exzellente Essen in den betriebseigenen Restaurants und bietet eine Getränkeflatrate (Kaffee, Tee, Wasserspender). Betriebssportgruppen, regelmäßige Firmenevents und eine finanzielle Unterstützung zur betrieblichen Altersvorsorge zählen weiterhin zu den insgesamt über 50 Extras, die EUROIMMUN seinen Mitarbeitern bietet.

Wen suchen wir

Wir expandieren stark und suchen Naturwissenschaftler und Ingenieure aus den Bereichen:
- Biologie
- Biochemie
- Biotechnologie
- Elektrotechnik
- Informatik
- Maschinenbau
- Medizintechnik
- Molekularbiologie
- Physikalische Technik
- Technische Redaktion

Mehr Informationen und aktuelle Stellenangebote finden Sie unter:
www.euroimmun.de/karriere

Heraeus

Heraeus Holding GmbH

Kontakt HR

Julia Lenhart

openspace@heraeus.com

Firmenadresse

Heraeus Holding GmbH

Heraeusstraße 12-14

63450 Hanau

Deutschland

Hauptsitz

Hanau bei Frankfurt am Main

Weitere Standorte

Alzenau, Bitterfeld, Kleinostheim, Leverkusen und Wehrheim und in über 30 Ländern weltweit

Web

www.heraeus.de

Einstiegsmöglichkeiten

Direkteinstieg

Trainee

Praktikum

Bewerbungsverfahren

Online-Bewerbung

Auswahlverfahren

Einstellungsgespräch

Assessment Center

Telefoninterview

Firmenprofil

Der Technologiekonzern Heraeus mit Sitz in Hanau ist ein 1851 gegründetes und heute weltweit führendes Familienunternehmen. Wir schaffen hochwertige Lösungen für unsere Kunden und stärken nachhaltig ihre Wettbewerbsfähigkeit. Unser Portfolio reicht von Komponenten bis zu abgestimmten Materialsystemen. Sie finden Verwendung in vielfältigen Industrien, darunter Stahl, Elektronik, Chemie, Automotive und Telekommunikation. Im Geschäftsjahr 2014 erzielten wir einen Produktumsatz von 3,4 Mrd. Euro und einen Edelmetallhandelsumsatz von 12,2 Mrd. Euro. Wir bieten unseren 12.600 Mitarbeitern Freiräume, eigene Ideen zu entwickeln und voranzutreiben. Das nennen wir: Open Space. For Open Minds.

Wen suchen wir

Heraeus sucht die Köpfe von morgen. Wir sind Spezialisten für Vielfalt: Chemie und Metall. Energie und Umwelt. Kommunikation und Elektrotechnik. Gesundheit und Mobilität. Vom Labor bis zur Raumfahrt, wir treiben Entwicklungen voran. Genauso vielfältig wie unsere Arbeitsfelder sind unsere Einstiegsmöglichkeiten. Jetzt kommen Sie ins Spiel, denn wir suchen Visionäre. Gemeinsam wollen wir die Zukunft gestalten. Sind Sie dabei?

jobs

HERAEUS BIETET MIR PERSPEKTIVEN.
UND GUTE KONTAKTE.

DAPHNE MENGES hat dank Praktikum und Bachelorarbeit sowie als Werksstudentin schon viele Erfahrungen bei Heraeus gesammelt. Jetzt macht sie ihren Master in Bio- und Umweltverfahrenstechnik – und bleibt uns dank des Studentenbindungsprogramms Talents@Heraeus verbunden. Die Möglichkeit zur Forschung, die Verantwortung für eigene Projekte und der Wissensaustausch mit den Kollegen begeistern sie. Ingenieur- und Naturwissenschaftler wie Daphne nutzen den Freiraum, den Heraeus ihnen bietet: Um bestehende Lösungen zu hinterfragen und unternehmerisch eigene Ideen zu entwickeln und umzusetzen.

Heraeus zählt in Deutschland zu den Top 100 Arbeitgebern des Universum Student Survey und ist Partner der Initiative Fair Company.
www.heraeus.de/karriere

OPEN SPACE. FOR OPEN MINDS. ®

human care PharmaSchule Mittlerer Niederrhein

PharmaSchule Mittlerer Niederrhein
Fortbildungszentrum für Pharmaberufe

Kontakt HR
Frau Kordula Moeß
Fon 02151-52 44 46
info@pharmaschule.com

Firmenadresse
human care PharmaSchule Mittlerer
Niederrhein
Richard-Wagner-Straße 10
47799 Krefeld
Deutschland

Hauptsitz
Krefeld

Web
www.pharmaschule.com

Einstiegsmöglichkeiten
Direkteinstieg

Bewerbungsverfahren
E-Mail-Bewerbung
Bewerbungsmappe
Initiativbewerbung

Auswahlverfahren
Sonstiges

Firmenprofil

Seit Oktober 2001 besteht die human care PharmaSchule Mittlerer Niederrhein in Krefeld und ist seit Juli 2006 zertifiziert. Das Qualitätsmanagementsystem entspricht den Anforderungen der Normen DIN EN ISO 9001:2008 und AZAV. Die human care PharmaSchule bildet Klinische Monitore (CRAs) [m/w] und Geprüfte Pharmareferenten [m/w] aus. Bereits während Ihrer Fortbildung bemüht sich die Schulleitung durch ihre guten Beziehungen zu vielen Unternehmen um adäquate Arbeitsplätze bzw. Praktikumsplätze (für Klinische Monitore) für jeden einzelnen Teilnehmer. Unsere bewusst klein gehaltenen Lerngruppen bieten Ihnen eine persönliche Lernatmosphäre. Das Dozenten-Kollegium ist freundlich, hilfsbereit und an Ihrem persönlichen Fortschritt sehr interessiert. Bei allen Fragen helfen die Dozenten Ihnen jederzeit gerne weiter. Der Unterricht wird mit allen modernen technischen Mitteln gestaltet.

Wen suchen wir

Teilnehmer für die Fortbildung zum Klinischen Monitor (CRA) [m/w].

Voraussetzungen: Akademiker wie z. B. Naturwissenschaftler oder Pharmazeuten, auch Studienabbrecher der genannten Studiengänge. Sehr gute englische Sprachkenntnisse in Wort und Schrift.

Der Klinische Monitor betreut klinische Studien und arbeitet mit forschenden Pharmaunternehmen und praktizierenden Ärzten zusammen. Ein Klinischer Monitor vermittelt den niedergelassenen Ärzten und Klinikärzten die Anforderungen der Studie, überwacht vor Ort die Umsetzung und den Verlauf der Studie und ist Ansprechpartner sowie Schnittstelle im forschenden Unternehmen für Kollegen und Externe.

Berufsaussichten: Die Berufsaussichten für den Klinischen Monitor sind sehr gut.

Medizinische Auftragsforschungsunternehmen, Koordinierungszentren für klinische Studien oder pharmazeutische Unternehmen suchen Klinische Monitore, die entweder als Angestellte oder freiberuflich tätig sind.

Besuchen Sie uns auf unserer Homepage oder rufen Sie uns an, wir beraten Sie gerne!

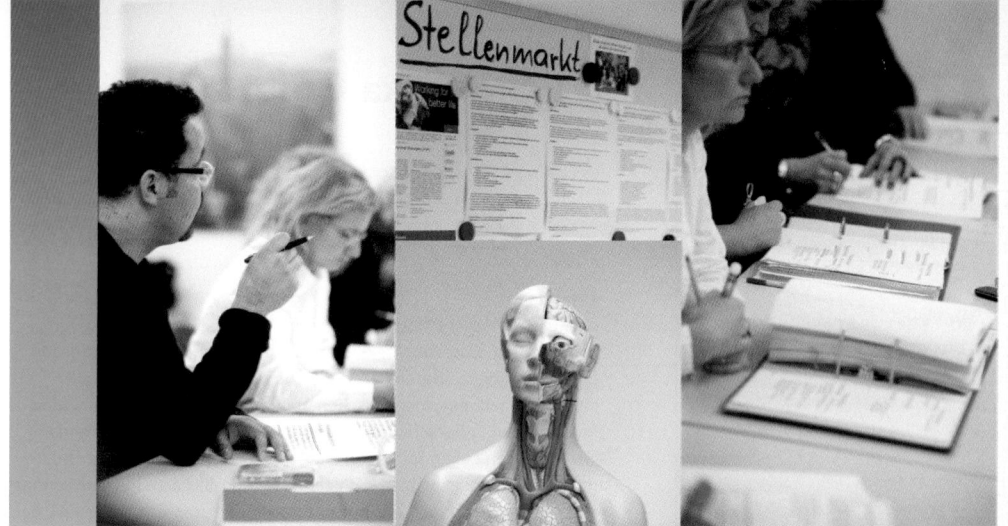

Denken Sie heute schon an neue berufliche Perspektiven in der Gesundheitsbranche?

Dann beginnen Sie jetzt mit einer Fortbildung

zum Klinischen Monitor (CRA) [m/w].

Die Vollzeit-Fortbildung zum Klinischen Monitor (CRA) [m/w] beinhaltet einen **3-monatigen** theoretischen Unterrichtsteil und ein anschließendes **3-monatiges Praktikum**.
Der Klinische Monitor (CRA) ist Mitglied in einem meist internationalen Team, das für die Organisation und Durchführung von klinischen Studien verantwortlich ist.
Neue Kurse starten jeweils zum Quartalsbeginn eines Jahres.

Oder beginnen Sie mit einer Fortbildung

zum Geprüften Pharmareferenten [m/w].

Geprüfte Pharmareferenten beraten niedergelassene Ärzte, Kliniken, Apotheken oder arbeiten mit Krankenkassen und Gesundheitszentren zusammen. Es werden Vollzeit- sowie berufsbegleitende Kurse angeboten.

zertifiziert nach
DIN EN ISO 9001:2008
und AZAV
Tel.: 02151-524446
Fax: 02151-524447
E-Mail: info@pharmaschule.com
www.pharmaschule.com

PharmaSchule Mittlerer Niederrhein
Fortbildungszentrum für Pharmaberufe

IDT Biologika GmbH

Kontakt HR
www.idt-biologika.de/Karriere

Wir bitten um Ihr Verständnis,
dass wir ausschließlich
Online-Bewerbungen
berücksichtigen können. Wir
freuen uns auf Ihre Bewerbung!

Firmenadresse
IDT Biologika GmbH
Am Pharmapark
06861 Dessau-Roßlau
Deutschland

Hauptsitz
Dessau-Roßlau

Web
www.idt-biologika.de

Einstiegsmöglichkeiten
Direkteinstieg
Postdoc
Praktikum

Bewerbungsverfahren
Online-Bewerbung

Auswahlverfahren
Einstellungsgespräch

Firmenprofil

Die IDT Biologika ist ein weltweit anerkanntes Unternehmen der
Pharma- und Biotechnologie. Starkes Wachstum und internationale
Expansion kennzeichnen heute die Entwicklung am einzigartigen
integrierten biopharmazeutischen Standort in Dessau-Roßlau. Hohe
Investitionen in Forschungs- und Produktionsstätten mit führenden
Technologien haben hervorragende Produktionsbedingungen und
modernste Arbeitsplätze geschaffen. Hochqualifizierte Mitarbeiterinnen
und Mitarbeiter tragen mit ihrem Engagement zum Erfolg der IDT bei,
ihre fachliche und persönliche Weiterentwicklung ist Teil der
konsequenten Unternehmensausrichtung auf nachhaltiges Wachstum.

Seit Beginn bekämpft die IDT erfolgreich die unterschiedlichsten
Krankheitserreger bei Tieren mit komplexer Impfstoffentwicklung vom
Labor bis zu Produktion und Vertrieb an einem Standort. Von der
Forschung und Entwicklung über Herstellung sowie Prüfung und
Zulassung, nationale und internationale Vermarktung reichen die
Aufgabenstellungen. Die IDT Tiergesundheit betreibt einen eigenen
modernen Forschungskomplex für die Entwicklung von Tierimpfstoffen.
Seit der Gründung im Jahre 1921 hat sich die IDT Biologika zu einem
Zentrum der Pharma- und Biotechnologie mit den Geschäftsfeldern
Tiergesundheit, Humanimpfstoffe und Pharmazeutika entwickelt. Mehr
als 250 Millionen Euro wurden seit der Privatisierung im Jahre 1993 in
den kontinuierlichen Ausbau eines integrierten biopharmazeutischen
Standortes investiert und damit nicht nur hervorragende
Produktionsbedingungen, sondern auch hochmoderne Arbeitsplätze
geschaffen.

Wen suchen wir

Starten Sie Ihre Karriere bei uns, wenn Sie unsere Unternehmenszukunft
mitgestalten wollen, fachlich sehr gut qualifiziert sind, erste
Berufserfahrungen gesammelt haben, gern Verantwortung übernehmen,
über Teamgeist verfügen und an einer kooperativen sowie fairen
Zusammenarbeit interessiert sind und gute Englischkenntnisse
mitbringen.

IDT Biologika – innovativ, international.

Biotechnologie für die Gesundheit von Mensch und Tier

Biotechnologie zählt weltweit zu den zukunftsbestimmenden Branchen. Intensive Forschung ermöglicht die Schaffung besserer Wirkstoffe, mit denen das Leben neu gestaltet werden kann. Weltweit führende Innovationen kommen von der IDT Biologika – beispielsweise ein hochwirksamer Impfstoff für die Schweinezucht, der den Einsatz von Antibiotika überflüssig macht. Durch hohen Aufwand für die Forschung und Entwicklung bei der IDT kann der Schutz der Gesundheit von Mensch und Tier verbessert werden.

Alle Leistungen – von der Entwicklung und Fertigung bis zur Abfüllung und Verpackung – werden am Sitz der IDT im Herzen Mitteldeutschlands erbracht. Dank der stabilen Wachstumsstrategie ist das Unternehmen dabei anhaltend wirtschaftlich erfolgreich.
Heute arbeiten 1.100 Mitarbeiter am Standort Dessau-Roßlau.In zukunftsweisenden Berufsfeldern, mit spannenden Aufgaben gestalten sie die Zukunft der globalen Biotechnologie.

IDT Biologika GmbH
Am Pharmapark
06861 Dessau-Roßlau

Tel: +49 (0) 349 01 88 50
Fax: +49 (0) 349 01 88 55 323
www.idt-biologika.de

jobvector / Capsid GmbH

Kontakt HR
HR Abteilung
Fon +49-(0)211-301384-20
career@jobvector.com

Firmenadresse
jobvector / Capsid GmbH
Kölner Landstr. 40
40591 Düsseldorf
Deutschland

Hauptsitz
Düsseldorf

Web
www.jobvector.com

Einstiegsmöglichkeiten
Direkteinstieg
Praktikum

Bewerbungsverfahren
E-Mail-Bewerbung

Auswahlverfahren
Einstellungsgespräch
Recruiting Events

Firmenprofil

jobvector ist der spezialisierte Stellenmarkt für Naturwissenschaftler, Mediziner & Ingenieure. Als dynamisches und erfolgsorientiertes Unternehmen bieten wir einen individuellen und exklusiven Service für unsere Kunden. Wir sind stolz darauf, von unseren Kunden zu Deutschlands bester Spezial-Jobbörse gewählt worden zu sein. Wir setzen auf Qualität, Service und Fachkompetenz.

jobvector career days
Unsere jobvector career days richten sich als fachspezifische Karrieremessen an Naturwissenschaftler, Mediziner & Ingenieure. Zu unseren Kunden zählen wachstumsstarke innovative Unternehmen und Forschungseinrichtungen, die Karrierewege für Naturwissenschaftler, Mediziner & Ingenieure anbieten.

Publikation "Karrieretrends für Naturwissenschaftler, Mediziner & Ingenieure"
Unser fachspezifischer Karriereratgeber bietet neben Berufsbildern, Erfahrungsberichten und Bewerbungstipps auch Einblicke in attraktive Karriereperspektiven.

Wir bieten
- ...ein tolles Team mit flachen Hierachien in einem dynamisch wachsenden Umfeld
- ...die Möglichkeit, Ihre Ideen einzubringen
- ...ein Vergütungsmodell mit fixem und attraktivem leistungsbezogenen Anteil
- ...eine berufliche Altersvorsorge für unsere langfristige Zusammenarbeit
- ...eine Küche, freie Getränke und einen Garten an der Düssel
- ...Sport & Wellness in einem exklusiven Fitnessclub

Wen suchen wir

Wir suchen engagierte Naturwissenschaftler, Mediziner und Ingenieure für die Bereiche:
- Vertrieb
- Marketing
- IT

Neben dem Direkteinstieg bieten wir auch gerne Praktikumsplätze an.

Jobs

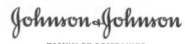

Johnson & Johnson
Family of Companies

☐ Consumer   ☐ Pharmaceuticals   ☐ Medical Devices & Diagnostics

Kontakt HR
Martin Pompe
mpompe@its.jnj.com

Firmenadresse
Johnson & Johnson
Johnson & Johnson Platz 2
41470 Neuss
Deutschland

Hauptsitz
National: Neuss und Norderstedt

Weitere Standorte
Weltweite Standorte

Web
www.jnj.de

Einstiegsmöglichkeiten
Direkteinstieg
Trainee
Praktikum

Bewerbungsverfahren
Online-Bewerbung

Auswahlverfahren
Einstellungsgespräch
Assessment Center
Telefoninterview

Firmenprofil
BRANCHE: Konsumgüter, Medizintechnik und Pharma

Johnson & Johnson ist eines der führenden Unternehmen auf dem Gebiet der Gesundheitsfürsorge und weltweit auf den Geschäftsfeldern Pharmaceuticals, Medical Devices & Diagnostics und Consumer tätig. Die Johnson & Johnson Family of Companies ist weltweit mit 275 Gesellschaften in insgesamt 60 Ländern vertreten. Uns inspiriert und vereint unser Statement of Caring: "Für die Welt sorgen...beim Einzelnen beginnen." Einzigartig ist unsere nachhaltige Stärke, die auf der wichtigsten Ressource unserer Unternehmensfamilie beruht - unsere Mitarbeiter. Die Eigenständigkeit unserer Gesellschaften ermöglicht ihnen, individuelle Strategien zu entwerfen und gleichzeitig über Möglichkeiten eines Weltkonzerns zu verfügen. Dadurch gelingt es uns innovative Produkte zu entwickeln. Jeder Durchbruch, der uns gelingt, ist eine Leistung besonderer Menschen. In Deutschland ist Johnson & Johnson mit den drei Geschäftsbereichen Consumer (Johnson & Johnson GmbH), Pharmaceuticals (Janssen-Cilag GmbH) und Medical Devices & Diagnostics (Johnson & Johnson Medical GmbH) vertreten.

PRODUKTE:
- Consumer: Produkte aus dem Bereich Skincare, Women´s & Intimate Health, Oral & Topical Health, rezeptfrei erhältliche Arzneimittel (OTC)
- Medical Devices & Diagnostics: Herstellung von Technologien für medizinische Verfahren, wie z. B. chirurgische Implantate und Nahtmaterial
- Pharmaceuticals: Medikamente für die Therapie schwerer körperlicher und psychischer Erkrankungen, u.a. für die Behandlung von Krebs und HIV/AIDS

Wen suchen wir
- Consumer: Betriebswirtschaftslehre (Schwerpunkte: Marketing, Vertrieb, Finance) und Ingenieurwissenschaft (Schwerpunkte: Wirtschaftsingenieur oder Textiltechnik)
- Medical Devices & Diagnostics: Ingenieurwissenschaft, Naturwissenschaft, Textilwissenschaft, Medizintechnik sowie Betriebswirtschaftslehre
- Pharmaceuticals: Medizin, Pharmazie, Naturwissenschaft (Biologie, Chemie), Wirtschaftswissenschaft sowie Gesundheitsökonomie

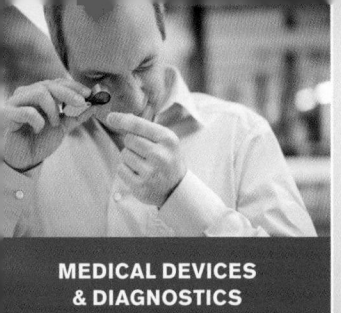

MEDICAL DEVICES & DIAGNOSTICS

LEIDENSCHAFT FÜRS LEBEN

PHARMACEUTICALS

CONSUMER

BE VITAL
jnj.de/karriere

Uns verbindet die Leidenschaft für unsere Mitmenschen: für Kunden, Patienten, die Gesellschaft, füreinander. Als eines der größten Gesundheitsunternehmen der Welt suchen wir Persönlichkeiten, die mit uns Großes bewirken wollen – das Wohlbefinden und die Gesundheit von Menschen weltweit und in Deutschland zu verbessern. Wir schätzen Charakterköpfe, die Verantwortung übernehmen und Lust daran haben, im Team neue Ideen einzubringen und mit uns innovative Produkte und Services zu entwickeln. Dafür bieten wir ein modernes, flexibles Arbeitsumfeld und unzählige Karrierewege in unserem internationalen Netzwerk.

Johnson & Johnson

FAMILY OF COMPANIES

Kelly Scientific Resources

Firmenprofil

Kelly Scientific Resources (KSR) ist eine Division der Kelly Services GmbH, einem seit über 60 Jahren international tätigen Dienstleister für Personallösungskonzepte.

Mit dem Fachbereich Kelly Scientific Resources haben wir uns auf die Vermittlung von naturwissenschaftlichem und medizinischem Personal aller Hierarchieebenen spezialisiert.

Unser Leitsatz "Scientists for Scientists" bildet die Grundlage unseres weltweiten Erfolgs und des Vertrauens, das uns unsere Kunden und Kandidaten entgegen bringen.

Alle unsere Mitarbeiter sind selbst Naturwissenschaftler und haben einen industriellen Hintergrund. So können wir Ihre Bedürfnisse verstehen und Ihnen eine optimale Betreuung bei der Karriereentwicklung bieten.

Wen suchen wir

Wir suchen ständig Bewerber aus den Bereichen:
- Biologie
- Biotechnologie
- Biochemie
- Pharmazie
- Medizin
- Veterinärmedizin
- Chemie
- Chemieingenieurwesen
- Lebensmittelchemie
- Lebensmitteltechnologie
- Petrochemie
- technisches Personal (BTA, CTA, PTA, MTA, Laboranten)
- Vertriebsaußen- und -innendienst

Jobs in Wissenschaft und Forschung

Arzneimittelzulassung und -sicherheit, Biotechnologie, Chemie, Klinische Forschung, Forschung und Entwicklung (R&D), Konsumgüterindustrie, Kosmetik, Marketing und Vertrieb, Medizintechnik, Nahrungs- und Genussmittelindustrie, Petrochemie, Pharma, Produktion, Produkt- und Prozessentwicklung, Wirkstoff- und Arzneimittelentwicklung, Qualitätssicherung und -kontrolle.

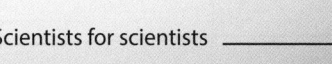

KWS

Zukunft säen
seit 1856

Kontakt HR
Arne Graf
Fon +49 5561/311-714
bewerbungen@kws.com

Firmenadresse
KWS Gruppe
Postfach 14 63
37555 Einbeck
Deutschland

Hauptsitz
Einbeck, Niedersachsen

Weitere Standorte
KWS ist in über 70 Ländern
weltweit aktiv

Web
www.kws.de

Einstiegsmöglichkeiten
Direkteinstieg
Trainee
Promotion
Postdoc
Praktikum

Bewerbungsverfahren
E-Mail-Bewerbung
Initiativbewerbung

Auswahlverfahren
Einstellungsgespräch
Telefoninterview

Firmenprofil

Veränderte Klimabedingungen, wachsender Nahrungs- und Energiebedarf und nachhaltiger Pflanzenschutz - all diese Herausforderungen machen die Pflanzenzüchtung zu einer der wichtigsten und innovativsten Branchen, in welcher die Mitarbeiter Zukunft aktiv gestalten können.

KWS züchtet seit über 150 Jahren landwirtschaftliche Nutzpflanzen für die gemäßigte Klimazone. Mit Hilfe modernster Züchtungsmethoden steigern wir kontinuierlich die Ertragskraft unserer Sorten sowie ihre Widerstandskraft gegen Krankheiten und Schädlinge. Wir konzentrieren uns dabei bewusst auf die Produkte Zuckerrüben-, Mais- und Getreidesaatgut sowie Ölsaaten und Kartoffelpflanzgut.

Unsere Sortenprodukte messen wir an den Kriterien der Nachhaltigkeit im Sinne eines sparsamen Umgangs mit natürlichen Ressourcen - immer mit dem Ziel einer wettbewerbsfähigen Landwirtschaft in einer gesunden Umwelt.

Wen suchen wir

KWS bietet die unterschiedlichsten Einstiegsmöglichkeiten, z.B. in der Pflanzenzüchtung, in der Biotechnologie oder in der Saatgutproduktion. Dementsprechend vielfältig sind auch die Profile unserer Mitarbeiter: Wir suchen Technische Assistenten/-innen, Berufseinsteiger und -erfahrene mit einem Diplom-, Bachelor- oder Masterabschluss als auch promovierte Naturwissenschaftler/-innen.

Alle Berufsbilder bei KWS bieten spannende Perspektiven, denn die Arbeit mit der Natur bringt immer etwas Neues: es gibt immer etwas zu entdecken, weiterzuentwickeln oder zu verbessern. Im Vordergrund steht immer die fachliche und persönliche Entwicklung unserer Mitarbeiter. Wir bieten unseren Mitarbeitern daher ein Arbeitsumfeld, das zum kontinuierlichen Lernen, zu Fortschritt und Innovation ermutigt.

Wenn auch Sie weiterkommen wollen, besuchen Sie uns unter www.kws.de/karriere

Wer Möglichkeiten sucht, denkt orange.

Forschung und Entwicklung – darauf legen wir großen Wert. KWS schafft den nötigen Freiraum, erfolgreich „Zukunft zu säen" und eigene Ideen voranzutreiben. So haben alle Mitarbeiter die Möglichkeit, sich persönlich und fachlich ständig weiterzuentwickeln. Nutzen Sie Ihre Chance: **www.kws.de/karriere**

KWS

Zukunft säen
seit 1856

LS|AG Labor L+S AG

Kontakt HR
Corinna Simon
bewerbung@labor-ls.de

Firmenadresse
Labor L+S AG
Mangelsfeld 4,5,6
97708 Bad Bocklet
Deutschland

Hauptsitz
Bad Bocklet

Web
www.labor-ls.de

Einstiegsmöglichkeiten
Direkteinstieg
Praktikum

Bewerbungsverfahren
Online-Bewerbung
E-Mail-Bewerbung
Bewerbungsmappe
Initiativbewerbung

Auswahlverfahren
Einstellungsgespräch
Sonstiges

Firmenprofil

Die Labor L+S AG ist eines der größten akkreditierten Auftragslaboratorien für mikrobiologisch-/biologische Sicherheitsprüfungen in Europa. Wir arbeiten für viele namhafte Firmen aus der Pharma-, Kosmetik- und Lebensmittelindustrie und sehen uns selbst als modernes, junges und zukunftsorientiertes Unternehmen.

Wir beschäftigen ca. 420 Mitarbeiter-/innen und leben eine ausgeprägte und kundenorientierte Dienstleistungsmentalität.

Unser Motto: Labor L+S AG Das Labor, das mitdenkt!

Was wir bieten:

Wir bieten Ihnen ein angenehmes Arbeitsumfeld in einem jungen Team, einen fairen Lohn und überdurchschnittliche Sozialleistungen, wie z.B.

- 13. Monatsgehalt
- betriebliche Altersvorsorge
- kostenfreie Getränke/Obst/Salat/Müsli in einer modernen und hell gestalteten Cafeteria
- vermögenswirksame Leistungen
- Arbeitsplatzkleidung

Wir bieten Ihnen zahlreiche Weiterbildungsmöglichkeiten und die Chance, sich in einem dynamischen Unternehmen weiter zu entwickeln.

Wen suchen wir

Als eines der wachstumsstärksten Unternehmen in der Region sind wir stets auf der Suche nach qualifizierten Mitarbeiter/-innen:
- Fachkräfte/Laboranten mit und ohne Berufserfahrung
- Naturwissenschaftler/Pharmaceuticals
- Young Professionals
- Professionals

Wir freuen uns auf Ihre Bewerbung!

Besuchen Sie uns auf unserer Homepage www.labor-ls.de

Jobs

Labordienstleistungen Pharma | Medizinprodukte | Kosmetik | Lebensmittel

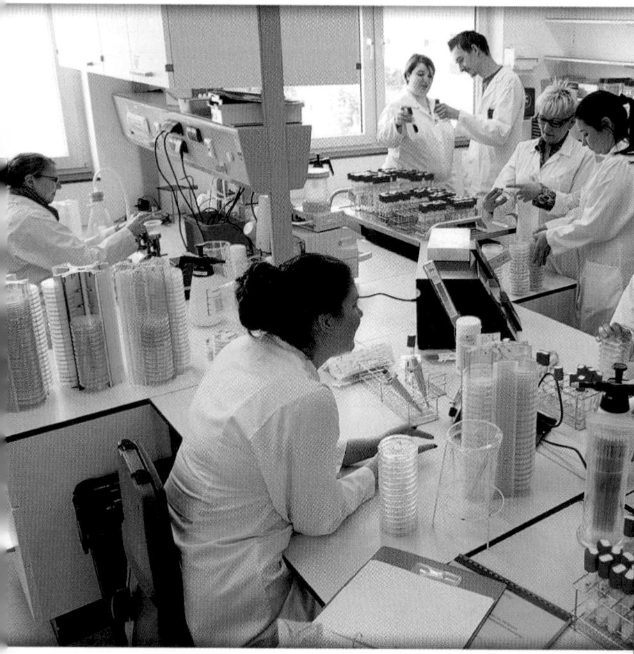

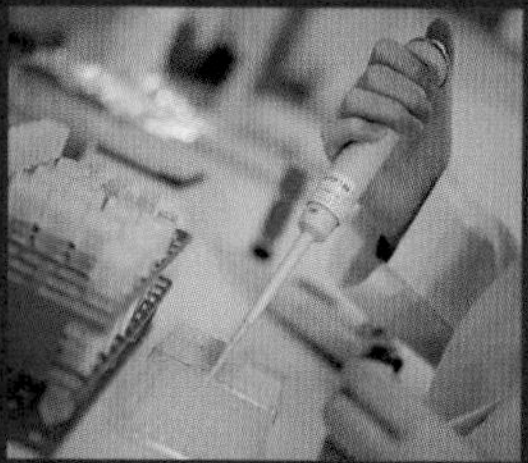

Mitdenker gesucht!

Gehe den Dingen auf den Grund! Bring' Dich in unser junges Team ein und nutze Deine Chance, kreativ an Problemlösungen mitzuarbeiten!

Unser Schwerpunkt ist die pharmazeutische Mikrobiologie.

Wir sind ein munteres Team von 420 hochqualifizierten Spezialisten – und:
wir können noch mehr helle Köpfe gebrauchen!

Neugierig? Dann lerne uns kennen!

Labor L+S AG   Das Labor, das mitdenkt.

Mangelsfeld 4, 5, 6 | 97708 Bad Bocklet-Großenbrach
+49 (0)9708/9100-0 | bewerbung@labor-ls.de | www.labor-ls.de

LANXESS AG

Firmenprofil

LANXESS begegnet einem tagtäglich auch wenn es nicht unbedingt sofort auffällt. LANXESS macht Reifen grüner, Golfbälle schneller, Wasser sauberer, Beton bunter, Medizin sicherer und noch vieles mehr. Als einer der führenden, global agierenden Spezialchemie-Konzerne entwickeln, produzieren und vertreiben wir Hightech-Kunststoffe, Hochleistungskautschuke, hochwertige Zwischenprodukte und Spezialchemikalien.

LANXESS schreibt eine Erfolgsstory der modernen Chemie. Weltweit. Mit aktuell rund 17.000 Mitarbeitern und 52 Produktionsstandorten in 29 Ländern ist LANXESS rund um den Globus aktiv. Mit einem Umsatz von 8,3 Milliarden Euro im Jahr 2013 zählt LANXESS zu den bedeutenden Chemieunternehmen der Welt. Das Kerngeschäft von LANXESS bilden Entwicklung, Herstellung und Vertrieb von Hightech-Kunststoffen, Hochleistungskautschuken, hochwertigen Zwischenprodukten und Spezialchemikalien. Unsere Produkte finden sich in hunderten von Anwendungen. Automobile auf der ganzen Welt rollen beispielsweise auf Reifen, die aus Hochleistungs-Kautschuk von LANXESS gefertigt werden.

Wen suchen wir

Studierenden, vorzugsweise aus den Studiengängen der Ingenieur- und Naturwissenschaften, ermöglichen wir, wertvolle Kontakte durch ein Praktikum oder eine Abschlussarbeit für einen späteren Einstieg bei LANXESS zu knüpfen.

Für den Direkteinstieg im Unternehmen suchen wir Hochschulabsolventen, Berufseinsteiger und Fachkräfte/Spezialisten mit Berufserfahrung, insbesondere Chemikanten und Chemielaboranten.

Besuchen Sie uns unter www.karriere.lanxess.de und erfahren Sie mehr über die Karrieremöglichkeiten bei LANXESS.

CAREER ENERGIZED BY LANXESS

LANXESS macht Golfbälle schneller, Reifen grüner, Wasser sauberer, Beton bunter, Medizin sicherer und noch vieles mehr. Als einer der führenden Spezialchemie-Konzerne entwickeln, produzieren und vertreiben wir Hightech-Kunststoffe, Hochleistungskautschuke, Zwischenprodukte und Spezialchemikalien. Mit rund 17.000 Mitarbeitern sind wir auf der ganzen Welt präsent. Gehören Sie dazu!

Wir suchen neugierige

Studenten und Hochschulabsolventen m/w

Chemiker, die bei spannenden Projekten und globalen Herausforderungen voll und ganz in ihrem Element sind. Ingenieure, die ihre Karriere mit derselben Präzision planen wie die anspruchsvollen Aufgaben, die bei uns auf sie warten. Wirtschaftswissenschaftler, die global denken und lokal handeln. Und zwar bei uns.

www.karriere.lanxess.de

Lonza

Lonza AG

Kontakt HR
Albert Jean Pierre
Fon +41 (27) 948-6292
careers@lonza.com

Firmenadresse
Lonza
Lonzastrasse
CH 3939 Visp
Schweiz

Hauptsitz
Basel

Weitere Standorte
Köln, Singapour, Porthmouth,
Mumbai + 40 andere weltweit

Web
www.lonza.com

Einstiegsmöglichkeiten
Direkteinstieg
Trainee
Promotion
Postdoc
Praktikum

Bewerbungsverfahren
Online-Bewerbung

Auswahlverfahren
Einstellungsgespräch
Recruiting Events

Firmenprofil

Lonza zählt zu den weltweit führenden und renommiertesten Zulieferern für Pharma-, Biotech- und Spezialchemie-Märkte. Wir verbinden Wissenschaft und Technologie und entwickeln so Produkte, die unser Leben sicherer und gesünder machen und unsere Lebensqualität verbessern.

Neben der kundenspezifischen Herstellung und Entwicklung von Produkten, bietet Lonza auch Dienstleistungen und Produkte, die von aktiven pharmazeutischen Wirkstoffen und Stammzelltherapien über Desinfektionsmittel für Trinkwasser, Vitamin B-Verbindungen und organische Inhaltsstoffe für die Kosmetikindustrie, Agrarerzeugnisse, industrielle Konservierungsmittel bis hin zu antimikrobiellen Lösungen reichen, die gefährliche Viren, Bakterien und andere Erreger bekämpfen.

Im Jahr 1897 in den Schweizer Alpen gegründet, ist Lonza heute ein globales, marktführendes, Unternehmen mit mehr als 40 Produktions- und Forschungsstandorten sowie rund 9,800 Mitarbeitern und Mitarbeiterinnen weltweit. Das Unternehmen erwirtschaftete 2014 einen Umsatz von zirka CHF 3.64 Milliarden und ist auf zwei marktorientierten Säulen aufgestellt: Pharma&Biotech und Specialty Ingredients.

Weitere Informationen zu unseren Leistungen finden Sie auf www.lonza.com.

Wen suchen wir

Am Lonza-Standort Visp bietet sich Ihnen eine Vielzahl von Möglichkeiten in den verschiedensten Arbeitsfeldern und Positionen:
- Forschung und Entwicklung
- Analytik
- Produktion
- Engineering
- Verfahrensentwicklung
- u.a.

Bei Lonza gibt es zwar keine Trainee-Programme, wir ermöglichen aber jedes Jahr vielen Absolventen einen Direkteinstieg und haben zudem ein grosses Angebot an Praktika-Plätzen.

Lonza

Individuality counts...

Human Resources

At Lonza, we embrace independent thought, creativity and diversity of people and ideas. Lonza's success is founded on innovation. People drive innovation. Simply stated, the people of Lonza – our employees – drive our success.

Throughout Lonza, we recognize the contribution of individuals and teams and we encourage these contributions by providing a dynamic work environment with a culture of trust that values entrepreneurship.

MERCK

Merck KGaA

Kontakt HR
HR-Direktberatung
Fon 06151 - 72 53 880
hr-direktberatung@
merckgroup.com

Firmenadresse
Merck KGaA
Frankfurter Strasse 250
64293 Darmstadt
Deutschland

Hauptsitz
Darmstadt

Weitere Standorte
Wir sind weltweit in über 60
Ländern tätig. Weitere Standorte
in Deutschland sind Gernsheim,
Grafing bei München,
Hohenbrunn, Reinbek bei
Hamburg, Eppelheim, Berlin,
Wiesbaden

Web
www.merckgroup.com

Einstiegsmöglichkeiten
Direkteinstieg
Trainee
Promotion
Postdoc
Praktikum

Bewerbungsverfahren
Online-Bewerbung

Auswahlverfahren
Einstellungsgespräch
Telefoninterview

Jobs

Firmenprofil
Merck: ein außergewöhnliches Unternehmen - innovativ, spezialisiert, international. Dank eines erfolgreichen unternehmerischen Konzepts, Sachverstand, Innovationsfähigkeit und konsequenter Kundenorientierung hat sich Merck zu einem führenden Pharma- und Chemieunternehmen entwickelt. Durch Akquisition in den letzten Jahren (Serono 2007, Millipore 2010 und AZ Electronic Materials 2014) ist Merck auf internationaler Ebene gewachsen und unterstreicht damit den Anspruch auf Führungspositionen in seinem Unternehmensbereichen. Mehr als 39.000 Mitarbeiter in über 60 Ländern erwirtschafteten im Jahr 2013 Gesamterlöse von 11,1 Mrd. Euro. Beste Voraussetzungen für Ihren persönlichen Erfolg!

Pharma: Wir entwickeln, produzieren und vertreiben innovative verschreibungspflichtige Biopharmazeutika und Therapien, für die hoher medizinischer Bedarf besteht. Durch ihre zielgerichtete Wirkung helfen sie, Leben zu verlängern und die Lebensqualität der Patienten zu verbessern (Merck Serono). Darüber hinaus bieten wir im Markt der Selbstmedikation eine Reihe rezeptfreier Produkte an, mit denen Menschen Erkrankungen vorbeugen und leichter Beschwerden lindern können (Consumer Health Care).

Chemie: Wir bieten technologisch anspruchsvolle Spezial-Anwendungen an: Von Flüssigkristallmischungen für flache Displays über Effektpigmente bis hin zu Inhaltsstoffen für Kosmetika (Performance Materials).

Life Science: Als einer der weltweit größten Partner dieser zukunftsträchtigen Industrie bieten wir u.a. Produkte, Anwendungen und Lösungen für die Proteinforschung und Zellbiologie sowie für die Herstellung von chemischen und biopharmazeutischen Arzneimitteln an (Merck Millipore).

Wen suchen wir
Die Einsatzmöglichkeiten als Chemiker, Biochemiker, Apotheker, Biologe oder Physiker sind vielfältig: von der Pharmaforschung über internationales Produktmanagement bis zur Chemieforschung, zum Beispiel auf dem Gebiet der Flüssigkristalle oder Effektpigmente. In jedem Bereich bietet Ihnen Merck ein ebenso zukunfts- wie teamorientiertes Umfeld und Labore auf dem neuesten Stand der Technik. Entscheidend für den Erfolg eines Hightech-Unternehmens ist die reibungslose Umsetzung von Forschungsergebnissen in die Produktion. Für die Entwicklung und Betreuung unserer Produktionsanlagen suchen wir daher hoch qualifizierte, erfahrene Ingenieure der Chemie- und Verfahrenstechnik, des Maschinenbaus und der Elektrotechnik.

Research is still your favorite?
MAKE GREAT THINGS HAPPEN

Opportunities for natural scientists: Are you interested in exploring, researching, developing new ideas? Welcome to Merck. When it comes to innovations we are way out front. The spectrum of our pioneering research extends from specialist therapeutic areas, to analysis of microorganisms, all the way to liquid crystals for LCDs. We offer excellent development perspectives and challenging research projects in a team-oriented environment for committed and highly qualified experts. Join us and take part in shaping our diversified global business. Ready to tread new paths?

Merck is a global leader in specialized pharma and chemicals, and for almost 350 years we have improved people's quality of life. This is due to the creativity and team spirit of our 39,000 employees around the world, so we're committed to help them develop and to reward their excellence. Merck makes great things happen.

come2merck.com

Miltenyi Biotec GmbH

Kontakt HR
Vanessa Goldbeck-Höhner
HRTalent Acquisition
Fon 02204 8306-2433
recruiting@miltenyibiotec.com

Firmenadresse
Miltenyi Biotec GmbH
Friedrich-Ebert-Str. 68
51429 Bergisch Gladbach
Deutschland

Hauptsitz
Bergisch Gladbach

Weitere Standorte
Teterow, weitere
Niederlassungen in Europa, den
USA und in Asien

Web
www.miltenyibiotec.com/jobs

Einstiegsmöglichkeiten
Direkteinstieg
Promotion
Postdoc
Praktikum

Bewerbungsverfahren
Online-Bewerbung
Initiativbewerbung

Auswahlverfahren
Einstellungsgespräch
Telefoninterview
Recruiting Events

Firmenprofil

Fortschritt entsteht aus Inspiration und Neugier. Seit über 25 Jahren entwickelt Miltenyi Biotec Produkte und Services, die in Grundlagenforschung, translationaler Forschung und Zelltherapie eingesetzt werden. Heute sind wir ein Team aus über 1500 Wissenschaftlern, Medizinern, Ingenieuren, Vertrieblern und zahlreichen weiteren Spezialisten. Auf unserem Campus und in unseren weltweiten Tochtergesellschaften werden aus neuen Ideen einzigartige Produkte. Gemeinsam treiben wir mit großer Leidenschaft den biomedizinischen Fortschritt zur Heilung schwerer Erkrankungen voran.

Miltenyi Biotec wächst weiter. Unsere Unternehmenskultur ermutigt jeden Einzelnen dazu, eigene Ideen zu entwickeln und Impulse zu setzen. Willkommen in einem Team, das Innovation lebt.

Wen suchen wir

Wir sind stets auf der Suche nach neuen Talenten, ambitionierten Berufsstartern sowie erfahrenen Fach- und Führungskräften. Entlang der gesamten Wertschöpfungskette besetzen wir regelmäßig spannende Positionen mit Ingenieuren, Biowissenschaftlern, Chemikern, Physikern, Medizinern und anderen Naturwissenschaftlern. Wir bieten herausfordernde Themen für Abschlussarbeiten an und sind immer interessiert an Ihren innovativen Themenvorschlägen abseits eingetretener Pfade.

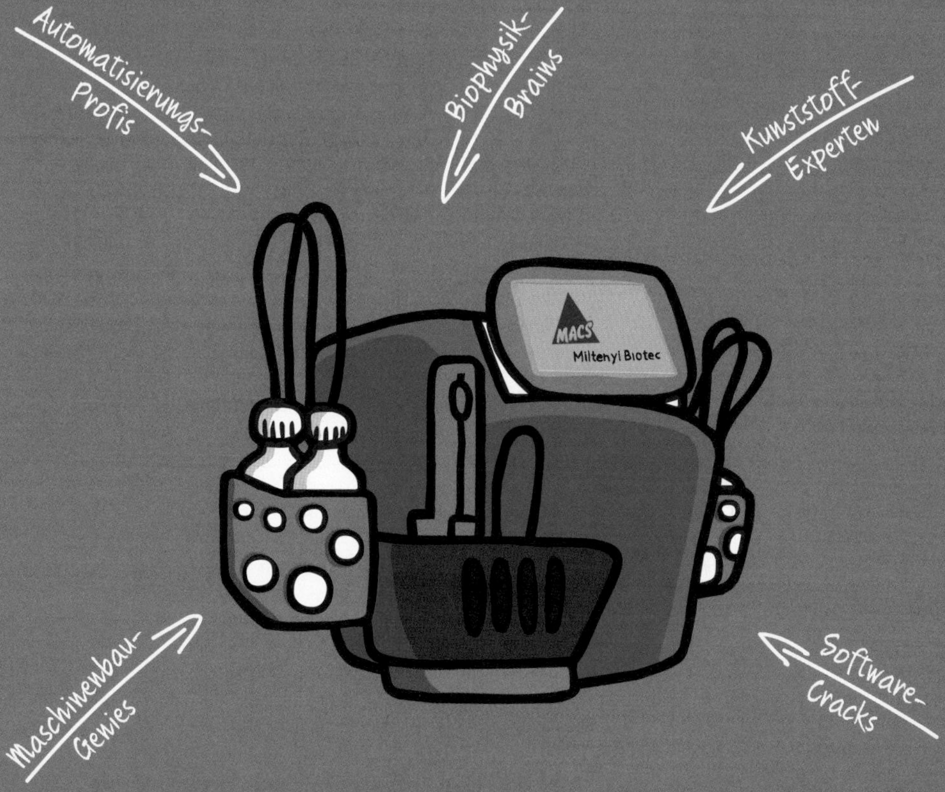

Provadis Professionals GmbH

Kontakt HR
Bewerberhotline
Fon +49 (069) 305-7722
jobs@provadis-professionals.de

Firmenadresse
Provadis Professionals GmbH
Brüningstraße 50
65926 Frankfurt Höchst
Deutschland

Hauptsitz
Frankfurt am Main

Web
www.provadis-professionals.de/be
werbung

Einstiegsmöglichkeiten
Direkteinstieg
Trainee

Bewerbungsverfahren
Online-Bewerbung
Initiativbewerbung

Auswahlverfahren
Einstellungsgespräch
Assessment Center
Telefoninterview

Firmenprofil

Mit der Vermittlungsarbeit, der Beschäftigungsbrücke und mit innovativen Traineeprogrammen bietet die Provadis Professionals Unternehmen aus der Chemie-, Pharma- sowie der verwandten Prozessindustrie attraktive und individuelle Dienstleistungen zur Unterstützung der Personalstrategie. Die Provadis Professionals eröffnet auch Fach- und Führungskräften mit entsprechender Expertise ein Sprungbrett in die Industrie und schafft damit neue berufliche Perspektiven. Das Unternehmen wurde im Jahr 2010 gegründet und befindet sich direkt am Industriepark Höchst in Frankfurt am Main. Es ist Teil der Provadis Partner für Bildung und Beratung GmbH, die als Fachkräfte-Entwickler der Industrie bereits auf eine jahrzehntelange Tradition in den Bereichen Ausbildung, Hochschule und Weiterbildung zurückblickt. Besonders diese Anbindung an die industriespezifische Expertise der Provadis Gruppe beim Finden, Binden und Fit halten von Fach- und Führungskräften unterscheidet die Provadis Professionals grundlegend von üblichen Personaldienstleistungsunternehmen.

Was die Provadis Professionals GmbH bietet

Zugang zu renommierten Unternehmen

Sicherheit für Ihre persönliche Lebensplanung

Perspektiven für eine dauerhafte Anschlussbeschäftigung in Ihrem Beruf

Bezahlung nach Manteltarifvertrag der chemischen Industrie

Einsatz in einem vertrauten Umfeld

Aufstiegschancen und Entwicklungsperspektiven

Wen suchen wir

Chemikanten, Pharmakanten, Chemielaboranten, Biologielaboranten Hochschulabsolventen aus den Bereichen Biologie, Chemie und Pharmazie Ingenieure der Fachrichtungen Maschinenbau, Verfahrenstechnik, Elektrotechnik und Automatisierungstechnik

Der Fachkräfte-Vermittler der Industrie

QIAGEN GmbH

Kontakt HR
Recruiting Team
Fon 02103 29 11300
hr-de@qiagen.com

Firmenadresse
QIAGEN GmbH
QIAGEN Strasse 1
40724 Hilden
Deutschland

Hauptsitz
Hilden (Deutschland)

Weitere Standorte
über 35 Standorte in mehr als 20
Ländern

Web
www.qiagen.com/careers

Einstiegsmöglichkeiten
Direkteinstieg
Praktikum

Bewerbungsverfahren
Online-Bewerbung

Auswahlverfahren
Einstellungsgespräch
Telefoninterview

Firmenprofil

QIAGEN entwickelt als innovativer Markt- und Technologieführer Probenvorbereitungs- und Testtechnologien, die den Zugang zu wertvollen molekularen Informationen aus biologischen Proben jeglicher Art ermöglichen.

Unsere Mission ist es, unseren Kunden zu herausragenden Erfolgen und Durchbrüchen in den Biowissenschaften, bei angewandten Testverfahren, in der pharmazeutischen Forschung und in der molekularen Diagnostik zu verhelfen. Damit ermöglichen wir Verbesserungen der Lebensqualität.

QIAGENs Probenvorbereitungstechnologien helfen dabei, Erbinformationen und andere Moleküle aus biologischen Proben wie Blut, Knochen oder Gewebe zu gewinnen. Diese können anschließend mit Hilfe passender Testtechnologien analysiert und die darin verborgenen Informationen sichtbar gemacht werden. Die Produkte von QIAGEN erlauben es damit, biologisches Material nach standardisierten und reproduzierbaren Verfahren in wertvolle molekulare Informationen zu transformieren.

Die außergewöhnlichen Fähigkeiten und Qualifikationen sowie die hohe Einsatzbereitschaft unserer Mitarbeiter sind der Schlüssel zu QIAGENs hervorragenden Leistungen und Erfolgen und dem Wert des Unternehmens.

Wen suchen wir

Um QIAGENs Erfolgsgeschichte fortzuschreiben, suchen wir kontinuierlich qualifizierte Nachwuchskräfte aus Naturwissenschaften wie Molekular- und Biotechnologie aber auch Wirtschafts- und Ingenieurwissenschaften sowie Informatik. Neben hervorragenden fachlichen Qualifikationen bringen Sie betriebswirtschaftliches Verständnis, die Fähigkeit zum interdisziplinären Denken und Arbeiten sowie Flexibilität, Teamgeist, Engagement und Eigeninitiative mit.

Jobs

Making improvements in life possible

At QIAGEN,
you'll make a difference every day.

It's what we do for our customers at the forefront of the molecular biology revolution, through to advancing patient health. It's what we do working together in teams across our entire global organization. It's the extraordinary contribution you can make as you build your career at QIAGEN. Join the revolution — see how you can make a difference to patients, to QIAGEN, to you.

To learn more about us, what we do, and what we offer, visit our career website at: www.qiagen.com/careers.

Sample & Assay Technologies

HR Employer0814

Quintiles Commercial Germany GmbH

Firmenprofil

Herzlich willkommen bei Quintiles, dem weltweit führenden Unternehmen für klinische Forschung, Zulassung und Vermarktung neuer Medikamente aus einer Hand! Quintiles setzt sich aus den Geschäftseinheiten Biopharma Product Development sowie Integrated Healthcare Services zusammen. Navigating the New Health - unter diesem Leitgedanken bieten wir als Impulsgeber der Healthcare-Branche integrierte Lösungen und Dienstleistungen über den gesamten Lebenszyklus eines Produktes an. Mit unseren über 32.000 Mitarbeitern arbeiten wir seit 30 Jahren weltweit daran, das Leben für Millionen von Menschen zu verbessern. Navigating the New Health bedeutet, dass wir in dieser Welt etwas bewegen möchten - vielleicht bald gemeinsam mit Ihnen?

Wen suchen wir

Für den Bereich Integrated Healthcare Services suchen wir für interessante Positionen im Bereich Healthcare-Vertrieb: Medical Liaison Manager, Produktmanager, erfahrene Pharmaberater, Fach- und Klinikreferenten, Medizinprodukteberater, Mitarbeiter im Apothekenvertrieb, Fachberater im Bereich Online-Marketing sowie motivierte Neueinsteiger, die jetzt den ersten Schritt in Richtung Außendienst gehen möchten. Mit einem abgeschlossenen naturwissenschaftlichen oder medizinischen Studium, einer Ausbildung zum/zur BTA/CTA/MTA/PTA bzw. der Fortbildung zum Geprüften Pharmareferenten können Sie als Neueinsteiger im Pharma-Außendienst starten. Denn Fachkompetenz ist wichtig, um Ärzte und Apotheker fundiert beraten zu können. Doch auch Ihre Persönlichkeit ist wichtig: Um als Pharmaberater erfolgreich zu sein, müssen Sie vor allem Spaß am Umgang mit Menschen haben, ein hohes Maß an Empathie mitbringen und entsprechend kommunikationsstark sein. Ein sicheres, professionelles Auftreten und die Fähigkeit, selbst in stressigen Situationen souverän zu bleiben, gehören ebenfalls untrennbar dazu.

*Die Gesundheit
von morgen
hängt von Ihnen ab.*

Sie wollen Erfolg, Anerkennung, Perspektive? Dann lassen Sie uns das gemeinsam angehen – wir kennen uns damit aus! Wir sind die Nummer 1 in Deutschland und weltweit, wenn es um Dienstleistungen in klinischer Forschung, Marketing und Vertrieb sowie Beratung für Healthcare-Unternehmen aus einer Hand geht. Dabei bieten wir erfolgreich integrierte Lösungen für den kompletten Lebenszyklus eines Produktes an. Unser Ziel ist es, bessere Medikamente schneller zum Einsatz zu bringen. Wir nennen das nicht umsonst: *Navigating* the New Health, denn wir wollen die Gesundheit von morgen gestalten. Mit Ihnen?

Naturwissenschaftler (m/w)
als Pharmaberater

Innovative Therapiekonzepte für anspruchsvolle Indikationen sorgen für kräftigen Rückenwind auf dem Weg zu Ihren Gesprächspartnern. Sie setzen als Experte auf der Basis Ihres Fachwissens Beratungsstrategien erfolgreich um und überzeugen so Ihre Ansprechpartner. Ihr Erfolgsrezept: Als durchsetzungsstarke Persönlichkeit verstehen Sie es, sich und Ihre Ansprechpartner zu begeistern, denn Sie möchten etwas bewegen. Wir freuen uns über motivierte Neueinsteiger mit naturwissenschaftlichem Hochschulabschluss, die Freude am Verkauf haben und jetzt ihre Karriere im Pharma-Außendienst starten möchten.

Ein starkes Team – einer der größten Healthcare-Außendienste Deutschlands – heißt Sie in einer außergewöhnlichen Arbeitsatmosphäre und offenen Unternehmenskultur willkommen. Ihr Wissen und unsere Erfahrung, Ihr Talent und unsere Strategie, Ihr Engagement für unseren gemeinsamen Erfolg und unser ausgezeichnetes Leistungspaket für Sie – sind das nicht beste Voraussetzungen für eine erfüllende Aufgabe mit großartiger Entwicklungsperspektive?

Wir suchen bundesweit Verstärkung. Kommen Sie jetzt an Bord und betreuen Sie Ihr Gebiet von Ihrem Wohnort aus! Mehr Informationen und die Möglichkeit zur Online-Bewerbung finden Sie auf **www.quintiles.de/karriere**.

Infoline für Fragen vorab: 0621 84508-113

Quintiles Commercial Germany GmbH
Schildkrötstraße 17–19, 68199 Mannheim

clinical | commercial | consulting

Rentschler Biotechnologie GmbH

Kontakt HR
Manuel Schmid
Fon 07392/701-495
bewerbung@rentschler.de

Firmenadresse
Rentschler Biotechnologie GmbH
Erwin-Rentschler Str. 21
88471 Laupheim
Deutschland

Hauptsitz
Laupheim

Web
www.rentschler.de

Einstiegsmöglichkeiten
Direkteinstieg
Praktikum

Bewerbungsverfahren
E-Mail-Bewerbung
Bewerbungsmappe
Initiativbewerbung

Auswahlverfahren
Einstellungsgespräch
Telefoninterview
Recruiting Events

Firmenprofil

Rentschler Biotechnologie GmbH ist ein unabhängiges, weltweit agierendes Familienunternehmen mit Sitz in Laupheim/Baden-Württemberg. Wir entwickeln und produzieren biopharmazeutische Arzneimittel im Auftrag von Biotech- und Pharmaunternehmen. Der Fokus liegt dabei auf der biotechnologischen Herstellung therapeutischer Proteine in tierischen oder humanen Zellkulturen.

Unser Full-Service Konzept reicht von der Zelllinien- und Prozessentwicklung sowie GMP-Produktion bis zu einem umfassenden Analytik-Portfolio und steriler Abfüllung in Fertigspritzen und Vials. Rentschler unterstützt seine Kunden auch bei der Zulassung der Arzneimittel.

Dank unseres hoch motivierten und qualifizierten Teams sind die Branchenanforderungen nach individuellen Lösungen, hoher Flexibilität und proaktiver und reaktionsschneller Kommunikation für uns eine willkommene Herausforderung. Der Aufbau von langfristigen und vertrauensvollen Kundenbeziehungen sichert den Unternehmenserfolg.

Wen suchen wir

Wir bieten kontinuierlich Einstiegsmöglichkeiten sowohl für Neueinsteiger als auch für qualifizierte Fachkräfte mit Berufserfahrung.

Wenn Sie sich auf den Gebieten Biotechnologie, Biologie, Chemie und Pharmazie qualifiziert haben, bieten wir Ihnen interessante Entwicklungsmöglichkeiten.

AUS KOOPERATION
WIRD ZUKUNFT

Fortschritt gelingt dort, wo sich gute Partnerschaften bilden.
In enger Zusammenarbeit mit Kunden auf der ganzen Welt
entwickeln und produzieren wir Biopharmazeutika. Dabei
gilt unser Engagement ausschließlich den Zielen unserer
Kunden. Unsere Erfolgsbilanz der vergangenen
35 Jahre zeigt, was möglich ist.

CONNECT.   GROW.   SUCCEED.

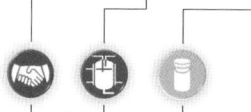

Rentschler Biotechnologie GmbH
Erwin-Rentschler-Straße 21
88471 Laupheim
Tel. +49 7392 701-0 • E-Mail: info@rentschler.de
www.rentschler.de

THE BIOPHARMA MANUFACTURER

Roche Diagnostics GmbH

Kontakt HR
nur online Bewerbungen unter
www.careers.roche.com/germany

Firmenadresse
Roche Diagnostics GmbH
Sandhofer Straße 116
68305 Mannheim
Deutschland

Hauptsitz
Mannheim und Penzberg

Weitere Standorte
weltweit 150 Standorte

Web
www.careers.roche.com/germany

Einstiegsmöglichkeiten
Direkteinstieg
Trainee
Postdoc
Praktikum

Bewerbungsverfahren
Online-Bewerbung

Auswahlverfahren
Einstellungsgespräch
Assessment Center
Telefoninterview

Firmenprofil

Bei Roche leisten über 88.500 Menschen in 150 Ländern Pionierarbeit im Gesundheitswesen. Hand in Hand haben wir uns zu einem weltweit führenden, forschungsorientierten Healthcare-Konzern entwickelt. "Doing now what patients need next" - lautet dabei unser Leitsatz in der gesamten Roche-Welt. Wir sind uns bewusst, wie wichtig es ist, medizinische Lösungen heute zur Verfügung zu stellen und gleichzeitig Innovationen für morgen zu entwickeln. Mit Leidenschaft arbeiten wir daran, die Gesundheit und das Leben von Millionen von Menschen entscheidend zu verbessern.

Wussten Sie, dass...
- 19.000.000 Patienten in 2013 mit einem der 25 umsatzstärksten Medikamente von Roche behandelt wurden?
- 2015 Roche in Deutschland als Top Employer Europe ausgezeichnet wurde?

Rund 15.000 Mitarbeitende aus 70 Nationen arbeiten bei Roche in Deutschland. Mit seinen 3 Hauptstandorten Mannheim, Penzberg und Grenzach-Wyhlen decken wir durch die Bereiche Forschung & Entwicklung, Produktion, Arzneimittelzulassung, Verpackung sowie Logistik, Marketing und Vertrieb das gesamte Roche-Spektrum ab.

Was wir bieten
Unsere Mitarbeitenden sind unser Schlüssel zum Erfolg. Sie leisten viel und wir wissen dies zu schätzen. Wir schaffen für sie ein motivierendes Arbeitsumfeld und bieten umfassende Benefits und individuelle Programme zur Work-Life-Balance, wie flexible Arbeitszeitmodelle, Angebote zu Sportaktivitäten und Altersvorsorge sowie Unterstützung bei der Vereinbarkeit von Familie und Beruf an. Zudem unterstützen wir unsere Mitarbeitenden von Anfang an dabei, die persönliche und berufliche Entwicklung voranzutreiben.

Wen suchen wir

Beim Beschreiten neuer Wege bauen wir immer auf motivierte, talentierte und die am besten qualifizierten Mitarbeitenden. Wir schätzen Menschen, die ein Ziel vor Augen haben, offen für Neues sind und dabei gerne in einer leistungsorientierten Umgebung arbeiten, die von gegenseitigem Respekt und Zusammenarbeit getragen wird. Wir setzen bei Roche auf die individuellen Fähigkeiten jedes Einzelnen. Ihre Erfahrung können Sie in vielfältigen Funktionen einbringen. Wir passen zu Ihnen? Dann nutzen Sie den Erfolg und die Stabilität eines Global Players und informieren Sie sich auf unserer Karriereseite.

Jobs

Setzen Sie Zeichen.
Für ein besseres Leben.

Der Erfolg von Roche beruht auf Innovationskraft, Neugier und Vielfalt – und das mit über 88.500 Experten in 150 Ländern. Indem wir konventionelles Denken hinterfragen und uns neuen Herausforderungen stellen, sind wir eines der weltweit führenden forschungsorientierten Healthcare-Unternehmen geworden – und der ideale Platz, um eine erfolgreiche Karriere zu starten.

Zusammenarbeit, offene Diskussionen und gegenseitiger Respekt treiben uns zu neuen Höchstleistungen an, dies zeigen auch die bahnbrechenden wissenschaftlichen Erfolge der Vergangenheit. Um weiter innovative Healthcare-Lösungen zu entwickeln, haben wir ambitionierte Pläne, kontinuierlich zu lernen und zu wachsen – und suchen Menschen, die sich die gleichen Ziele gesetzt haben.

Roche Diagnostics gehört mit seinen deutschen Standorten Mannheim und Penzberg zu den bedeutendsten Länderorganisationen innerhalb des Konzerns. Als Nummer eins im globalen In-vitro-Diagnostikmarkt bieten wir Wissenschaftlern, klinischen Laboren, Ärzten und Patienten ein breit gefächertes Angebot an Produkten und Dienstleistungen. Es reicht von Werkzeugen für die Forschung über integrierte Laborkonzepte bis hin zu benutzerfreundlichen Hightech-Geräten für den Endverbraucher. Mit dem Ziel, die Lebensqualität der Menschen zu verbessern, gehen wir mit über 15.000 Mitarbeitenden in Deutschland neue Wege und schaffen umfassende Lösungen für die Gesundheit.

Um mehr über Ihre Karrieremöglichkeiten bei Roche zu erfahren, besuchen Sie uns unter:
www.roche.com/de/careers/germany

Join Roche Careers@Social Media:

Sandoz Österreich

Kontakt HR
Martyna Miśko
Manager Employer Branding &
Training
martyna.misko@sandoz.com

Firmenadresse
Sandoz GmbH
Biochemiestraße 10
6250 Kundl
Österreich

Hauptsitz
Kundl

Weitere Standorte
Österreich: Schaftenau, Unterach,
Wien

Web
www.sandoz.at

Einstiegsmöglichkeiten
Direkteinstieg
Postdoc
Praktikum

Bewerbungsverfahren
Online-Bewerbung

Auswahlverfahren
Einstellungsgespräch
Telefoninterview

Firmenprofil

Die Sandoz GmbH mit Sitz in Kundl ist der größte österreichische Pharmahersteller und -exporteur. Seit über 65 Jahren werden in Kundl Arzneimittel biotechnologisch hergestellt. Dies bildet auch die Basis für eine hochmoderne Generation von Medikamenten, den so genannten Biosimilars, die ebenfalls in der Sandoz GmbH entwickelt und produziert werden.

Der Standort Kundl ist heute der weltweit größte Hersteller generischer Antibiotika und der letzte in der westlichen Welt verbliebene, voll integrierte Hersteller von Penicillin. Rund 190 Millionen Arzneimittel-Packungen verlassen pro Jahr das Werk Kundl und gehen von hier aus in über hundert verschiedene Länder. Am zweiten Produktionsstandort der Sandoz GmbH, ganz in der Nähe, in Schaftenau, werden moderne Biosimilars mittels Zellkultur-Technologie, Hormone und wichtige Produkte für den Mutterkonzern Novartis mit Sitz in der Schweiz und weltweit rund 136.000 Beschäftigten hergestellt.

Die Marketing- und Vertriebsniederlassung - Sandoz Commercial Operations - von Sandoz GmbH befindet sich in Wien. Am Areal des Viertel 2-Bürokomplexes sind die Geschäftsaktivitäten von Sandoz, Hexal, Ebewe und 1A Pharma für den österreichischen Heimmarkt zusammengefasst.

Seit 2009 verfügt Sandoz durch die Akquisition der ehemaligen EBEWE in Unterach am Attersee nun über einen vierten Standort in Österreich und ein neues globales Kompetenzzentrum für injizierbare generische Krebsmedikamente.

Wen suchen wir

Wer bei Sandoz in Österreich arbeitet, spürt die familiäre Atmosphäre eines Unternehmens mit langer Tradition gepaart mit den Herausforderungen eines globalen Health-Care Unternehmens. Wir suchen Persönlichkeiten, die zu uns passen und Leidenschaft mitbringen für das, was sie tun. Mit-Arbeitende und zwar wörtlich genommen: Teamplayer mit innovativen Ideen und auch dem Mut, neue Wege zu gehen. Kollegen, die zusammenwirken für ein gemeinsames Ziel und die besondere Verantwortung, die wir als Arzneimittelhersteller tragen. Hinsichtlich fachlicher Qualifikation suchen wir im besonderen Mitarbeiter/-innen in den Bereichen Naturwissenschaft (Hochschulabsolventen/-innen der Biochemie, Biologie, Mikrobiologie, Biotechnologie, Chemie, Pharmazie und Medizin).

Wir suchen Absolventen/-innen technischer Studien (Verfahrenstechnik, Ingenieurwesen etc.) sowie Absolventen/-innen aus dem Bereich Wirtschaftswissenschaften.

WENN
LEBENSFREUDE
AUF LEISTUNG
TRIFFT

Sandoz – zusammen **wirken**

Sandoz ist eines der größten Pharmaunternehmen Österreichs mit über 4000 Mitarbeitern. An unseren Standorten Kundl und Schaftenau, Unterach und Wien wirken die unterschiedlichsten Talente zusammen am gemeinsamen Ziel: Patienten in Österreich und aller Welt mit hochwertigsten und zugleich kostengünstigen Arzneimitteln zu versorgen.

Wirken Sie mit!
Bewerben Sie sich auf www.sandoz.at/karriere

Sanofi-Aventis Deutschland GmbH

Kontakt HR
Recruitment Center
Fon 069-305-21288

Firmenadresse
Sanofi-Aventis Deutschland GmbH
Industriepark Höchst, Gebäude
K703
65926 Frankfurt am Main
Deutschland

Hauptsitz
Frankfurt am Main

Weitere Standorte
Berlin, Köln, Neu-Isenburg und
Hallbergmoos, weltweit in 100
Ländern vertreten

Web
www.sanofi.de/karriere

Einstiegsmöglichkeiten
Direkteinstieg
Trainee
Postdoc
Praktikum

Bewerbungsverfahren
Online-Bewerbung
Initiativbewerbung

Auswahlverfahren
Einstellungsgespräch
Assessment Center

Firmenprofil

Als ein führendes Gesundheitsunternehmen ist es unser Ziel, auf die persönlichen Bedürfnisse kranker Menschen und für die medizinischen Anforderungen von morgen neue, maßgeschneiderte Angebote zu entwickeln.

Sanofi entwickelt und vertreibt nicht nur verschreibungspflichtige Arzneimittel, sondern auch Impfstoffe, Generika sowie rezeptfreie Medikamente. Moderne Dienstleistungen und leistungsfähige Infrastrukturen runden unser Angebot ab.

Die Erforschung neuer medizinischer Lösungen ist unsere Mission, die Versorgung von Millionen Menschen mit modernen und bewährten Arzneimitteln unsere Verpflichtung. Als ein führendes Gesundheitsunternehmen sind wir auf der Suche nach neuen Ideen für mehr Gesundheit und Lebensqualität für alle Menschen weltweit.

Wen suchen wir

Fachrichtungen:
Naturwissenschaften, Medizin, Ingenieurwissenschaften, BWL
Einsatzbereiche für Naturwissenschaftler und Ingenieure (m/w):
Forschung & Entwicklung, Medizinprodukte,
Arzneimittelzulassung/Medizinische Abteilung,
Wirkstoffproduktion & Arzneimittelfertigung,
Ingenieurtechnik/Prozessentwicklung,
Qualitätskontrolle/-sicherung, Marketing & Vertrieb (Berlin)

Qualifikationen:
überdurchschnittlich erfolgreiches Studium, Praktika in Industrie und Wirtschaft, Auslandserfahrung, sehr gutes Englisch in Wort und Schrift, gerne auch Französisch, ausgeprägte kommunikative Fähigkeiten, soziale und interkulturelle Kompetenz, Freude an Team- und Projektarbeit

Weiterbildung:
Individuelle karrierebegleitende Weiterbildungsmöglichkeiten sowie umfangreicher Weiterbildungskatalog mit Seminaren und Schulungen

DIE BEHANDLUNG GEGEN DIABETES

PZN-123456

FÜR MARK

LEIDENSCHAFT VERBINDET

Unser Denken und Handeln dreht sich um den Patienten.
Zusammen mit unseren Partnern sind wir der Gesundheit von 7 Milliarden Menschen verpflichtet.
Mit Leidenschaft. Mit Perspektiven. Mit Ihnen.
www.sanofi.de/karriere

SANOFI

SHIMADZU Europa GmbH

Kontakt HR
Johannes Bartsch
Fon +49-203-7687-110
jba@shimadzu.eu

Firmenadresse
SHIMADZU Europa GmbH
Albert Hahn Straße 6-10
47269 Duisburg
Deutschland

Hauptsitz
Kyoto, Japan

Weitere Standorte
Deutschland: Duisburg, Berlin,
Darmstadt, Düsseldorf, Jena,
Hannover, München

Web
www.shimadzu.eu

Einstiegsmöglichkeiten
Direkteinstieg

Bewerbungsverfahren
E-Mail-Bewerbung
Initiativbewerbung

Auswahlverfahren
Einstellungsgespräch

Jobs

Firmenprofil

Als ein weltweit führender Hersteller in der Instrumentellen Analytik entwickelt und produziert Shimadzu innovative Systeme für die Labore in Industrie, Wissenschaft und Institutionen. Das Unternehmen wurde 1875 gegründet und ist in Europa inkl. Deutschland seit über 40 Jahren vertreten. Die Europazentrale ist in Duisburg.

Unser Produktprogramm umfasst Systeme für die Chromatographie, Massenspektrometrie, Spektroskopie und Summenparameter (TOC). Hard- und Software Systeme und Lösungen sowie die Materialprüftechnik komplettieren das Angebot.

Im Geschäftsbereich Medizintechnik entwickelt und produziert Shimadzu innovative Geräte für die bildgebende Diagnostik (z.B. Röntgen) - vom kleinen mobilen System bis zu großen stationären Anlagen, in Krankenhäusern und Fachpraxen.

Wen suchen wir

Zur Erweiterung der Teams von Shimadzu Europa und Shimadzu Deutschland am Standort Duisburg, suchen wir Produktspezialisten/innen und Techniker/innen für HPLC, LCMS, GC, GCMS, TOC, UV, AAS, FTIR, ICP sowie die Medizintechnik.

Produktspezialist/in - Das Aufgabengebiet umfasst den Support für die Produkte, Applikationsunterstützung und die Schulung der Anwender sowie der europäischen Mitarbeiter/innen. Ein abgeschlossenes naturwissenschaftliches Studium bzw. vergleichbare Qualifikationen sowie fundierte Kenntnisse, ggfs. auch als Anwender/in, unterstützen eine erfolgreiche Bewerbung. Ein sicheres, positives Auftreten, Reisebereitschaft, eine selbstständige Arbeitsweise und Selbstorganisation erhöhen die Aussichten.

Techniker/in im Außendienst - Eine chemische oder technisch-wissenschaftliche Ausbildung sowie erste Berufserfahrungen in einer unserer Produktreihen sind Voraussetzungen für diese Tätigkeit. Eine selbstständige Arbeitsweise, sicheres Auftreten, Teamfähigkeit, Flexibilität und Reisebereitschaft runden die Anforderungen ab.

Sehr gute Englischkenntnisse in Wort und Schrift sind Voraussetzung für eine erfolgreiche Bewerbung.

Takeda GmbH

Kontakt HR
Magdalena Thaa
Fon 07531-84 2108
germany.jobs@takeda.com

Firmenadresse
Takeda GmbH
Robert-Bosch-Str. 8
78224 Singen
Deutschland

Hauptsitz
Konstanz

Weitere Standorte
Singen und Oranienburg

Web
www.takeda.de

Einstiegsmöglichkeiten
Direkteinstieg
Trainee

Bewerbungsverfahren
E-Mail-Bewerbung

Auswahlverfahren
Einstellungsgespräch

Firmenprofil

Takeda beschäftigt 30.000 Mitarbeiter, ist in 70 Ländern präsent und gehört zu den innovativsten Pharmaunternehmen weltweit. Wir entwickeln Wirkstoffe und ganzheitliche Therapieansätze gegen Krankheiten, für die es noch keine Heilung gibt. Unsere Mitarbeiter übernehmen täglich Verantwortung für mehr Gesundheit. Von der Prävention über die Behandlung bis zur Pflege. Dabei verfolgen wir ein Ziel: Menschen ein besseres Leben zu ermöglichen. In Deutschland arbeiten dafür 1.700 Menschen an vier Standorten.

Wen suchen wir

Verstärkung für das Team in Deutschland in den folgenden Bereichen:

- Personal & Kommunikation
- Finanzen & IT
- Technik & Produktion
- Logistik & Qualitätsmanagement

Ob Mediziner, Informatiker, Natur-, Ingenieur- oder Wirtschafts-wissenschaftler: Wir sind immer auf der Suche nach jungen Talenten, die gemeinsam mit uns an Gesundheitslösungen von morgen arbeiten. Als einer der global führenden Arzneimittel-hersteller bieten wir Berufseinsteigern, die ihren Bachelor- oder Masterabschluss erfolgreich absolviert haben, hervorragende Perspektiven und spannende Entwicklungsmöglichkeiten in einem dynamischen Umfeld. Während der intensiven Einarbeitungsphase werden Berufseinsteiger schnell zu vollwertigen Teammitgliedern, die anschließend eigenständig wichtige Aufgaben in ihren Einsatzbereichen übernehmen. Unsere erfahrenen Mitarbeiter helfen neuen Kollegen dabei, die ersten Schritte im Berufsalltag sicher zu meistern und sich erfolgreich neuen Herausforderungen zu stellen.

Werden Sie ein Teil von Takeda und gestalten Sie gemeinsam mit uns die Gesundheitslösungen der Zukunft. Wir freuen uns auf Ihre Bewerbung!

Takeda entwickelt seit über 230 Jahren Wirkstoffe und ganzheitliche Therapieansätze gegen Krankheiten, für die es noch keine oder nur ungenügende Heilungsmethoden gibt.

Mehr als 30.000 Mitarbeiter weltweit übernehmen täglich Verantwortung für mehr Gesundheit. Von der Prävention über die Behandlung bis zur Pflege. In Deutschland arbeiten dafür 1.700 Menschen an vier Standorten.

Dabei verfolgen wir ein Ziel: Menschen ein besseres Leben zu ermöglichen. Unsere Vision: Bessere Gesundheit, schönere Zukunft.

KARRIERE

Der Produktionsstandort Singen wird ausgebaut und bietet ab 2015 über 100 neue Arbeitsplätze – vom Facharbeiter w/m bis zum Teamleiter w/m.

Singen ist spezialisiert auf die Herstellung von gefriergetrockneten Pulvern und halbfesten Darreichungsformen wie Cremes und Salben. Takeda hat einen großen Bedarf an spezialisierten Arbeitskräften und ist immer auf der Suche nach qualifizierten Mitarbeitern.

Wenn Sie Interesse daran haben, Teil unseres Teams zu werden, informieren Sie sich über unsere offenen Stellen:

www.takeda.de/karriere

Takeda Deutschland schafft optimale Rahmenbedingungen für seine Mitarbeiter:
- Mit den maßgeschneiderten Weiterbildungsprogrammen haben Sie stets einen Wissensvorsprung
- Unsere flexiblen Arbeitszeitmodelle bilden die Basis für die richtige Work-Life-Balance
- Mit unserer betrieblichen Ruhegeldordnung sowie dem flexiblen Entgeltumwandlungsmodell sind Sie im Alter zusätzlich zur gesetzlichen Rentenversicherung abgesichert

Lassen Sie uns voneinander lernen. Damit wir gemeinsam mehr erreichen. Für bessere Gesundheit und eine schönere Zukunft.

Takeda GmbH, Human Resources Germany, Robert-Bosch-Str. 8, 78224 Singen, Telefon +49(0)7531/84-2108

Thermo Fisher Scientific

Thermo Fisher Scientific

Kontakt HR
Dr. Peggy Klein
Fon +49 (0) 6151 9670-5140

Firmenadresse
Thermo Fisher Scientific
Frankfurter Strasse 129 B
64293 Darmstadt
Deutschland

Hauptsitz
Waltham, Massachusetts

Weitere Standorte
25 Standorte in Deutschland

Web
www.thermofisher.com
jobs.thermofisher.com/

Einstiegsmöglichkeiten
Direkteinstieg

Bewerbungsverfahren
Online-Bewerbung
E-Mail-Bewerbung
Bewerbungsmappe
Initiativbewerbung

Auswahlverfahren
Einstellungsgespräch
Telefoninterview
Recruiting Events

Firmenprofil

Thermo Fisher Scientific Inc. ist der weltweit führende Partner der Wissenschaft mit einem Umsatz von 17 Mrd. $ und ca. 50.000 Mitarbeitern in 50 Ländern.

Unsere Mission ist es, unsere Kunden in die Lage zu versetzen, die Welt gesünder, sauberer und sicherer zu machen. Wir unterstützen unsere Kunden darin, die Life-Science-Forschung voranzutreiben, komplexe analytische Probleme zu lösen, die Diagnostik am Patienten zu verbessern und die Produktivität der Labore zu steigern.

Unsere Premiummarken - Thermo Scientific, Applied Biosystems, Invitrogen, Fisher Scientific und Unity Lab Services - bieten eine einzigartige Kombination aus innovativen Technologien, bequemer Einkaufsabwicklung und umfangreichem Support.

Unsere Unternehmenswerte sind Integrität, Intensität, Innovation und Involviert-sein. Sie stehen für den Umgang im täglichen Miteinander von Kollegen, Vorgesetzten und Kunden. Sie sind Leitbilder für unsere Arbeitsweise. Die Tatsache, dass wir hochqualifizierte, exzellente Mitarbeiter weiterentwickeln und begeistern können, ist die Basis unseres Erfolgs, der uns Jahr um Jahr wachsen lässt. Thermo Fisher Scientific ist ein Unternehmen, das Vielfalt schätzt und Integration fördert.

Sie teilen unsere Werte und wünschen sich einen Arbeitgeber, bei dem die Entwicklung von Talenten und die Honorierung von Erfolgen eine hohe Priorität hat? Dann entwickeln Sie sich mit uns gemeinsam.

Wen suchen wir

Wir suchen Akademiker verschiedenster Fachrichtungen, besonders aus den Bereichen Chemie, Biologie, Biochemie, Life Science und Physik. Zudem beschäftigen wir Fachpersonal aus den unterschiedlichsten kaufmännischen, gewerblichen und technischen Ausbildungsberufen.

Vetter Pharma-Fertigung GmbH & Co. KG

Kontakt HR

HR-Rekrutierungsteam
Fon 0751 3700 1170
personal@vetter-pharma.com

Firmenadresse

Vetter Pharma-Fertigung GmbH &
Co. KG
Schützenstr. 87
88212 Ravensburg
Deutschland

Hauptsitz

Ravensburg

Weitere Standorte

Langenargen und Chicago (USA)

Web

www.vetter-pharma.com/karriere

Einstiegsmöglichkeiten

Direkteinstieg
Trainee
Promotion
Praktikum

Bewerbungsverfahren

Online-Bewerbung
Initiativbewerbung

Auswahlverfahren

Einstellungsgespräch
Assessment Center
Sonstiges

Firmenprofil

Gemeinsam sind wir Vetter. Aktivsein, handeln, entscheiden, vorantreiben: Das ist das Prinzip des Vetter-Erfolges. Entdecken Sie das Unternehmen, das auf den weltweiten Märkten der Pharmazie und Biotechnologie Standards setzt. Gestalten Sie Ihre Karriere in einer faszinierenden Zukunftsbranche: permanent wachsend, chancenreich und nahezu konjunkturunabhängig. Ihre neuen Kolleginnen und Kollegen erwarten Sie schon.

Mit dem Hauptsitz in Ravensburg agiert Vetter mit derzeit ca. 3300 Mitarbeitern als Spezialist in der Herstellung aseptisch vorgefüllter Spritzen. Als strategischer Partner unterstützen wir unsere Kunden aus der Pharma-/ Biotechbranche in allen Produktphasen: ab dem Zeitpunkt der Produktentwicklung, über die Zulassung bis hin zur Produkteinführung und weltweiten Marktversorgung. 1950 eröffnet Helmut Vetter in Ravensburg eine Apotheke und beginnt, moderne Verpackungsformen zu entwickeln, deren Herstellung und Verfeinerung im Laufe der Zeit immer größere Bedeutung gewinnen. Ab Mitte der Siebziger Jahre konzentriert sich das Unternehmen auf die Herstellung von aseptisch vorgefüllten Spritzen.

Auf seinem Gebiet ist Vetter weltweit Marktführer und ein im besten Sinne geprägtes und gewachsenes Unternehmen im Familienbesitz. Vetter ist Marktplatz professioneller Stärken, ein Treffpunkt von Talenten. Als Arbeitgeber bietet Vetter seinen Mitarbeitern einerseits einen professionellen Rahmen wirtschaftlicher Sicherheit und klarer Perspektiven und andererseits viel Raum für individuelle Entwicklung und persönliche Karrieregestaltung. Im Ganzen gesehen ist unser Team wie ein Puzzle: Nur wenn alle zusammen wirken, können wir größte Erfolge erzielen.

Wen suchen wir

Aufgrund unseres kontinuierlichen Wachstums haben wir laufenden Bedarf an Absolventen und Professionals aus den Bereichen Naturwissenschaft, Technik und Betriebswirtschaft. Die fachliche Qualifikation, die wir erwarten, ergibt sich aus dem Aufgabenprofil des spezifischen Stellenangebots. Darüber hinaus legen wir besonderen Wert auf ein paar grundsätzliche Stärken:

• Flexibilität und Mobilität
• Schnelle Auffassungsgabe, analytisches Denken
• Strukturierte Arbeitsweise
• bereichsübergreifendes Denken
• Teamgeist und gute Kommunikationsfähigkeit
• Gute bzw. sehr gute Englischkenntnisse

Ich
koordiniere
VETTER.

Ich
analysiere
VETTER.

Gemeinsam sind wir VETTER.

Entdecken Sie das Unternehmen, das auf den weltweiten Märkten der Pharmazie und Biotechnologie Standards setzt. Gestalten Sie Ihre Karriere in einer faszinierenden Zukunftsbranche: permanent wachsend, chancenreich und nahezu konjunkturunabhängig. Ihre neuen Kolleginnen und Kollegen erwarten Sie schon – und die Möglichkeiten sind vielfältig:

Praktikum

Abschlussarbeit (Diplom/Bachelor/Master)

Trainee-Programm

Direkteinstieg

Sind Sie ambitioniert, beweglich, zukunftsorientiert - kurz: Sind Sie Vetter? Dann freuen wir uns auf Ihre aussagekräftige Bewerbung online über unsere Karriere-Website, die Sie umfassend über unser Unternehmen, unsere attraktiven Leistungen und Ihre Perspektiven bei uns informiert.

Individuelle Fragen beantwortet Ihnen gerne das Rekrutierungsteam, Telefon +49-(0)751-3700-1170.

Vetter Pharma-Fertigung GmbH & Co. KG
Schützenstraße 87, 88212 Ravensburg

VETTER

Answers that work

www.vetter-pharma.com/karriere

UNIVERSITÄTS**medizin.**
MAINZ

Universitätsmedizin der Johannes Gutenberg-Universität Mainz

Kontakt HR
Recruiting-Büro
karriere@unimedizin-mainz.de
Wir bitten um Ihr Verständnis,
dass wir ausschließlich
Bewerbungen per Mail
berücksichtigen können.

Wir freuen uns auf Ihre
Bewerbung!

Firmenadresse
Universitätsmedizin der Johannes
Gutenberg-Universität Mainz
Langenbeckstraße 1
55131 Mainz
Deutschland

Hauptsitz
Mainz

Web
www.unimedizin-mainz.de/

Einstiegsmöglichkeiten
Direkteinstieg
Promotion
Postdoc

Bewerbungsverfahren
Online-Bewerbung

Auswahlverfahren
Einstellungsgespräch
Telefoninterview

Firmenprofil

Das Motto Unser Wissen für Ihre Gesundheit spiegelt das Selbstverständnis der Universitätsmedizin wider: eine optimale Patientenversorgung mit modernsten Diagnose- und Therapieverfahren auf der Basis neuester Erkenntnisse der medizinischen Forschung. Jährlich werden über 300.000 Patienten an mehr als 60 Fachkliniken, Instituten und Abteilungen betreut.

Um den Erfolg ihrer Arbeit zu sichern, setzt die Universitätsmedizin auf gut ausgebildete Fachkräfte. An neun Lehranstalten und Schulen erlernen mehr als 600 Auszubildende verschiedenste medizinische Gesundheits-Fachberufe. Daneben bildet die Universitätsmedizin auch in kaufmännischen und technischen Berufen etwa 60 Auszubildende aus.

Die Universitätsmedizin Mainz setzt national und international Akzente in Wissenschaft und Forschung. Insbesondere positioniert sie sich in der Herz-Kreislauf-Forschung, der Immunologie und den Neurowissenschaften. Ein weiterer, neuer Schwerpunkt verbindet chirurgische und materialwissenschaftliche Kompetenzen. In der Forschung wie in der Lehre kooperiert die Universitätsmedizin Mainz mit verschiedenen Fachbereichen der Johannes Gutenberg-Universität Mainz. Darüber hinaus arbeitet sie mit zahlreichen Partnern in der gesamten Region sowie europa- und weltweit zusammen.

Wen suchen wir

Wir suchen regelmäßig Absolventen und Studierende (m/w) sowie berufserfahrene Mitarbeiter aus den Bereichen Biologie und Medizin für die medizinische und naturwissenschaftliche Forschung, Spezialisten aus dem Bereich klinische Forschung sowie Auszubildende für medizinisch-technische Fachberufe (MTA-Labor, MTRA). Aber auch viele andere Berufsprofile werden häufig gesucht! Erfahren Sie mehr über unsere aktuellen Positionen und Ausbildungsangebote auf unserer Homepage: http://www.unimedizin-mainz.de/jobs

Wir bieten Ihnen:
- Eine attraktive Vergütung im Rahmen eines Haustarifvertrages sowie zusätzliche Alters- und Sozialleistungen für unsere langfristige Zusammenarbeit
- Möglichkeiten der Kinderbetreuung
- Ein Job-Ticket sowie eine sehr gute Verkehrsanbindung

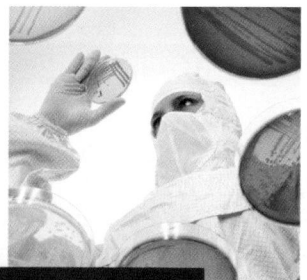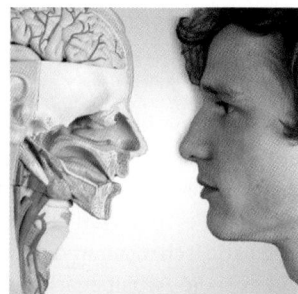

Krankenversorgung
Forschung · Lehre

_____ Die Universitätsmedizin der Johannes Gutenberg-Universität Mainz ist die einzige medizinische Einrichtung der Supramaximalversorgung in Rheinland-Pfalz und ein international anerkannter Wissenschaftsstandort. Sie umfasst mehr als 60 Kliniken, Institute und Abteilungen, die fächerübergreifend zusammenarbeiten. Hochspezialisierte Patientenversorgung, Forschung und Lehre bilden in der Universitätsmedizin Mainz eine untrennbare Einheit. Rund 3.300 Studierende der Medizin und Zahnmedizin werden in Mainz ausgebildet. Mit rund 7.500 Mitarbeiterinnen und Mitarbeitern ist die Universitätsmedizin zudem einer der größten Arbeitgeber der Region und ein wichtiger Wachstums- und Innovationsmotor.

_____ Wir informieren Sie gerne!
Universitätsmedizin der Johannes Gutenberg-Universität Mainz · www.unimedizin-mainz.de

Unser Wissen für Ihre Gesundheit

JG|U   UNIVERSITÄTSmedizin.
MAINZ

3. Branchentrends & Perspektiven

Sie finden eine Branche interessant oder möchten mehr über die beruflichen Perspektiven erfahren, die Ihr Abschluss Ihnen bietet? Das dritte Kapitel zeigt Ihnen einen detaillierten Einblick in spannende Branchen für Ingenieure. Ihnen werden vielfältige Perspektiven aufgezeigt. Welche Voraussetzungen sind gefragt? Wie sind die Einstiegschancen in diesen Bereichen? Welche Aufgaben können Sie übernehmen? Wie sind die Arbeitsmarktperspektiven? All diese Informationen, Einblicke und noch viel mehr sind für Sie in diesem Kapitel zusammengetragen.

3. Branchentrends & Perspektiven

Berufsperspektiven für Ingenieure

Der Arbeitsmarkt für Ingenieure hat sich in den letzten Jahren laut Auswertungen des Statischen Bundesamtes sehr positiv entwickelt. Diese Entwicklung setzte sich auch im Jahre 2012 fort. Die Folge der anhaltenden positiven konjunkturellen Entwicklung in den High-Tech- und Science-Branchen, wie auch des Fachkräftemangels ergibt für Ingenieure gerade rosige Karriereperspektiven.

Auch die Anzahl an Stellenanzeigen, in denen ein Studium der Ingenieurwissenschaften gewünscht wurde, stieg weiter an. Ingenieurwissenschaftliche Studienplätze sind durch diese Aussichten deutlich gefragter. Somit stiegen auch die Zahlen der Neueinschreibungen an Fachhochschulen und Universitäten kräftig an.

Der Arbeitsmarkt

Auf dem Arbeitsmarkt sind neben den klassischen Ingenieurbereichen wie Maschinenbau und Bauingenieurwesen, auch Ingenieure in der Umwelt-, Sicherheits-, Medizin- und Werkstofftechnik besonders gefragt. Betrachtet man die Stellenanzeigen nach ihrer regionalen Aufteilung, wird besonders häufig nach den westlichen Bundesländern gesucht. Die Mehrzahl der Ingenieure arbeitet im industriellen Sektor. Nur rund 5% sind im öffentlichen Dienst tätig.

Bei Absolventen ist neben dem fachspezifischen Wissen des jeweiligen ingenieurwissenschaftlichen Studienfaches ein besonders breites technisches Basiswissen gefragt, ▶

welches in den Unternehmen durch individuelle und spezifische Weiterbildung auf die jeweiligen Anforderungen und Produkte der Unternehmen entwickelt werden kann. Besonders gerne gesehen, sind neben den technischen Fähigkeiten, Kenntnisse im wirtschaftlichen Bereich. Die Hauptaufgabe von Ingenieuren ist und bleibt es, möglichst effiziente Lösungen für technische Probleme zu finden. Dazu sind technisches Verständnis, Detailwissen im Anwendungsgebiet und Kreativität gefragt, um innovative Lösungen zu erarbeiten.

Die Frage, ob sich die Studienreform im Hinblick auf Bachelor- und Masterabschlüsse im Vergleich zum lang etablierten Dipl.-Ing. inzwischen am Arbeitsmarkt durchgesetzt hat, ist insofern schwer zu beantworten, als dass 75% der Bachelorabsolventen direkt den Masterstudiengang anschließen. Laut des Vereins Deutscher Ingenieure sind Bachelorabsolventen auf dem Arbeitsmarkt gerne gesehen.

Klassische Branchen im Ingenieurwesen

Klassische Branchen im Ingenieurwesen sind z.B. Fahrzeugbau, Werkzeugtechnik, Bauingenieurwesen und Werkstofftechnik. Bei dem Wort Ingenieur denken viele zuerst an die Maschinenbauer. Das ist nicht verwunderlich, denn der Maschinen- und Anlagenbau beschäftigt derzeit die meisten Ingenieure und ist damit deutschlandweit Ingenieurarbeitgeber Nummer eins.

Maschinenbau

Klassische Beschäftigungsfelder sind Konstruktion und Produktion von Maschinen jeglicher Art. Sei es in der Antriebs- und Fördertechnik, in der Land- oder Energiewirtschaft oder im Bergbau. Dabei sind die Tätigkeitsfelder von Maschinenbauingenieuren in den letzten Jahrzehnten um einiges vielfältiger geworden. Optische Technologien, Robotik, Mikrosystemtechnik, Mess- und Steuerungstechnik und Luft- und Raumfahrttechnik sind hier nur einige Beispiele von vielen. Absolventen des Maschinenbaus stehen also vielfältige Möglichkeiten offen – hier lohnt es sich frühzeitig über alle Möglichkeiten zu informieren und bereits im Studium die Weichen in die gewünschte Richtung zu stellen.

Elektrotechnik

Elektrotechnik gilt als die Ingenieursdisziplin mit der größten Interdisziplinarität. Ob Informations- und Kommunikationstechnik, Elektrizitätswirtschaft, Maschinenbau, Verfahrens-, Fahrzeug-, Umwelt- und Medizintechnik, oder Luft- und Raumfahrttechnik – Die Elektrotechnik gilt als Schlüsseltechnologie und ist unverzichtbar, um mit dem Fortschritt und den Anforderungen der heutigen Zeit Schritt halten zu können.

Innovationen wie Elektromobilität, Smart Grids, Mikrotechnik und Embedded Systems sind ohne die heute gut ausgebildeten Elektroingenieure nicht denkbar. Aufgrund der Zusammenarbeit mit den zahlreichen anderen Abteilungen, Standorten und Ländern zählt Teamfähigkeit bei Elektroingenieuren übrigens nicht als obsoletes Modewort, sondern ist in der täglichen Arbeit unerlässlich. Beste Chancen auf dem Arbeitsmarkt haben Elektroingenieure also, wenn sie als Teamplayer mit Spezialisierung in gefragten ▶

Zukunftstechnologien auftreten und dabei Interesse an kreativer Problemlösung haben.

Verfahrenstechnik

Die Verfahrenstechnik ist das Ingenieurfach einem Bezug zu Naturwissenschaften wie Physik, Chemie und Biologie. Ursprünglich kommt die Verfahrenstechnik aus der chemischen Industrie. Daher gibt es viele Überschneidungen zu den Tätigkeitsfeldern eines Chemieingenieurs. Zu den klassischen Tätigkeitsfeldern eines Verfahrenstechnikers zählen alle Bereiche der Maschinenbau-Branche aber auch die Pharma-, Chemie-, Lebensmittel-, Medizin- sowie Energie- und Umwelttechnik. Besonders innovativ sind die wachstumsstarken Hight-Tech Bereiche wie die Bio- und Nanotechnologie.

Verfahrenstechniker entwickeln und realisieren hier besonders leistungsfähige Prozesse und Produkte. Sie benutzen dabei hochentwickelte experimentelle Methoden sowie mathematisch basierte Modellierungen und computergestützte Simulation und umgehen so aufwendige und teure Versuche. Die Verfahrenstechnik ist daher bestens geeignet für Problemlöser, die sowohl naturwissenschaftliches als auch technisches Wissen anwenden möchten.

Fahrzeugtechnik

Die Automotive-Branche zählt ebenfalls zu den klassischen Ingenieurs-Branchen. Dabei hat sich das Berufsbild in den letzten Jahren sehr gewandelt und hebt sich wesentlich vom reinen Fahrzeugbau ab. Die Konstruktion von Fahrzeugen findet zunehmend am PC und nicht mehr am Reißbrett statt und auch die Fahr-

gastzellen sind mittlerweile Kleinstcomputer, deren Entwicklung Ingenieurswissen auf höchstem Niveau erfordert. In der Fahrzeugtechnik sind typische Arbeitgeber Automobilhersteller, Land- und Baufahrzeughersteller sowie deren Zulieferer aber auch alle Betriebe rund um den Schiff- und Schienenfahrzeugbau. Absolventen der Automotive-Studiengänge stehen somit auch zunehmend Positionen offen, bei denen wirtschaftliche Fragestellungen einen sehr hohen Stellengrad haben. Hierzu zählen z.B. Ingenieurdienstleister, Berater-Unternehmen, Versicherungen sowie Prüf- und Zulassungsstellen.

Zukunftsbranchen

Innovationen sind die Zukunft der Industrie- und High-Tech-Branche. So gilt laut VDE z.B. die Biomedizinische Technik als Zukunftstechnologie. Innovationen in diesem Bereich basieren auf Kreativität und Leistungsfähigkeit exzellent ausgebildeter Fachkräfte auf dem Gebiet der Biomedizinischen Technik, den Ingenieur- und Naturwissenschaften sowie von Medizinern. Wer also gerne interdisziplinär arbeitet und seinen Innovationsgeist in das Zeichen der Gesundheitsversorgung setzen möchte, sollte die Biomedizinische Technik als Arbeitsgebiet in Erwägung ziehen.

Daher lohnt sich neben den klassischen Branchen auch der Blick auf Branchen im Bereich der Chemie-, Pharma-, und Umwelttechnik, des Anlagenbaus und in der Biotechnologie. Diese Industriesektoren liefern einen spannenden Arbeitsmarkt für Ingenieure, die gerne interdisziplinär denken und arbeiten möchten. ▶

Einsatzgebiete für Ingenieure

Die Einsatzgebiete für Ingenieure in einem Unternehmen sind vielfältig und ziehen sich durch sämtliche Unternehmensbereiche. Die Entscheidung in welchem Unternehmensbereich die Karriere starten soll, ist eine erste Weichenstellung für die berufliche Zukunft und den konkreten Karriereweg. Wer schon gute Vorstellungen von seinem beruflichen Werdegang hat, sollte gleich versuchen, in der entsprechenden Abteilung wie Forschung & Entwicklung, Produktion, Konstruktion, Einkauf, Montage, Qualitätsmanagement, Vertrieb oder Produkt- bzw. Projektmanagement einzusteigen. Für andere ist der Einstieg über die heiß begehrten Trainee-Stellen eine Möglichkeit gleich zu Beginn des Karriereweges verschiedene Unternehmensbereiche kennenzulernen.

Neben den beruflichen Entwicklungsmöglichkeiten stellt sich auf dem Arbeitsmarkt auch oft die Frage nach den Verdienstmöglichkeiten für Ingenieure. Hierzu haben wir Ihnen in den Artikeln „Eine Frage des Geldes" und „Ingenieureinkommen weiter gestiegen" umfangreiche Informationen, Gehaltszahlen und Entwicklungen zusammengestellt.

Um sich über aktuelle Stellenangebote zu informieren, stehen spezialisierte Stellenbörsen wie jobvector zur Verfügung. Auch Recruiting- und Branchenmessen können spannende Karriereperspektiven bieten. Nutzen Sie hierzu besonders Fachportale und Fachmessen, die sich auf Ihren Studiengang und die gewünschte Branche spezialisiert haben.

Ingenieure, die zurzeit oder in naher Zukunft auf Stellensuche sind, können optimistisch in die Zukunft blicken. Der Arbeitsmarkt bietet Ihnen viele interessante Karriereperspektiven und Einstiegsmöglichkeiten. ∎

> - Karriereperspektiven für Ingenieure momentan sehr gut
> - Klassische Branchen: Automotive, Bauindustrie, Elektrotechnik, Maschinenbau...
> - Spannende Entwicklungsmöglichkeiten auch in Branchen wie: Medizintechnik, Chemietechnik, Umwelttechnik, Anlagenbau, Pharmazie...
> - Fachwissen von Ingenieuren in der Forschung & Entwicklung gefragt, aber auch in Produktion, Vertrieb und Qualitätswesen

Stellenangebote für Ingenieure finden Sie auf jobvector.com

Berufsperspektiven für Physikingenieure und Physiker

Für 70% der Studienanfänger in der Physik heißt es nach dem erfolgreichen Studium, auf zum nächsten Karriereschritt. Rund 30% der Physikstudierenden orientieren sich hingegen während des Studiums um (DPG-Physik). Der Einsatz, den der geneigte Physiker während seines vielseitigen Studium zeigt, lohnt sich! Aus den Studierenden werden qualifizierte Generalisten mit vielen Chancen auf dem Arbeitsmarkt.

Physikingenieure und Physiker mit einem abgeschlossenen Studium sind Multitalente in vielen Bereichen. Sie können sich dadurch in Unternehmen vielfältig einsetzen. Absolventen eines physikalischen Studiums können in nahezu allen innovationsgetriebenen technischen Tätigkeitsfeldern arbeiten, von der Forschung & Entwicklung, dem Qualitätsmanagement, dem Marketing bis hin zum Risikomanagement, um nur einige Beispiele zu nennen. Unternehmen und Forschungseinrichtungen suchen mittlerweile gezielt nach Physikingenieuren. Insbesondere für Bereiche, die eine Schnittstelle zwischen naturwissenschaftlichen und technischen Fragestellungen bildet, sind Physikingenieure und Physiker beliebt. Auch in der Forschung und Lehre an Hochschulen bieten sich für Physikingenieure spannende Perspektiven - von der Grundlagenforschung bis hin zu anwendungsnahen Forschungsthemen.

Zur Zeit arbeiten knapp 50% der Physiker in der Industrie. Weitere 15% sind in ▶

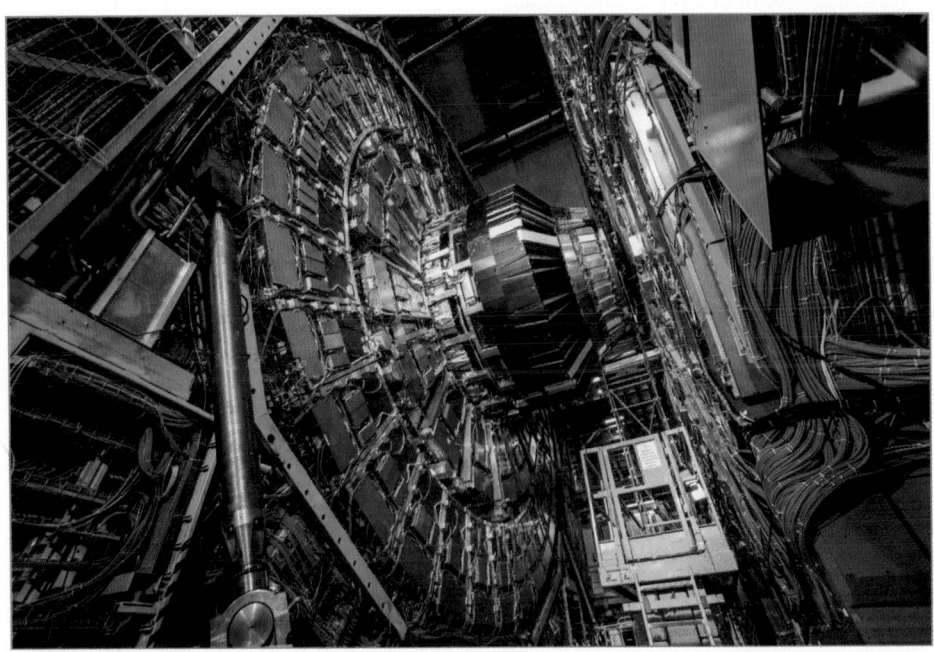

Dienstleistungsunternehmen tätig und rund 35% bringen sich an Hochschulen oder Schulen ein (Spiegel). Physikingenieure gelten als technische und wissenschaftliche Innovationsmotoren und sind deshalb sehr gefragt. Dadurch ergeben sich nicht nur Physikingenieure mit Berufserfahrung sondern auch Berufseinsteigern hervorragende Chancen auf dem Arbeitsmarkt. Diese Tatsache spiegelt sich auch in der geringen Arbeitslosenquote von nur 2% wieder (Bundesagentur für Arbeit). Durch den Nachwuchsmangel im MINT-Bereich bleibt die Nachfrage an Physikern stabil und bietet auch in der Zukunft eine Auswahl an vielfältigen Jobs. Auch die langfristigen Aussichten für Physikingenieure auf dem Arbeitsmarkt sind sehr gut, was sich in den geringen Arbeitslosenquoten durch alle Altersstufen von Physikern zeigt.

Mit der im Studium erlangten Projekterfahrung in verschieden Arbeitsgruppen im In- und Ausland besitzen viele Physiker hervorragende Fremdsprachenkenntnisse. Physikern steht somit eine Karriere in internationalen Unternehmen offen.

Der Einstieg in die Arbeitswelt ist für Physikingenieure breit gefächert und bietet sehr viele Möglichkeiten. In nahezu jeder Innovations-Branche werden sie eingesetzt, da sie komplexe Sachverhalte strukturiert angehen und durch Ihre exzellenten analytischen Fähigkeiten Innovationen vorantreiben und technische Fragestellungen lösen können. Wie auch in anderen Naturwissenschaften arbeiten nur ein Viertel aller Physiker in dem Zielberuf Physik (DPG).

Neben dem durch das Studium vermittelte Fachwissen in der Physik sind nicht zuletzt auch die Leidenschaft für komplexe technische Fragestellungen und das analytische Talent gefragt. Aus diesen Gründen sind Physiker und Physikingenieure in der IT-Branche, Elektronik- und Elektroindustrie, sowie der Halbleiterindustrie sehr gefragt. Neben diesen Branchen sind Physiker auch in der Luft- und Raumfahrt, Optik, Energiewirtschaft, Medizintechnik, dem Automotivbereich sowie an Hochschulen, Behörden und Forschungseinrichtungen gern gesehen. Doch auch in der Finanzbranche, in Unternehmensberatungen, sowie im Patentwesen können Physiker eine vielversprechende Karriere starten. Dies zeigt, dass Physiker in Bezug auf ihr Tätigkeitsfeld eine hohe berufliche Flexibiltät besitzen.

Dass Physiker auch in Management- und Führungspositionen sehr erfolgreich sind, zeigen steile Karrierewege nicht nur in der Wirtschaft, an Forschungseinrichtungen und Hochschulen, sondern auch in der Politik. ■

Spannende Branchen für Physiker und Physikingenieure:
- Halbleiterindustrie
- Optik und Photonik
- Medizintechnik
- Luft- und Raumfahrt
- Automotiv-Branche
- IT und Softwareentwicklung
- Energiewirtschaft
- Hochschulen und Forschungseinrichtungen

Stellenangebote für Physikingenieure und Physiker finden Sie auf jobvector.com

Jobs

Berufsperspektiven für Elektroingenieure

In der heutigen Zeit schreitet der Fortschritt immer rasanter voran. Elektroingenieure entwickeln technische Geräte und Verfahren und gestalten so unsere Zukunft mit einem wachsenden Lebensstandard. Die Energiewende und die Vernetzung von Maschinen, Anlagen und Produktionsprozessen im Rahmen der Industrie 4.0 sorgen zudem für einen hohen Bedarf an qualifizierten Fachkräften. Zukunftsaussichten für Elektroingenieure sehen somit sehr erfolgversprechend aus.

Beschäftigungsfelder

Für Elektroingenieure eröffnet sich eine besonders breite Beschäftigungsvielfalt. Je nach Studiumsschwerpunkt können die Einsatzgebiete und Branchen sehr unterschiedlich sein.

Die Ausübung des Jobs gestaltet sich darüber hinaus sehr interdisziplinär und bietet von der Medizin bis zur Raumfahrt vielfältige Möglichkeiten der fachübergreifenden Zusammenarbeit. In Forschung und Entwicklung können Elektrotechnikingenieure ihr Fachwissen sogar mit ihrer Kreativität verbinden. Insbesondere die Elektrotechnik ist in Branchen wie Fahrzeugtechnik, Medizintechnik oder Energietechnik innovationsstark. Hier entwickeln Elektroingenieure z.B. komplexe Steuergeräte, die heutzutage für jedes moderne Auto essenziell sind. Elektromotoren sind nicht nur Teil modernster kraftstofffreier Pkws sondern auch im Alltag überall zu finden – Zahnbürsten, Rolltreppen und Förderbänder machen das Leben einfach angenehmer. ▶

Informationstechnologie in der Elektro-Branche

Die Informationstechnologie ist ein Teilbereich der Elektrotechnik und bietet ca. ein Drittel aller Stellenangebote. Selbst Unternehmen, die eigentlich nicht zur IT Branche zählen, wie z.b. Automobilkonzerne, brauchen Elektroingenieure für genau dieses IT-Segment. So fallen bei der Herstellung von Fahrzeugen die Hälfte der Herstellungskosten auf Elektronik und Software. Für deren Entwicklung sucht die Automotive-Branche nicht etwa ausschließlich reine Informatiker, sondern Ingenieure der Elektro- und Informationstechnik.

Eingebettete Systeme oder auch Embedded Systems genannt, sind Kleinstcomputer die Alltagsgeräte wie Handys, Waschmaschinen oder Medizintechnik-Geräte überwachen oder steuern. Bei Autos findet man sie als Fahrassistenten, die Aufgaben wie Abstands- und Parkregelung übernehmen. Eine weitere Domäne der Informationstechnologie innerhalb der Elektrobranche ist die Datenübertragung bei Smartphones.

Innovationsstandort Deuschland

Die Elektrobranche entwickelt sich rasant weiter und ist dabei hoch innovativ. Dabei liegt das höchste Innovations-Potenzial bei den hervorragend ausgebildeten Elektroingenieuren selbst, denn das hohe Ausbildungsniveau in Deutschland sorgt dafür, dass Elektroingenieure ihr Fachwissen besonders effizient einbringen können. Das höchste Potenzial wird dabei der Energieeffizienz, Smart Grids und Elektromobilität zugeschrieben.

Berufsaussichten

In Deutschland sind momentan 176.000 Ingenieure in der Elektrobranche beschäftigt – Tendenz steigend. Spitzenreiter bei den Beschäftigungszahlen sind die Branchen Automation, elektronische Bauelemente und Energietechnik. Dabei zählen 90% der Unternehmen zu den kleinen- und mittleren Unternehmen (KMUs) mit weniger als 500 Mitarbeitern.

Als Durchschnittliches Einstiegsgehalt kann ein Elektroingenieur mit einem Einkommen von 40.000 – 42.000€ rechnen. Eine Promotion kann noch mal 25% mehr Gehalt ausmachen. Gehaltssprünge in den ersten fünf Berufsjahren auf ein durchschnittliches Jahresbrutto Gehalt von etwa 50.000€ sind keine Seltenheit. Je nach Bundesland und Branche kann das Einkommen sehr unterschiedlich ausfallen. In Bayern, Baden-Würtemberg und Hessen verdienen Elektroingenieure am meisten. Top-Branchen für ein hohes Einkommen sind die Automotive- und Maschinenbau-Branche.

Das Gehalt steigt wie in den meisten Branchen mit Dauer der Betriebszugehörigkeit und langjähriger Berufserfahrung. Elektroingenieure, die auf dem klassischen Weg die Karriereleiter weiter nach oben steigen möchten, sollten eine Stelle mit Führungsverantwortung anstreben. So können Ingenieure in der Elektroindustrie als Projektmanager oder Teamleiter durchschnittlich 70.000€ brutto im Jahr verdienen. Als Abteilungsleiter sind Gehälter bis 90.000€ und als Bereichsleiter sogar über 100.000€ Jahresbrutto möglich. ▶

Neben den Aufstiegschancen durch Personalverantwortung wird besonders in der Elektro-Branche die sogenannte „Expertenkarriere" immer häufiger. Hier geht es darum, gut ausgebildeten Elektroingenieuren einen Aufstieg und auch höheres Einkommen zu ermöglichen ohne Personalverantwortung zu übernehmen. Die Stärke der Elektroingenieure, die sich für eine Expertenkarriere entscheiden, liegt vor allem im technischen Bereich. Ohne Personalverantwortung fallen viele administrative Aufgaben weg, sodass sich der Elektroingenieur voll und ganz der Weiterentwicklung von elektrotechnischen Produkten und Prozessen widmen kann.

Zukunftsaussichten

Für Elektroingenieure werden sehr gute Jobchancen prognostiziert– und das unabhängig von der Branche. Momentan gehen mehr Elektroingenieure in Rente, als Fachkräfte nachrücken. Aufgrund des demographischen Wandels prognostiziert der VDE (Verband der Elektrotechnik, Elektronik und Informationstechnik), dass diese bestehende Lücke bis zum Jahr 2020 stetig wächst und somit angehende Elektroingenieure sehr gute Zukunftsaussichten haben. ■

Erfolgsfaktoren für Elektroingenieure
- Begeisterung für den Umgang mit elektronischen Geräten
- Technisches Verständnis
- Kreativität
- Freude an kontinuierlicher Weiterbildung
- Fachwissen und interdisziplinäres Wissen
- Spaß an Problemlösungen

Aufgabenbereiche für Elektroingenieure
- Automatisierungstechnik
- Energietechnik
- Hochspannungstechnik
- Kommunikationstechnik
- Mikroelektronik
- Mikrosystemtechnik
- Nachrichtentechnik
- Optoelektronik
- Robotik
- Unterhaltungselektronik

Branchen für Elektroingenieure
- Automobilindustrie
- Chemieindustrie
- Elektroindustrie
- Energiewirtschaft
- Forschung & Entwicklung
- Lebensmittelindustrie
- Luft- und Raumfahrtindustrie
- Telekommunikation
- Maschinen- und Anlagenbau
- Medizin- und Mikrosystemtechnik
- Öffentlicher Dienst
- IT-Branche
- Verkehrstechnik und -steuerung

Stellenangebote für Elektroingenieure finden Sie auf jobvector.com

Berufsperspektiven für Maschinenbauingenieure

Die Beschäftigungsmöglichkeiten für Maschinenbauingenieure sind so vielseitig, wie die Produkte, die sie entwickeln und herstellen. Angefangen von Fahrzeugen über Produktionsanlagen bis zu Haushaltsgeräten – Maschinenbauingenieure bringen ihr Fachwissen überall ein, wo es um Entwicklung, Konstruktion und Vermarktung von Maschinen oder kompletten Anlagen geht.

Tätigkeitsfelder

Je nachdem welche Schwerpunkte Maschinenbauer im Studium belegen, können verschiedenste Branchen und Tätigkeitsbereiche zur Auswahl stehen. Hierbei sind Aufgaben in Konstruktion und Entwicklung, Qualitätssicherung, Validierung aber auch in Herstellung, Planung, und Vertrieb nur eine kleine Auswahl. Wie in vielen Branchen spielt die Wartung und der Service im Maschinenbau ein zunehmende Rolle. Viele Unternehmen spezialisieren sich nicht mehr ausschließlich auf die Produktion und Forschung sondern auf den technischen Support und die Wartung laufender Anlagen. Dieser Service bietet regionalen Unternehmen die Möglichkeit einen schnellen und direkten Kundendienst anbieten zu können, was einen Wettbewerbsvorteil darstellen kann.

Die Fahrzeugtechnik ist eines der größten Tätigkeitsfelder für Maschinenbauingenieure. Hier finden sich Karriereperspektiven bei Automobil- oder Landmaschinenherstel- ▶

lern, Systemlieferanten aber auch Firmen der Zuliefererbranche und Erstausrüster. Besonders populäre Bereiche sind Produktion und Entwicklung, Projektmanagement mit häufig internationalen Kontakten, Kundenbetreuung und technischer Vertrieb, Qualitätsmanagement sowie Marketing. In Fahrzeugen sorgen Maschinenbauingenieure klassischerweise für die Konstruktion und die Optimierung von Motoren. Weiterhin sind z.b. auch die Entwicklung von Assistenzsystemen und das Design der Karosserien zu nennen. Im öffentlichen Dienst können Maschinenbauer mit Schwerpunkt Automotive Aufgaben als Prüfingenieur und Sachverständiger übernehmen.

Da über 50% der Maschinenbauingenieure in der Forschung & Entwicklung arbeiten, stellt die Konstruktionstechnik einer der größten Tätigkeitsbereiche dar. Entweder wird ein Produkt neu- oder weiterentwickelt oder Funktionalität und Produkteigenschaften optimiert. Am Zeichenbrett kann der Maschinenbauer seine Kreativität unter Beweis stellen. Natürlich ist das heutzutage eher symbolisch gemeint, denn in heutigen Zeiten sind das Handwerkzeug des Konstrukteurs längst nicht mehr Papier und Stift sondern Software-Systeme wie z.B. CAD (Computer Aided Design). Damit modelliert der Maschinenbauer dreidimensionale Entwürfe unter Berücksichtigung höherer Mathematik, der technischen Mechanik, Festigkeitslehre und Maschinendynamik. Das entworfene Modell gib Auskunft über das Verhalten und die Eigenschaften der Werkstoffe selbst.

Maschinenbauingenieuren mit Interesse an wirtschaftlichen Fragestellungen eröffnen sich ganz andere Karriereoptionen: Nicht selten werden sie in Versicherungen tätig und verbinden ihr fachlich-technisches Know-How mit Gutachtertätigkeiten. Dabei steht nicht Verkauf oder Beratung im Fokus der Tätigkeiten, sondern die Beurteilung von Schäden die Versicherungsnehmer melden. Es kann um Großschäden an komplexen Arbeitsmaschinen, Windkraft- oder Biogasanlagen gehen, deren Beurteilung ein vertieftes technisches Wissen voraussetzt. Als Gutachter entscheidet der Maschinenbauer, wie der Schaden zu bewerten ist. Es gilt Ursachen wie Fehlbedienung oder Verschleiss von Maschinenfehlern zu unterscheiden.

Ingenieure mit Promotion
Mit einer Doktorarbeit zeigen Maschinenbauer, dass sie sich mit einer bestimmten wissenschaftlichen Fragestellung befasst und selbstständig Lösungen gefunden haben. Etwa 20% der Ingenieure mit einem Masterabschluss in Maschinenbau schlagen diesen Weg ein, mit dem sie sich die Möglichkeit des Aufstiegs in höhere Positionen eröffnen. 90% der promovierten Maschinenbauer gehen in die Industrie und übernehmen Führungs- und Managementaufgaben.

Maschinenbaubranche
Die Maschinenbaubranche gehört zu den wichtigsten Industriearbeitgebern in Deutschland und beschäftigt derzeit rund 170.000 Ingenieure. Das ist nicht verwunderlich, bedenkt man, dass Deutschland im ▶

internationalen Vergleich unverändert Exporteur Nummer Eins ist. Jedes sechste Produkt wie Großanlagen, Maschinen oder Bauteile stammt aus deutschen Firmen – Tendenz steigend. Ca. 90% der Unternehmen im Maschinen- und Anlagenbau sind kleinere oder mittelständische Unternehmen mit unter 250 Mitarbeitern, die aber häufig Weltmarktführer auf ihrem Spezialgebiet sind.

Gehälter

Die Maschinenbauer gehören zu den bestbezahlten Arbeitnehmern der Ingenieurbranche. Sie können im Durchschnitt mit einem Einstiegsgehalt von ca. 45.000€ brutto pro Jahr rechnen. Bei kleineren Unternehmen wie z.B. bei Ingenieurdienstleister und Ingenieurbüros liegt das Einstiegsgehalt bei einem Jahrebrutto von knapp 42.000€.

In solchen eher kleinen Betrieben können Berufseinsteiger besonders vielseitige Berufserfahrung sammeln und meist auch schneller Verantwortung für eigene Projekte übernehmen als in größeren Unternehmen. Sehr große Betriebe und Konzerne, die häufig an einen Tarifvertrag gebunden sind, bieten Einstiegsgehälter von bis zu 50.000€ pro Jahr. Dabei kann mit guten Leistungen und mehr als zwei Jahren Berufserfahrung ein Einkommen bis zu 63.000€ erzielt werden.

Wer auf der Karriereleiter aufsteigen möchte kann Führungsverantwortung übernehmen. Ein Ingenieur als Teamleiter verdient im Schnitt 75.000€ brutto im Jahr. Maschinenbauingenieure mit mehr als zehn Jahren Berufserfahrung können je nach Position sogar zwischen 95.000 -155.000€ im Jahr verdienen. Über das Gehalt entscheidet aber nicht nur die Unternehmensgröße und Berufserfahrung. Die Branche und die Tätigkeit im Unternehmen haben ebenfalls einen großen Einfluss. So verdienen Maschinenbauer in der Elektroindustrie und in der Automobilbranche am meisten. Es gibt regional deutliche Gehaltsunterschiede. Das höchste Gehalt gibt es für Maschinenbauingenieure in Süddeutschland. Im Vergleich zum Osten liegen die Gehälter in Westdeutschland um einige Prozentpunkte höher.

Zukunftsaussichten

Laut VDI haben sich die Durchschnittsgehälter von Maschinenbauingenieuren und Anlagenbauern im Jahr 2014 um knapp 1,9% auf 62.800€ gesteigert. Die Prognosen für die nächsten Jahre sehen weiterhin vielversprechend aus. Viele Ingenieure schaffen es in den Unternehmen ganz nach oben zu kommen. So sind über 60% der Geschäftsführungs- und Vorstandsmitglieder in den Unternehmen des Maschinen- und Anlagenbaus Ingenieure. ▶

Arbeitsmarkt und Perspektiven

Maschinenbauingenieure können positiv in die Zukunft blicken. Ein Drittel aller ausgeschriebenen Stellen für Ingenieure sind aus dem Bereich Maschinen- und Anlagenbau. Der Bedarf an gut ausgebildeten Absolventen steigt stetig. Das liegt vor allem daran, dass mehr Maschinenbauingenieure in Ruhestand gehen als das Absolventen folgen und immer neue Aufgaben und Arbeitsfelder für Ingenieure entstehen.

In Zeiten der Verknappung von Rohstoffen gewinnt z.B. die Energiebranche und der Umweltschutz immer mehr an Bedeutung, sodass auch in Zukunft neue Aufgabenfelder für Maschinenbauingenieure geschaffen werden. All diese Faktoren sorgen dafür, dass Maschinenbauingenieure sehr gute Beschäftigungs- und Aufstiegschancen haben und bei persönlichem Engagement hohe Gehälter erzielen können. ∎

Tätigkeitsfelder für Maschinenbauingenieure

- Anlagenbau
- Antriebstechnik
- Automotive
- Bekleidungsindustrie
- Fahrzeugtechnik
- Gutachtertätigkeiten
- Logistik
- Medizintechnik
- Mobilfunk
- Nahrungsmittelindustrie
- Raumfahrt
- Schiffbau
- Turbinenbau
- Werkstofftechnik
- Werkzeugmaschinenbau

Erfolgsfaktoren für Maschinenbauingenieure

- Kommunikations- und Teamfähigkeit
- Mathematisch-naturwissenschaftliches und technisches Interesse
- Interkulturelles Verständnis
- Verhandlungssicheres Englisch
- Vorstellungsvermögen und räumliches Denken
- Kreativität

Stellenangebote für
Maschinenbauingenieure
finden Sie auf jobvector.com

Berufsbilder für Chemie-, Verfahrens- und Prozessingenieure

Chemie-, Verfahrens- und Prozessingenieuren bietet sich ein abwechslungsreiches und interdisziplinäres Berufsspektrum. Sie können sich in Schnittstellenpositionen zwischen Maschinenbau, Physik, Mathematik sowie physikalischer und technischer Chemie verwirklichen. Es gibt zahlreiche Berufsbilder in denen Sie Ihre Kenntnisse im Bezug auf die Modifikation und Veredelung von Substanzen durch chemische, biologische und physikalische Prozesse einbringen können. In der Industrie ist oft die Verbindung aus Fachwissen mit wirtschaftlichem Denken gefragt. Aufgabenfelder, die sich mit der Einhaltung sicherheitstechnischer Regulierungen bei Produktionsprozessen befassen, eröffnen sichere Karriereperspektiven.

Während in der Vergangenheit die Fachgebiete klar abgegrenzt waren, überschneiden sich die Fach- und Studieninhalte des Chemieingenieurwesens, der Verfahrenstechnik und der Prozesstechnik heutzutage immer stärker. So unterscheiden sich diese drei Bereiche oftmals nur noch durch verschiedene Studienschwerpunkte. Dies hat zur Folge, dass entsprechende Stellenausschreibung häufig für Chemie-, Verfahrens- und Prozessingenieure offen sind. Im beruflichen Alltag ist der Übergang der Tätigkeitsfelder im Chemieingenieurwesen, der Verfahrens- und Prozesstechnik oft fließend.

Durch die praxisorientierten Studiengänge sind die Arbeitsfelder und Berufsbilder sehr ▶

vielseitig. Gute Karrieremöglichkeiten bieten neben mittelständischen Betrieben und der Großindustrie auch Forschungseinrichtungen. Immer komplexer werdende technische Anlagen und immer stärker miteinander verwobene chemische Prozesse verlangen Ingenieure, die interdisziplinär arbeiten möchten. Diese Entwicklungen verschaffen Ingenieuren dieser Fachbereiche exzellente Berufsaussichten.

Chemieindustrie

Die chemische Industrie bietet für Chemie-, Verfahrens- und Prozessingenieure vielversprechende Karriereperspektiven. Die chemisch-pharmazeutische Industrie ist die drittgrößte Branche Deutschlands und umfasste im Jahr 2013 437.950 Arbeitsplätze. Dieser stabile Wirtschaftszweig wird auch in Zukunft viele Arbeitsplätze bieten. Im europäischen Vergleich ist Deutschland mit einem Umsatz von rund 190 Milliarden Euro Spitzenreiter. Unter den 2000 Chemieunternehmen in Deutschland sind besonders die kleinen und mittelständischen Unternehmen sehr erfolgreich. Sie beteiligen sich mit fast 30% am Gesamtumsatz der Branche und sind oftmals Weltmarktführer auf ihrem Arbeitsgebiet. Interessant ist, dass über 90% der Chemieunternehmen nicht mehr als 500 Beschäftigte haben und dass über ein Drittel der Arbeitsplätze von den kleineren und mittleren Unternehmen generiert werden (VCI).

Selbst im globalen Export behauptet sich Deutschland mit 11% der Chemieexporte auf Platz eins als Globaler Player. Ausländische Unternehmen profitieren von den Standortvorteilen in Deutschland und investieren in die chemisch-pharmazeutische Industrie. Dadurch tragen Sie einen enormen Teil zur Beschäftigungssicherung in Deutschland bei. Somit bieten sich für Chemie-, Verfahrens- und Prozessingenieure vielfältige internationale Karrieremöglichkeiten, in denen Sprachkenntnisse und interkulturelle Kompetenz gefragt sind.

Viele Faktoren wie die Globalisierung, Ernährung, Gesundheit, Energie und Umweltschutz erfordern Lösungen. Auf der Suche nach den Lösungen spielt die Chemie mit nachhaltigen Entwicklungen eine entscheidende Rolle. In der Entwicklung, Produktion und Planung dieser Produkte sehen die Arbeitschancen für Chemie-, Prozess- und Verfahrensingenieure sehr erfolgversprechend aus.

Berufsfelder

Hervorragende Perspektiven weisen die Bereiche der chemischen Verfahrenstechnik, physikalischen Chemie, Bioverfahrenstechnik, Lebensmitteltechnologie und Prozessdynamik auf. So können Chemieingenieure unter anderem in der Anlagen- und Sicherheitstechnik, Lebensmitteltechnik aber auch in der Katalysatorenentwicklung und der Anlagensteuerung tätig werden.

Chemie-, Verfahrens- und Prozessingenieuren bieten sich die Möglichkeiten der Spezialisierung auf bestimmte Produktpaletten sowie deren Qualitätssicherung. Die Produktentwicklung, das Qualitätsmanagement, als auch die Produktion und Forschung bieten spannende Tätigkeitsfelder. In diesen Verantwortungsbereichen verbinden Sie Ihr naturwissenschaftliches, insbesondere chemisches ▶

Fachwissen, mit Ihrem ingenieurwissenschaftlichen Anwendungswissen und arbeiten z.B. als Forscher im Labor, als Anlagenentwickler, als Programmierer von Leitsystemen, oder als Betriebsführer von Produktionsanlagen.

Aktuelle Forschungsthemen sind unter anderem die Bereiche Rohstoffe und Energie, die Erforschung individualisierter Nährstoffversorgung durch neue Proteinquellen, intelligente Verpackungen, Speicherung und Nutzung von Energie oder die dynamische Wasseraufbereitung. Chemie-, Verfahrens- und Prozessingenieure können zudem beratend und überwachend im öffentlichen Dienst, z.B. in der Gewerbeaufsicht, tätig werden.

Aufgabenfelder

In der Industrie entwickeln Chemie-, Prozess- und Verfahrensingenieure nicht nur chemische Substanzen oder einzelne Bauteile sondern auch ganze Anlagen. Hier ist Teamarbeit gefragt. Wenn Sie also gerne in interdisziplinären Teams arbeiten, sind diese Aufgabenfelder eine gute Möglichkeit Ihre Teamfähigkeit einzusetzen. In der Forschung und Entwicklung stehen maßgeschneiderte Produktionslösungen im Mittelpunkt. Besonders die Berücksichtigung der mechanischen, chemischen oder korrosiven Belastbarkeit der Produkte unterliegen immer weiteren Ansprüchen. Somit können Sie in der Produktentwicklung und dem Produktmanagement Verantwortung für maßgeschneiderte Produktionslösungen übernehmen. Auch in der Prozesstechnik bieten sich spannende Berufsbilder, in denen nachhaltig Stoffumwandlungsprozesse technisch umgesetzt und nutzbare Zwischen- und Endprodukte entwickelt

werden. Beispiele sind u.a. Pharmazeutika, Treibstoffe, Kosmetika, Düngemittel oder Lacke. Sie werden mit verfahrenstechnischen Methoden hergestellt und so modifiziert, dass sie die gewünschten Eigenschaften, wie Wirksamkeit und Lagerfähigkeit erhalten.

Gerade in der Forschung, Produktentwicklung und der industriellen Anwendung ist das chemische Fachwissen essentiell. Von thermischen Prozessen und Trenntechniken über Reaktionskinetik und der Wärme- und Stoffübertragung ist Spezialwissen gefragt. Ebenso fließen Erkenntnisse aus verfahrens- und prozesstechnischen Theorien, aber auch Erfahrungen aus der experimentellen Arbeit ein. Dabei verarbeiten Chemie-, Verfahrens- und Prozessingenieure natürliche Rohstoffe, aber auch Zwischen- und Abfallprodukte im Industriemaßstab. Die detaillierte Protokollierung der Ergebnisse, die messtechnische Planung und die computergestützte Simulation komplexer Vorgänge gehören in dem Bereich zur täglichen Arbeit.

Sind Ihre Stärke ein ausgeprägtes Fachwissen und verfügen Sie über eine gute analytische Denkweise? Diese Stärken sind nicht nur in ▶

den fachlich geprägten Berufsbildern wie in der Forschung, Entwicklung, Produktion oder im Anlagenbau gefragt, sondern sie sind auch das Fundament für Managementpositionen.

Nutzen von Studiumsschwerpunkten für den Berufseinstieg

Durch die Studieninhalte des Chemieingenieurwesens, der Verfahrens- und Prozesstechnik sind im beruflichen Umfeld viele Spezialisierungen möglich. Die Vielseitigkeit des Studiums spiegelt sich auch in der Vielseitigkeit der Berufsfelder eines Chemieingenieurs, Verfahrens- oder Prozesstechnikers wider. So setzen Sie durch Ihre Spezialisierung im Studium erste Weichen für Ihre berufliche Zukunft. Haben Sie sich z.B. auf Energietechnik spezialisiert, stehen Ihnen Berufsfelder in der Energiewirtschaft offen. Lag Ihr Schwerpunkt in der Prozesstechnik oder Verfahrenstechnik stehen Ihnen Berufsfelder z.B. im Anlagenbau in der chemischen Industrie offen.

Neben den allgemeinen Spezialisierungen können sie durch speziellere Vertiefungen wie der Lacktechnologie, Bioprozesstechnik, Agrartechnik, Wassertechnologie oder Kunststofftechnologie starke Grundlagen für Ihren beruflichen Einstieg schaffen. Gute Einstiegsmöglichkeiten gibt es auch in den Bereichen Umweltschutz, Explosion- und Brandschutz oder Anlagensicherheit. Auch der automotiv Bereich bietet spannende Perspektiven. Hier sind im Fahrzeugbau Themen wie Material- und Prozesstechnik gefragt. Gerade fortschreitende Entwicklungen der Elektromobilität schafft wichtige Einsatzbereiche in Energieerzeugung und –transport, sowie der Akku-

und Batterietechnik. Gute Voraussetzungen für einen Einstieg in abwechslungsreiche und interdisziplinäre Arbeitsgebiete schaffen frühzeitige Praxisphasen in der Industrie.

Aufgrund zahlreich aufgestellter internationaler Unternehmen können gute Englischkenntnisse und ein solides Fachvokabular wichtig für den beruflichen Erfolg werden. Ebenso sollten Chemie-, Verfahrens- und Prozessingenieure Kommunikationsstärke mitbringen, um ihren Karriereweg als Teammitglied oder später auch als Teamleiter erfolgreich gestalten zu können. ∎

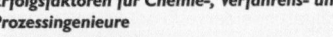

Branchen für Chemie-, Verfahrens- und Prozessingenieure:
- Chemie-, Lack- und Kunststoffindustrie
- Pharma-Industrie
- Umwelt- und Energietechnik
- Lebensmittelindustrie und Biotechnologie
- Papier-, Holz- und Zellstoffindustrie
- Anlagenbau
- Aufbereitungs- und Veredlungsbetriebe
- Petrochemie, Erdöl und Erdölderivate
- Forschungseinrichtungen
- Automotive-Branche

Erfolgsfaktoren für Chemie-, Verfahrens- und Prozessingenieure
- Fundiertes Fachwissen
- Breites Grundlagenwissen in Mathematik, Physik, Chemie und ingenieurwissenschaftliches Spezialwissen
- Experimentierdrang zur stetigen Weiterentwicklung
- Begeisterung für komplexe Fragestellungen
- Fähigkeit interdisziplinär zu denken
- Kommunikationsstärke
- Interkulturelle Kompetenz

Stellenangebote für Chemie-, Verfahrens- und Prozessingenieure finden Sie auf jobvector.com

Werkstofftechnik & Materialwissenschaft
Berufsfelder für universelle Bastler und Tüftler

Berufsfelder in der Materialwissenschaft und Werkstofftechnik
Materialwissenschaft und Werkstofftechnik
(MatWerk) ist eine der Königsdisziplinen der
Ingenieurwissenschaften. Gefragt sind Bastler
und Tüftler, die sich nicht auf ein Fachstudium
wie Physik und Chemie festlegen wollen und
die fasziniert sind von dem, was man heute
alles mit Technik machen kann. Wer heraus-
finden will, wie alles funktioniert und den
Materialeigenschaften auf den Grund gehen
möchte, wer verstehen will, wie man Materialien entwickelt, herstellt und verarbeitet, der
ist in der Materialwissenschaft und Werkstofftechnik gut aufgehoben. Für solch kreative
junge Menschen, für die das Ganze mehr ist
als die Summe seiner Teile und die internatio-

nal orientiert sind, ist das Studium und Berufsfeld der Materialwissenschaft und Werkstofftechnik genau das Richtige.

**Interdisziplinäres Know-how für
Innovationen**
Von der Zündkerze über den Dieselmotor bis
zur Magnetschwebebahn, vom Segelflugzeug
über das Düsentriebwerk bis zum Hubschrau-
ber, von der Chipkarte bis zum Airbag, von der
Kathodenstrahlröhre über LCD-Flüssigkristall-
bildschirme bis zu organischen Leuchtdioden,
von bioresorbierbaren Stents bis zu Dentalim-
plantaten – all diese Innovationen wären ohne
die Materialwissenschaft und Werkstofftechnik
nicht möglich gewesen. Erfinder wie Robert
Bosch, Rudolf Diesel, Karl Ferdinand von ▶

Braun und Otto Lehmann haben schon damals auf neue Materialien zurückgegriffen, um ihre Ideen in die Tat umzusetzen.

Mehr als 70 Prozent des Bruttosozialproduktes in westlichen Industrienationen lassen sich auf die Entwicklung neuer Materialien zurückführen. Diese Innovationen machen fast eine Billion Euro Jahresumsatz und rund fünf Millionen Arbeitsplätze in Deutschland aus. Verbesserte und neue Werkstoffe sind gefragt in den zukunftsrelevanten Feldern Mobilität, Energie, Umwelt, Gesundheit, Sicherheit oder Kommunikation. Neue Werkstoffe sind langlebiger, sicherer und ressourceneffizienter.

Viele Türen stehen offen

Das Wissen der MatWerker ist in zahlreichen Branchen gefragt: etwa in der Automobil- und Luftfahrtindustrie, Kraftwerkstechnik, Elektroindustrie, chemischen Industrie, Mikroelektronik, Metallerzeugung, Optik, Kunststoffherstellung, Medizin- und Umwelttechnik oder im Maschinenbau. Außerdem forschen sie in staatlichen Institutionen sowie universitären und außeruniversitären Forschungseinrichtungen. Immer häufiger wird auf das Know-how der interdisziplinär ausgebildeten MatWerker

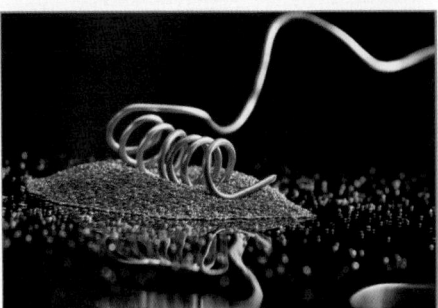

etwa als Sachverständiger und Gutachter bei Technischen Prüforganisationen und Versicherungen zurückgegriffen.

Nach dem Bachelorstudium können die Absolventen etwa in der Laboranalyse, Produktzulassung, Qualitätssicherung und -management, Verfahrens- oder Produktentwicklung arbeiten. Für eine weitere Karriere in Führungspositionen oder in der Forschung und Entwicklung sind ein Masterabschluss und oft eine Promotion erforderlich. Auslandserfahrungen und Fremdsprachenkenntnisse sind im Zuge der Globalisierung in nahezu allen Unternehmen unerlässlich geworden. Außerdem werden Schlüsselkompetenzen wie Organisationstalent und Teamfähigkeit ebenso vorausgesetzt wie Kompetenzen im Umgang mit Menschen unterschiedlicher sozialer und nationaler Herkunft.

Wer erfolgreich sein Studium abgeschlossen hat, den erwartet ein breites Angebot an möglichen Tätigkeitsfeldern. Ob in einer Forschungs- und Entwicklungsabteilung eines Industrieunternehmens, in der Produktion, im technischen Vertrieb oder Management, in Forschungszentren oder Universitäten, in der Verwaltung, als Patentanwalt, Unternehmensberater oder in der Schadensfallanalyse – Materialwissenschaftler und Werkstofftechniker sind vielseitig einsetzbar. Es gilt lediglich herauszufinden, was einem liegt: die Laborarbeit oder lieber die Projektarbeit mit dem Kunden.

Viele Wege führen in den Beruf

Von fast 2,5 Millionen Studierenden widmen ▶

sich weniger als ein Prozent* konkret einem materialwissenschaftlichen bzw. werkstofftechnischen Fach. Als eigenständiger Studiengang wird das Studium „Materialwissenschaft und Werkstofftechnik" nur an wenigen Hochschulen angeboten. Wesentlich häufiger kann ein Teilbereich dieses Fachgebiets belegt oder das Fach als Studien- bzw. Vertiefungsrichtung natur- oder ingenieurwissenschaftlicher Studiengänge gewählt werden. Es ist daher nicht verwunderlich, dass auch viele Physiker, Biologen, Chemiker oder Elektrotechniker nach dem Studium noch den Weg in die Materialwissenschaft und Werkstofftechnik finden. Voraussetzung ist der Wille, über die Grenzen seines Fachgebiets zu schauen, interdisziplinär zu arbeiten und die Themenfelder zu verknüpfen.

Denn das macht die Materialwissenschaft und Werkstofftechnik aus: Das Fachgebiet ist eine einzigartige Mixtur aus den „klassischen" Schulfächern Mathematik, Physik, Chemie, Biologie, Englisch und Informatik, die es ermöglicht, das Beste aus den Bereichen zu nehmen und den Weg freizumachen für Innovationen, die den Wirtschaftsstandort Deutschland nachhaltig sichern und Lösungen für die Themen der Zukunft liefern. ∎

Dr.-Ing. Frank O. R. Fischer
Geschäftsführendes Vorstandsmitglied
Deutsche Gesellschaft für Materialkunde e.V.

* Aufgrund des fehlenden gemeinsamen Studiengangschlüssels wurden die Studierendenzahlen folgender Studiengänge berücksichtigt: Werkstoffwissenschaft, Glastechnik/Keramik, Holz-/Fasertechnik, Kunststofftechnik, Metalltechnik, Textil- und Bekleidungstechnik, Mikroelektronik, Mikrosystemtechnik. vgl. Bildung und Kultur. Studierende an Hochschulen. Wintersemester 2012/2013. Statistisches Bundesamt Deutschland, http://www.destatis.de.

Erfahrung, Kompetenz, Wissen: Die Deutsche Gesellschaft für Materialkunde
Die Deutsche Gesellschaft für Materialkunde e.V. (DGM) ist die größte technisch-wissenschaftliche Fachgesellschaft auf dem Gebiet der Materialwissenschaft und Werkstofftechnik in Europa. Die DGM fördert mit ihren interdisziplinären Fachausschüssen, Veranstaltungs- sowie Fortbildungsreihen den Dialog zwischen Wissenschaft und Industrie. Damit gewährleistet sie den Technologietransfer in Deutschland. Der Verein mit Sitz in Frankfurt sorgt für eine deutschlandweite und internationale Vernetzung der Experten und organisiert europaweit Tagungen und Kongresse. In Regionalforen fördert die DGM die regionale Vernetzung der Materialwissenschaftler und Werkstofftechniker und bringt Wissenschaft und Industrie vor Ort ins Gespräch. Die Fachausschüsse der DGM decken nahezu alle Materialklassen, Prozesstechniken zur Materialherstellung und -verarbeitung, Erkenntnis- und Anwendungsfelder im Bereich der Materialwissenschaft und Werkstofftechnik ab.

Die DGM bietet jungen MatWerkern mit DGM-Ausbildungsausschuss, Jung-DGM-Ortsgruppen, DGM-MatWerk-Akademie und DGM-Nachwuchsforum eine Plattform. In diesen Gremien und Veranstaltungen werden Nachwuchs-MatWerker auf ihrem Karriereweg, sowohl in der Wissenschaft als auch in der Industrie, begleitet und mit außeruniversitären Kompetenzen ausgestattet. Die Jung-DGM-Ortsgruppen in Verbindung mit den Regionalforen födern die Jung-MatWerker und setzen die Beschlüsse des Ausbildungsausschusses hinsichtlich der Weiterentwicklungsmaßnahmen des Nachwuchses vor Ort um. Die DGM-MatWerk-Akademie ist die Elite-Schule der zukünftigen MatWerk-Professoren. Hier werden angehende Professoren mit entsprechenden Instrumenten ausgestattet und erhalten von etablierten Professoren Impulse und Anregungen für ihren weiteren Karriereweg. Das Nachwuchsforum ist eine mehrtägige Veranstaltung, bei der jährlich über 100 Nachwuchswissenschaftler aus unterschiedlichen Disziplinen teilnehmen. In zahlreichen Modulen werden dem Nachwuchs in Workshops, Student-Session, MatWerk-Slam, Vorträge, Experten-Treffen und Nachwuchskarriereworkshop Kompetenzen und Perspektiven dargeboten. Nebenbei entstehen hier langfristige Kontakte und Freundschaften. (http://www.dgm.de/dgm-tag-nachwuchsforum/)

Stellenangebote aus der Werkstofftechnik & Materialwissenschaft finden Sie auf jobvector.com

jobs

Fahrzeugtechnik: Die Automobilbranche

Die deutschen Automobilhersteller haben 2014 insgesamt fast 15 Millionen Pkw produziert, davon über 9 Millionen an ausländischen Standorten. Und auch im Inland konnten sie die Pkw-Produktion erhöhen – auf 5,6 Millionen Fahrzeuge. Eine wichtige Grundlage für diesen Erfolg ist die hohe Innovationsgeschwindigkeit: Pro Jahr investieren die deutschen Automobilhersteller und Zulieferer weltweit über 30 Milliarden Euro in Forschung und Entwicklung. Im April 2015 zählten die Betriebe der Automobilindustrie am Standort Deutschland 785.100 Beschäftigte zu ihren Stammbelegschaften.

Die deutsche Automobilindustrie leistet ein Drittel der gesamten industriellen Forschungsinvestitionen in Deutschland. Die Ergebnisse dieser großen Anstrengungen sind messbar: Autos benötigen immer weniger Kraftstoff, entsprechend gehen auch die CO_2-Emissionen zurück.

In den vergangenen fünf Jahren haben die in Deutschland neu zugelassenen Pkw deutscher Konzernmarken ihren durchschnittlichen CO_2-Ausstoß um über 15 Prozent auf 133 Gramm reduziert. Sie verbrauchen heute rund ein Viertel weniger Kraftstoff als noch im Jahr 2006. Seitdem ist der durchschnittliche Kraftstoffverbrauch von 7,1 l/100 km auf 5,4 l/100 km gesunken. Die deutsche Automobilindustrie ist damit in diesem Bereich Vorreiter beim Klimaschutz. Diese Entwicklung wurde ▶

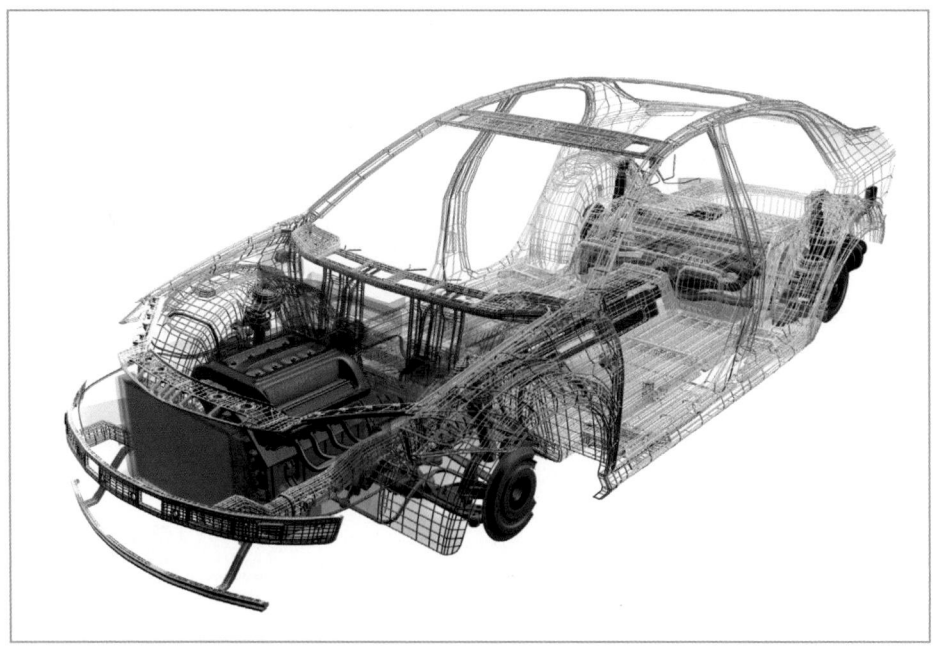

vor allem mit optimierten Verbrennungsmotoren erreicht. Die künftigen, noch wesentlich anspruchsvolleren CO_2-Vorgaben der EU können jedoch nur erfüllt werden, wenn ein großer Anteil der neu zugelassenen Pkws über alternative Antriebe verfügt – zum Beispiel über einen Elektroantrieb.

Bei der Elektromobilität hat Deutschland das Ziel der Leitanbieterschaft erreicht. 2014 kamen 17 Serienmodelle auf den Markt; 2015 wird das Angebot um weitere zwölf Elektroautos erweitert. Doch Leitmarkt ist Deutschland noch nicht. Zwar haben die Verkäufe 2014 um rund 70 Prozent zugelegt, doch die absoluten Stückzahlen sind noch gering. Um das für das Ende des Jahrzehnts anvisierte Ziel von einer Million Fahrzeugen zu erreichen, muss Deutschland jetzt kräftig Gas geben.

Ein ganz wesentlicher Innovationstreiber ist das vernetzte und automatisierte Fahren. Es geht um die politische, wirtschaftliche und gesellschaftliche Herausforderung, den Verkehr der Zukunft sicher und effizient zu gestalten. Die deutsche Automobilindustrie entwickelt Lösungen für unterschiedlichste Fahrerassistenzsysteme – einige sind bereits im Einsatz. Die Systeme tragen zur Fahrzeugsicherheit bei und helfen dabei, die Fahraufgaben zu bewältigen, der Fahrer wird entlastet.

So umfassend die Modellvielfalt ist, die die deutsche Automobilindustrie anbietet, so breit ist das Aufgabenspektrum, das diese Schlüsselbranche zu bewältigen hat. Deshalb sucht die Automobilindustrie die besten Nachwuchskräfte. Denn eines ist klar: Der Wunsch der

Menschen nach individueller Mobilität, nach dem eigenen Auto, ist ungebrochen.

Berufseinsteiger sollten ihr Augenmerk nicht nur auf die großen Hersteller richten. Zulieferer und mittelständische Entwicklungspartner sind für drei Viertel der Wertschöpfung am Automobil verantwortlich. Im April 2015 waren bei den deutschen Zulieferunternehmen 298.700 Mitarbeiter beschäftigt.. In den meist mittelständisch geprägten Unternehmen können Berufseinsteiger schneller Verantwortung übernehmen als in großen Unternehmensstrukturen. ▶

Fahrzeugtechnik: Die Automobilbranche

Hier wie dort sind sowohl Absolventen klassischer Studien- und Ausbildungsgänge gefragt – beispielsweise aus dem Bereich Maschinenbau, Mechatronik, Elektrotechnik, Fahrzeugtechnik und Physik aber auch aus Querschnittsfeldern wie der Elektrochemie und Materialwissenschaften.

Je nach Ausbildung gibt es für Ingenieure die Möglichkeit des Direkteinstiegs zur Bearbeitung von Sachthemen oder aber den Start als Trainee mit Tätigkeiten in unterschiedlichen Unternehmensbereichen wie Forschung, Entwicklung oder Testing bei Herstellern und Zulieferern.

Die Aufgaben für die jungen Ingenieure sind vielfältig: Angefangen bei der Bearbeitung von Forschungs- und Entwicklungsaufgaben mit den Schwerpunkten Regelelektronik, Antrieb, Fahrwerk, Komfort oder Sicherheit bis hin zur Mitarbeit im Bereich Computersimulation. Absolventen können sich aber auch bei Prüfstandversuchen im Labor oder auf der Teststrecke einbringen. Die Bandbreite von Möglichkeiten ist riesig.

Flexibilität, Weltoffenheit, sehr gute Englisch-Kenntnisse und die Bereitschaft, neue Aufgaben zu übernehmen, sind von großer Bedeutung. Der Ingenieur von morgen muss auch Managementfähigkeiten besitzen und ein Teamplayer sein. Junge Mitarbeiter sollten natürlich auch Neugier, Engagement und Leidenschaft für die Automobilindustrie mitbringen.

Gesucht werden Absolventen mit umfassenden fachlichen Grundlagen und zielgerichteten Vertiefungsrichtungen aus den unterschiedlichsten Bereichen wie zum Beispiel Fahrdynamik oder Crashsicherheit. Zielgerichtete Praktika und Bachelor- oder Masterarbeiten sind ein hervorragendes Instrument dafür. ■

VDA | Verband der Automobilindustrie

Passende Stellenangebote
aus der Fahrzeugtechnik
finden Sie auf jobvector.com

Jobs

Medizintechnik
Starke Branche, die Leben rettet

Jeder kennt sie, Produkte aus der Medizin-technik: Herzschrittmacher, künstliche Hüft-gelenke, EKGs, Röntgengeräte beim Arzt oder die Kernspintomografen im Krankenhaus. Doch woher kommen diese Produkte? Die Medizintechnik ist ein essentieller Bestandteil der deutschen Gesundheitsversorgung und gehört seit Jahren zu den wachstumsstärksten und forschungsintensivsten Industriezweigen in Deutschland. Allein 2013 lag der Umsatz bei 22,8 Milliarden Euro. Auch weltweit ist die Medizintechnik ein Wachstumsmarkt und bietet somit internationale Karrierewege: Mehr als zwei Drittel des deutschen Umsatzes wurden durch den Export erwirtschaftet. Mit einer Exportquote von über 68% wurde 2013 ein neuer Spitzenwert erreicht.

Stetiger Wachstum

Davon profitiert auch die Forschung: Die deutsche Medizintechnik-Industrie investiert etwa zehn Prozent ihres Umsatzes in For-schung und Entwicklung und liefert somit kontinuierlich Wachstumsimpulse. Wie innovationsstark und dynamisch die Branche ist, zeigen die Patentanmeldungen im Jahr 2013: Weltweit wurden in der Medizintechnik 4.862 Patente zugelassen. Mit mehr als 1.460 Patentanträgen und 665 Zulassungen nimmt Deutschland mit dem zweiten Platz eine welt-weit wichtige Spitzenposition ein.

Der Deutsche Markt liegt mit einem Marktvo-lumen von über 22 Milliarden Euro internatio-nal nur knapp hinter den USA und Japan ▶

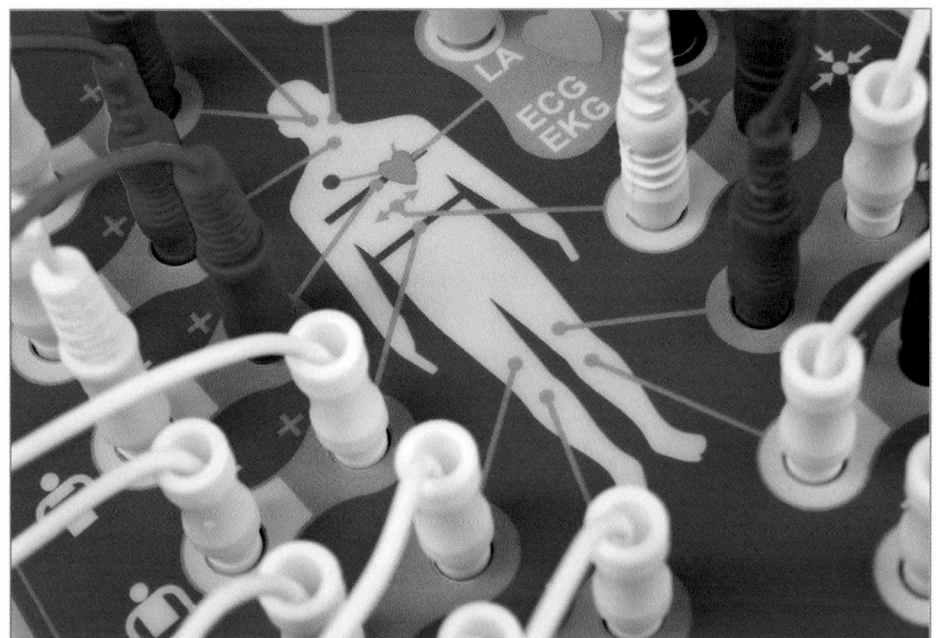

auf dem dritten Platz. Auch europaweit ist Deutschland führend und positioniert sich klar vor Frankreich, Großbritannien und Italien. Viele Faktoren tragen dazu bei, dass diese Branche mittel- und auch langfristig zu den zukunftssichersten in Deutschland zählt. Somit bietet die Medizintechnik sichere und internationale Karrierewege für Ingenieure, Naturwissenschaftler und Mediziner.

Der medizinisch-technische Fortschritt ist lebensbestimmend: Vor 20 Jahren war es unvorstellbar, dass 80 jährige Patienten ohne Probleme operiert werden können. Heute steigern künstliche Hüftgelenke und moderne Hörimplantate auch im hohen Alter die

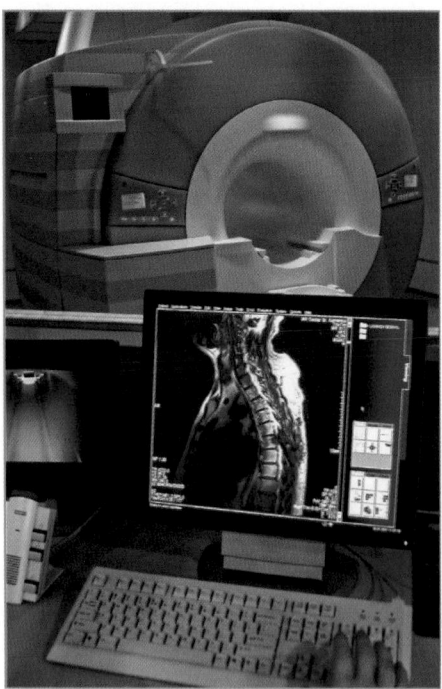

Lebensqualität. Der demographische Wandel ist einer der ausschlaggebendsten Faktoren für die Wachstumsstärke der Medizintechnik: Eine immer älter werdende Gesellschaft bringt auch einen strukturellen Wandel in den Bedürfnissen und der Nachfrage nach Gesundheitsleistungen mit sich. Krankheiten wie z.B. Diabetes und Gefäßerkrankungen prägen die Krankheitsbilder unserer Gesellschaft.

Hinzu kommt ein steigender Lebensstandard und die steigende Lebenserwartung. Viele Patienten verlangen daher nicht nur eine medizinische Grundversorgung, sondern eine umfassendere Versorgung. Dementsprechend sind sie auch bereit, für diese Leistungen zu zahlen.

Fundamentale Beiträge
Die Medizintechnik leistet dafür einen fundamentalen Beitrag: Alle medizintechnischen Produkte, Geräte und Verfahren unterliegen einer umfangreichen und anhaltenden Weiterentwicklung. Innovationsstärke, kurze Produkt- und Entwicklungszyklen kennzeichnen die Branche und sind ein wichtiger wirtschaftlicher Faktor: Produkte, die jünger als drei Jahre sind, machen mehr als ein Drittel des Umsatzes deutscher Medizintechnikhersteller aus.

Die Welt der medizintechnischen Geräte ist faszinierend: Sie trägt maßgeblich dazu bei, dass einfacher Diagnosen gestellt und neue Behandlungstherapien entwickelt werden. Minimalinvasive Operationstechniken und andere chirurgische Präzisionstechnologien, bei denen die Verletzungen des Gewebes ▶

und der Haut auf ein Minimum reduziert werden, haben sich in den letzten Jahren etabliert und konventionelle Operationsverfahren abgelöst.

Kontinuierliche Weiterentwicklung

Im Bereich der biomedizinischen Technik werden bildgebende Verfahren, Ultraschall- und Röntgensysteme kontinuierlich weiterentwickelt. Med-Tech-Geräte, wie z.B. Herzschrittmacher, Insulinpumpen oder Cochlea-Implantate werden immer kleiner, leichter und effizienter. Computergesteuerte Prothesen und Hightech Hüftgelenke versprechen Patienten jeden Alters wieder schmerzfreie Bewegungen. Künstliche Augenlinsen ermöglichen wieder scharfes Sehen. Die Entwicklung hochkomplexer technischer Geräte, wie z.B. von Chirurgierobotern und immer präziseren Lasersystemen spielen ebenso eine bedeutende Rolle.

Die Regenerative Medizin und das Tissue Engineering eröffnen neue Möglichkeiten bei der Herstellung lebender und funktionsfähiger Transplantate und Gewebe. Durch neue antibiotische Therapien und Hauttransplantationsverfahren blicken Verbrennungsopfer in eine schmerzfreie Zukunft. Patienten auf der Warteliste für eine Organspende können ebenso hoffen. Auch das Interesse der Medizintechnik an biodegradierbaren und superabsorbierenden Polymeren für Wundauflagen ist in den vergangenen Jahren kontinuierlich gestiegen. Drug Delivery Systeme – die Kombination von Medikamenten und deren Verabreichungsform für eine gezielte Wirkstofffreisetzung – machen medikamentöse Behandlungen

effizienter und verringern Nebenwirkungen. So können durch innovative Verbandsmaterialien, wie z.B. über das Wundpflaster biologisch wirksame Stoffe durch den Wundverband direkt an den Organismus geleitet werden.

Die Medizintechnik findet aber auch Lösungen zu Problemen, an die man nicht unbedingt als erstes denkt: Die Implementierung und dauerhafte Weiterentwicklung von Verpackungsmaschinen für einen GMP-konformen Verpackungsprozess spielen ebenso eine wichtige Rolle, wie ein effizienter Spritzgießprozess für Messlöffel. Ebenso sollen in Zukunft Kommunikationsschnittstellen zwischen elektronischen Patientenakten und diagnostischen Geräten, wie z.B. Herzschrittmachern ausgebaut werden, um eine schnellere Behandlung im Notfall zu gewährleisten.

All diese Beispiele zeigen, wie wichtig die interdisziplinäre Verknüpfung von Dienstleistungen und Produkten der Medizintechnik auf nationaler und internationaler Ebene ist. Am Anfang steht immer die Frage: Welche Beschwerden können gelindert werden? Welche Behandlungstherapien waren bisher erfolgreich? Können diese auch auf andere Therapien übertragen werden? Welche Materialien eignen sich am besten, um langfristig im menschlichen Körper verbleiben zu können ohne Nebenwirkungen oder Abstoßungsreaktionen hervorzurufen?

Zusammenarbeit mit vielen unterschiedlichen Bereichen

Lösungen zu diesen Fragen werden gemeinsam von Medizinern, Naturwissenschaftlern, ▶

Ingenieuren und Technikern entwickelt. Spezielle Fragestellungen können nur von Informatikern und Mathematikern gelöst werden. Die Medizintechnik bietet so als Jobmotor sichere Zukunftsperspektiven und zahlreiche Einstiegsmöglichkeiten für Chemiker, Mediziner, Physiker, Biologen, Informatiker und Ingenieure. Sie können z.B. in der naturwissenschaftlich-technischen Grundlagenforschung, der medizintechnischen Forschung, der Produktentwicklung oder der Softwareentwicklung tätig sein. Die Möglichkeiten sind vielfältig. Neben der Forschung und Entwicklung bietet die Medizintechnik-Branche auch umfassende Einstiegs- und Aufstiegsmöglichkeiten für Ingenieure, Mediziner und Naturwissenschaftler im Vertrieb, Marketing, Qualitätsmanagement oder Business Development.

Aktuell sind knapp 100.000 Beschäftigte in der Kernbranche tätig, die weitgehend von kleineren und mittelständischen Unternehmen dominiert ist. Die Beschäftigtenzahl ist von 2008 bis 2013 um über 13% gestiegen. Hinzu kommen Arbeitsplätze im Vertrieb, Einzelhandel und im Marketing. Experten erwarten, dass bis 2020 mehr als zwei Millionen Angestellte in der Gesundheitsbranche tätig sind. Anstehende Gesetzesänderungen versprechen schnellere Zulassungsverfahren und einen geringeren Verwaltungsaufwand in Deutschland. Aber auch die ausgezeichnete Infrastruktur, die hohe Dichte an Forschungszentren und der hohe Standard der klinischen Forschung stärken den Standort Deutschland.

Ein weiterer wichtiger Aspekt ist das hohe Versorgungsniveau der Patienten sowie das hohe Ausbildungsniveau der Wissenschaftler und Ingenieure. Die Medizintechnik ist somit deutschland- aber auch weltweit konkurrenzfähig sowie zukunftssicher und bietet langfristig eine ausgezeichnete berufliche Perspektive. Auch die Verdienstmöglichkeiten und Karriereperspektiven sind attraktiv. ■

Zukunftsbranche Medizintechnik
- Hervorragende Karriereperspektiven für Ingenieure, Informatiker und Naturwissenschaftler
- Gute Einstiegs- und Karrieremöglichkeiten in Forschung und Entwicklung, Produktion, Zulassung, Qualitätsmanagement, Vertrieb und Marketing
- Internationale Karrierewege
- Attraktive Gehaltsentwicklungen
- Hoher Personalbedarf und viele Stellenangebote

Passende Stellenangebote
aus der Medizintechnik
finden Sie auf jobvector.com

Energiewirtschaft - Erneuerbare Energien

Atomausstieg, Wüstenstrom, Klimawandel – die Energiewirtschaft ist in aller Munde. Die Branche bietet gute Berufsaussichten und vielfältige Tätigkeitsbereiche für Ingenieure und Naturwissenschaftler. Besondere Bedeutung kommt dabei den erneuerbaren Energien zu. Das Erneuerbare-Energien-Gesetz (EEG) hat im Jahr 2000 eine wichtige Grundlage für die Entwicklung der erneuerbaren Energien in Deutschland gelegt. Dieses Gesetz garantiert den Betreibern von Anlagen für erneuerbare Energie feste Einspeisevergütungen, die von den Netzbetreibern gezahlt werden müssen.

Im Jahr 2012 betrug der Anteil erneuerbarer Energien am Strommix in Deutschland 22,9 Prozent, bis 2020 ist eine Steigerung auf 35 Prozent geplant. Kennzeichnend für die Branche der erneuerbaren Energien ist ein hoher Anteil an kleinen und mittelständischen Unternehmen. Schon jetzt ist der Export für viele Unternehmen der erneuerbaren Energien ein wichtiges Standbein. Bis 2030 werden sich die weltweiten Investitionen in erneuerbare Energien voraussichtlich verfünffachen, wie das Bundesministerium für Umwelt, Naturschutz und Reaktorsicherheit (BMU) bekanntgibt.

Arbeitsmarkt erneuerbare Energien
Während die Zahl der Beschäftigten in der „klassischen" Energiewirtschaft eher zurückgeht, sind die erneuerbaren Energien ein starker Wachstumsmarkt. Deutsche Unternehmen sind im Bereich der ▶

erneuerbaren Energien Weltmarktführer. Mit der Energiewende in Deutschland ist ein weiterer Ausbau der erneuerbaren Energien und somit weitere neue Arbeitsplätze zu erwarten. Auch von einer verstärkten Nachfrage aus dem Ausland wird die Branche profitieren.

Zu den Unternehmen der erneuerbaren Energien zählen sowohl Hersteller als auch Zulieferer und Vertriebsunternehmen sowie Unternehmen, die mit Wartung und Betrieb von Anlagen betraut sind. Nach Angaben der BMU hatte die Branche 2011 mit über 380.000 Beschäftigten ihren Höhepunkt. Innerhalb von sieben Jahren hat sich die Anzahl der Beschäftigten verdoppelt. Im Jahr 2012 ging die Anzahl der Arbeitsplätze mit einem Prozent leicht zurück. Jedoch geht die BMU trotz kurzfristiger Konsolidierungsphase davon aus, dass die Branche der erneuerbaren Energien

weiter wachsen wird. In einer Studie aus dem Jahr 2009 rechnet das BMU damit, dass 2020 zwischen 450.000 und 580.000 Menschen in dem Bereich beschäftigt sein werden.

Beste Chancen für Akademiker
Wissenschaftler, Ingenieure und Techniker haben beste Chancen. Ein wichtiges Merkmal der Branche der erneuerbaren Energien ist der hohe Anteil qualifizierter Mitarbeiter: 32% der in der Branche beschäftigten Menschen hatten 2008 einen Hochschulabschluss, eine abgeschlossene Berufsausbildung hatten sogar 82%. Zum Vergleich: Im Durchschnitt aller Wirtschaftsbereiche hatten zum gleichen Zeitpunkt nur 10% aller Beschäftigten einen Hochschulabschluss und 70% eine abgeschlossene Berufsausbildung.

Für Ingenieure verschiedener Fachrichtungen sind die Karriereaussichten in der Branche hervorragend: In allen Bereichen der erneuerbaren Energien sind Ingenieure sehr gefragt, teilweise werden sie sogar händeringend gesucht. Naturwissenschaftler werden auch geschätzt, insbesondere in den Bereichen Vertrieb, Qualitätssicherung, Service und Marketing. Je nach Branche bieten auch Forschung und Entwicklung gute Chancen. Zu einem der wichtigsten Forschungsfelder zählt die Effizienzsteigerung der Anlagen, um sie wirtschaftlicher zu machen und den Anschluss zur Konkurrenz nicht zu verlieren.

Solarenergie
Die Solarenergie-Branche ist in den letzten Jahren enorm gewachsen: von 2004 bis 2012 um 400%. Im Jahr 2012 gab es insgesamt bundesweit 100.500 direkte und indirekte ▶

Beschäftigte. Im Vergleich zum Vorjahr ist das ein Rückgang von 19,6%. Dieser Rückgang ist auf die Produktüberkapazitäten und die sinkenden Preise zurückzuführen. Es gibt viele kleine Unternehmen. Solarenergie setzt sich zusammen aus zwei großen Bereichen: Photovoltaik und Solarthermie. Im Bereich Photovoltaik hatten im Jahr 2008 34,7% aller Mitarbeiter einen Hochschulabschluss, im Bereich Solarthermie 24,4% und in solarthermischen Kraftwerken 44,1%. Ein wichtiges Arbeitsfeld ist die Forschung und Entwicklung bei den Modulherstellern: Um konkurrenzfähig zu bleiben, müssen Firmen die Solarmodule ständig weiterentwickeln. Der Wirkungsgrad der Solarzellen ist noch steigerungsfähig. Auch die Senkung der Kosten pro Kilowattstunde ist ein wichtiges Forschungsfeld, da die Förderung der Anlagen nach dem EEG stetig sinkt.

Für ein großes Medienecho sorgt das Projekt Desertec. Bis 2050 sollen in Nordafrika 15% des europäischen Strombedarfs durch solarthermische Anlagen produziert werden und über Überseeleitungen nach Europa transportiert werden. Zwölf große Unternehmen haben sich 2009 für die Forschung an diesem Projekt in das Konsortium Dii zusammengetan, darunter deutsche Firmen wie RWE, Schott Solar, Siemens, MAN Solar Millenium, und e.on. Mittlerweile engagieren sich fast 50 Unternehmen in diesem Zusammenschluss. Im Mai 2013 hat in Marokko der Bau des weltgrößten Solarkraftwerkes Ouarzazate begonnen, mit einer Kapazität von 160 Megawatt. Dies ist aber erst der Start für eine umweltfreundliche Energiegewinnung. Marokko plant bis zum Jahr 2020 die Hälfte seiner Stromversorgung mit erneuerbaren Energien sicherzustellen. Der enorme Ausbau in diesem Bereich könnte viele neue Arbeitsplätze schaffen.

Windenergie

Neben der Solarenergie ist die Windenergie der größte Bereich der erneuerbaren Energien. Im Jahr 2012 waren insgesamt 117.900 Personen in dieser Branche tätig. Damit wird ein Wachstum von 184% zwischen 2004 und 2012 verzeichnet. Diese relative Zahl klingt im Vergleich zu den anderen Bereichen der erneuerbaren Energien klein, jedoch hatte der Windenergie-Sektor auch zuvor schon viele Beschäftigte. 27% aller Mitarbeiter von 2008 haben einen Hochschulabschluss. In Deutschland ist die Windenergie schon länger beliebt, was dazu geführt hat, dass deutsche Firmen zu den Experten in Sachen Windenergie zählen und auch im Exportgeschäft stark sind. Ein Schwerpunkt in der Windenergie-Branche ist im Moment das Vorantreiben der Offshore-Windparks, also Windkraftanlagen im Meer. Hier gibt es noch in Forschung und Entwicklung sowie im Anlagenbau viel zu tun. Aber auch „onshore" ist einiges los: Die rasante Entwicklung in der Windenergie-Forschung in den letzten Jahren hat dazu geführt, dass unter dem Stichwort „re-powering" derzeit viele ältere Windräder umgerüstet werden, um sie effizienter zu machen.

Geothermie

Bei der Nutzung der Geothermie geht es darum, sich die in der Erdkruste gespeicherte Wärme zunutze zu machen, indem man damit Häuser heizt oder Strom erzeugt. Bisher arbeiten nur etwa 13.900 Menschen im ▶

Bereich der Geothermie, aber die Bedeutung der Branche wächst. Von 2004 bis 2012 wuchs die Branche um satte 772% und verzeichnete damit das größte (relative) Wachstum der erneuerbaren Energien! Besonders im Neubaubereich wird Geothermie immer wichtiger, da sie zu einer klimaschonenden Stadtentwicklung beiträgt. In der tiefen Geothermie sind etwa 50,4% aller Beschäftigten Akademiker, in der oberflächlichen Geothermie 15,3%. Ein Berufsfeld ist hier zum Beispiel die Projektierung, bei der der Einbau von Geothermie-Techniken geplant wird.

Wasserkraft

Die Wasserkraft ist derzeit eine der wichtigsten regenerativen Energiequellen in Deutschland. Da die Wasserkraft in Deutschland aber schon lange etabliert ist und mit ausgereifter Technik arbeitet, sind hier keine großen Zuwächse an Arbeitsplätzen zu erwarten.

Bioenergie

Bioenergie wird aus Biomasse gewonnen, zum Beispiel aus Pflanzen oder Gülle. Beste Chancen auf einen zukunftsträchtigen Job im Bereich der Bioenergie haben alle, die agrarwissenschaftliches Hintergrundwissen vorweisen können. Im Bereich der Bioenergie arbeiten zwischen 29 und 57 Prozent Akademiker (bei Biogas und fester Biomasse weniger, bei flüssiger Biomasse mehr). Der Bereich Biomasse verzeichnete von 2004 bis 2012 ein Wachstum von 227%.

Den Einstieg schaffen

Die Branche ist spätestens seit dem Störfall im Jahr 2011 im japanischen Kernkraftwerk Fuku-

shima auf dem Vormarsch. Auch die Hochschulen haben die Energiewende erreicht, die inzwischen über 300 Studiengänge in diesem Bereich anbieten. Hierzu zählen Studiengänge, die komplett auf erneuerbare Energien ausgerichtet sind oder eine Spezialisierung im Laufe des Studiums erlauben. Aber auch motivierte Quereinsteiger aus Natur- und Ingenieurwissenschaften mit einem ausgeprägten Interesse an neuen Techniken und schneller Auffassungsgabe haben gute Chancen. Besonders gefragt sind Erfahrung und Spezialwissen. Wer sich für die Branche interessiert, sollte also versuchen, ein Praktikum in diesem Bereich zu absolvieren und entsprechende Seminare zu besuchen. ■

Die angegebenen Zahlen stammen aus verschiedenen Veröffentlichungen des BMU.

Stellenangebote
aus der Energiewirtschaft
finden Sie auf jobvector.com

jobs

Photonik
Karriere in der Welt des Lichts

Photonik? Oft versteckt und unsichtbar, manchmal schreiend grell, immer mit Lichtgeschwindigkeit – die Photonik macht fast alles möglich: Flachbildschirme, Smart-Phone-Displays, Blu-ray-Player, Megapixel- Fotografie, Glasfaser-Internet, Solarzellen, Laserschneiden, Laser beim Zahnarzt, Scannerkassen, Lichtschranken, Laserschweißen, Röntgengeräte, Sensoren und Kameras fürs Auto, Laserchirurgie, neueste Beleuchtungstechnik, Pico-Projektoren, Mikrodisplays, OLED-Fenster, 3D-Druck und und und.

Der Weltmarkt der Photonik beläuft sich heute auf über 350 Milliarden Euro und wächst mit rund acht Prozent jährlich. In Deutschland gibt es etwa 1000 Photonik- Unternehmen mit ca. 140.000 Arbeitsplätzen – Tendenz steigend. Techniken rund um Klimaschutz, IT, Kommunikation, Mobilität, Produktion oder Medizin kommen heute ohne Wissen über das Photon nicht mehr aus. Damit ist die Photonik eine Schlüsseltechnologie – gefragt sind Spezialisten aus zahlreichen technischen und naturwissenschaftlichen Bereichen, seien es Physiker, Elektro- oder Maschinenbau-Ingenieure, Biologen oder Chemiker. Der Sprung in die Photonik ist auch für Quereinsteiger aus angrenzenden Fachbereichen möglich. Voraussetzungen sind in erster Linie Begeisterung und Neugier für Technik und Experimentierfreude. „Die Photonik ist interdisziplinär, entsprechend vielfältig sind die Karrieremöglichkeiten." sagt Dr. Sonja Dulitz, Bildungsexpertin und ehemalige ▶

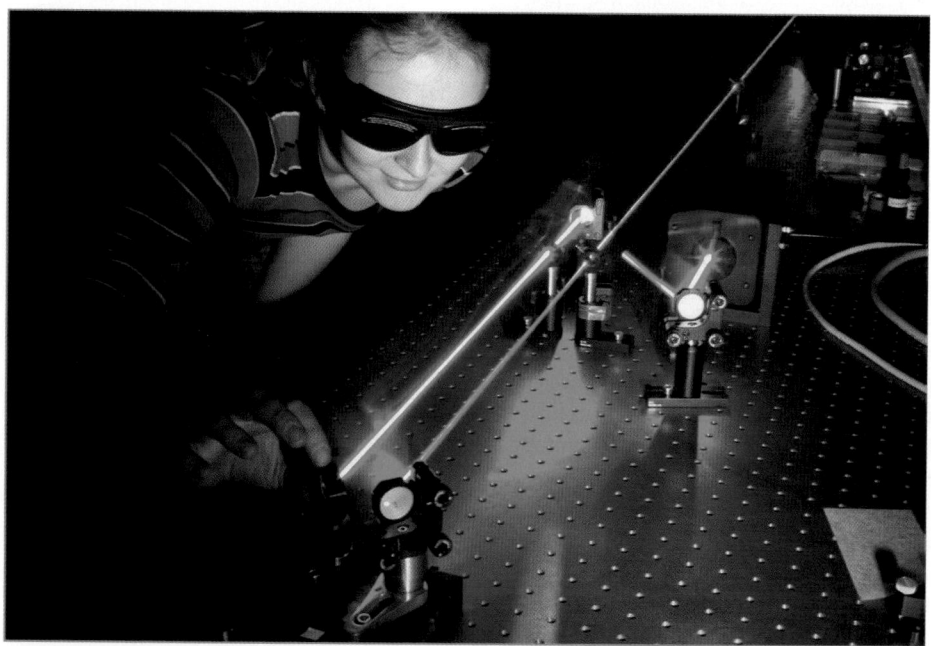

Mitarbeiterin des Zentralverbandes der Elektrotechnik und Elektroindustrie (ZVEI). Die Photonik bietet vielfältige Berufschancen, ob als Entwickler in der F&E-Abteilung für LEDs, Laser, Sensoren oder Medizintechnik, als Optik- Ingenieur, Konstrukteur, Software-Spezialist oder als Projektleiter – hier ist für jeden etwas dabei. Die Photonik ist die Technik mit dem Licht. Sie verknüpft die Optik mit ihren Lichtteilchen – den Photonen – mit der Elektronik und schafft so etwas Neues. Die LED ist ein gutes Beispiel: Die Halbleiter-Elektronik produziert Licht. Plötzlich muss neben dem Elektronik-Design auch auf das Optik-Design geachtet werden z.B. für eine gute Lichtauskopplung und geringe Verluste. Diese immer enger werdende Verzahnung der Schlüsseltechnologien Elektronik und Optik zur Photonik sorgt beständig für neue technische Highlights– Microsoft Kinect und Google Glass sind bestimmt erst der Anfang.

Prof. Dr. Andreas Tünnermann, Leiter des Fraunhofer-Instituts für Optik und Feinmechanik: „Wenn wir uns heute den Weltmarkt im Bereich der Mikroelektronikindustrie anschauen, wird dieser dominiert von Firmen wie Samsung, Intel oder Toshiba. Und wenn man dann in diese Fabriken kommt, stellt man plötzlich fest, dass 80 Prozent der Maschinen, die dort eingesetzt werden, ein optisches Herz haben, das aus Deutschland kommt. Das zeigt, dass diese Branche lebt und an verschiedenen Stellen an ganz spannenden Themen arbeitet. Optik ist sexy!"

Was ist so faszinierend an der Photonik?
„Die Photonik erlaubt uns ungeahnte Einbli-

cke in die Natur – wir können Atomen beim Schwingen zusehen und werden Zeuge, wie das Universum atmet. Und ganz nebenbei fällt die eine oder andere technische Revolution ab: Internet ohne Photonik? Undenkbar. Autos ohne Laser? Unfahrbar. Moderne Medizin ohne Licht? Unüberlebbar.", meint dazu Falk Eilenberger, Doktorand am Abbe Center of Photonics an der Friedrich-Schiller-Universität Jena.

Die Photonik-Branche in Zahlen
Der Photonik Branchenreport 2013 stellt die Photonik-Branche für die Jahre 2005 und 2011 vor und gibt einen Ausblick auf das Jahr 2020. Herausgeber sind die Industrieverbände SPECTARIS – Deutscher Industrieverband für optische, medizinische und mechatronische Technologien e.V., der VDMA – Verband Deutscher Maschinen und Anlagenbau e.V., der ZVEI – Zentralverband Elektrotechnik- und Elektronikindustrie sowie das BMBF – Bundesministerium für Bildung und Forschung. ▶

Die Kennzahlen des Reports sind in folgender Übersicht zusammengefasst

Kennzahl	2005	2011	Änderung	2020	Änderung
Umsatz weltweit in Mrd. €	228	350	jährliches Wachstum um 7,5 %	615	jährliches Wachstum um 6,5 %
Produktion Deutschland in Mrd. €	17	27	jährliches Wachstum um 8 %	44	jährliches Wachstum um 5,6 %
Beschäftigte Deutschland in Tsd. (mit Zulieferern)	104	134		165	

Der Report ist kostenfrei erhältlich unter www.photonik-forschung.de.

Zwischen 2005 und 2011 ist der Umsatz der Photonik-Branche um mehr als 100 Milliarden Euro gewachsen. Der Report prognostiziert mit einem Umsatz von 615 Milliarden Euro im Jahr 2020 ein jährliches Wachstum von 6,5%.

In Deutschland stieg das Produktionsvolumen im Zeitraum von 2005 bis 2011 um 8%. Innerhalb von sechs Jahren konnte somit eine Umsatzsteigerung von 10 Milliarden Euro generiert werden. Ganz vorne mit dabei sind insbesondere die Felder Medizintechnik und Life Sciences, Produktionstechnik, Bildverarbeitung und Messtechnik sowie Optische Komponenten und Systeme. Insgesamt nimmt Deutschland innerhalb Europas – mit einem Marktanteil von 40% – eine Spitzenstellung in der Photonik-Branche ein.

Diese Entwicklung hat spürbar positive Auswirkungen auf die Beschäftigungszahlen. Die Photonik-Branche stellt sich als Wachstums- und Jobmotor dar. Insgesamt entstanden zwischen 2005 und 2011 mehr als 30.000 Arbeitsplätze. Hier glänzte besonders die Photovoltaik-Sparte mit einem Zuwachs von 240%. Die beruflichen Aussichten für junge Akademiker bleiben auch in den kommenden Jahren hervorragend. Die Photonik-Akademie arbeitet mit Unternehmen aus der Photonik-Branche zusammen und bietet jedes Jahr 30 Studierenden faszinierende Einblicke in diesen Bereich. Hier haben die Studierenden nicht nur die Möglichkeit an Exkursionen zu Unternehmen, Workshops und praktischen Experimenten teilzunehmen, sondern können sich auch mit Experten und Gleichgesinnten austauschen. Die Photonik-Akademie 2015 wird vom Bundesministerium für Bildung und Forschung (BMBF) gemeinsam mit dem Fraunhofer Heinrich-Hertz-Institut und dem Kompetenznetz Optische Technologien Berlin-Brandenburg (OpTecBB) veranstaltet. Exkursionen zu Unternehmen und Instituten der Photonik, ein Praktikum, Treffen mit Firmen-Chefs und Young Professionals, Vorträge ausgewiesener Experten und ein buntes Begleitprogramm machen die Photonik-Akademie zu einem Erlebnis auf mehreren Ebenen.

Profitiere vom Austausch mit Gleichgesinnten und Photonik-Fachleuten und bewirb dich mit Motivationsschreiben, tabellarischem Lebenslauf und Noten aus dem Studium unter http://www.photonik-campus.de/online-bewerbung. Die Akademie richtet sich an die jüngeren Studierenden, deshalb sollte zum Zeitpunkt der Akademie noch kein Masterabschluss vorliegen. ■

Dr. Bernhard Eickenberg

Photonik Campus Deutschland – Entdecke die Welt des Lichts
Die Photonik-Akademie ist Teil des Photonik Campus Deutschland, der Nachwuchsinitiative der Photonik-Branche. Im Showroom des Internet-Portals www.photonikcampus.de wird die Photonik in vielen, teils witzigen Videos erklärt. Campus Life-Videotagebücher gedreht von Studierenden zeigen das Studium der Photonik an der Uni und beleuchten das Studentenleben in all seinen Facetten aus Sicht der Studierenden. Job Life-Videos geben Einblick in das Berufsleben. Eine Deutschlandkarte zeigt, wo die Photonikunternehmen angesiedelt sind und verlinkt zu ihnen.

Stellenangebote aus der Photonik finden Sie auf jobvector.com

4. Bewerbung & Karriereplanung

Sie planen Ihren Berufseinstieg oder den nächsten Karriereschritt? Sie haben Ihre Ausbildung, Ihren Bachelor oder Master und wissen noch nicht wohin Ihr nächster Schritt Sie führen soll? Sind sich unsicher, ob Sie lieber in der Industrie oder in der Forschung tätig sein möchten? Oder Sie befinden sich gerade in der Bewerbungsphase und kennen Ihren eigenen Marktwert nicht eigentlich gar nicht? In diesem Kapitel finden Sie viele interessante Tipps, die Ihnen behilflich sind beruflich durchzustarten. Es werden viele spannende Beiträge wie Gehälter in der Industrie und alles rund um das Thema Bewerbung aufgezeigt. Alle Artikel sind spezifisch auf Sie als Ingenieur zugeschnitten.

4. Bewerbung & Karriereplanung

Wer bin ich? Was kann ich?
Stärken für den beruflichen Erfolg nutzen

Was sind Ihre besonderen Fähigkeiten, die Sie aus der Masse der Bewerber hervorheben und besonders qualifizieren? Möchten Sie diese Fähigkeiten zu Ihrer Profession machen? Macht es Ihnen Spaß, sie anzuwenden? Welche Tätigkeiten passen zu diesen Fähigkeiten?

Das sind einige der wichtigsten Fragen, die Sie vor der Bewerbung bedenken sollten. Relevant sind nicht nur Ihre fachlichen Ausbildungsinhalte, sondern auch Ihre fachübergreifenden Fähigkeiten und gesammelten Erfahrungen (Soft Skills). Darüber hinaus können Ihre Interessen und Charaktereigenschaften Sie für einen bestimmten Job qualifizieren. Diese Liste mit Beispielen möglicher Kompetenzen soll Ihnen helfen, sich selbst zu charakterisieren und herauszufinden, welchen „Mehrwert" Sie einem Unternehmen bieten können. In Ihrem Lebenslauf sowie in Ihrem Bewerbungsanschreiben sollten Sie diese Kriterien herausstellen. Passen Sie dabei Ihre Bewerbung der jeweiligen Stellenausschreibung an. Zum Beispiel werden bei einer Bewerbung in einer Unternehmensberatung Kenntnisse über spezielle Methoden oder technische Anwendungen weniger von Interesse sein, als Ihr analytisches Denken.

Meine Ausbildung
Eine Ihrer wichtigsten Qualifikationen ist natürlich Ihre fachliche Ausbildung. Seien Sie in einem Vorstellungsgespräch auf Fragen zu Ihrer Motivation vorbereitet, wie zum ▶

Beispiel: „Warum haben Sie ausgerechnet dieses Studienfach gewählt?". Relevante Informationen für den Arbeitgeber sind darüber hinaus:

- Abschluss
- Studien-/Forschungsschwerpunkte
- Zusatzstudium
- Außergewöhnliche Nebenfächer

Meine bisherige Erfahrung

Überlegen Sie, welche Erfahrungen Sie in der Vergangenheit gesammelt haben, die für Ihren späteren Beruf und Ihre Bewerbung hilfreich sein können. Haben Sie vielleicht in einem besonders anerkannten Unternehmen gearbeitet? Oder eine Tätigkeit ausgeführt, auf die Sie nun aufbauen können? Vielleicht haben Sie schon einmal in der Branche gearbeitet, in der Sie sich nun bewerben wollen? Vergessen Sie bei einer Bewerbung nicht, entsprechende Referenzen beizufügen! Bereiten Sie daher Informationen vor, über:

- Fachbezogene Praktika
- Fachübergreifende Praktika
- Berufserfahrung
- Relevante Nebentätigkeiten
- Auslandserfahrung

Meine Zusatzqualifikationen

Neben den fachlichen Inhalten sind zunehmend auch fachübergreifende Kompetenzen gefragt, die nicht jeder Ihrer Mitbewerber vorweisen kann. Sollten Sie über Ihre Zusatzqualifikationen Nachweise besitzen, wie Urkunden über Fortbildungen und Kurse, fügen Sie diese Ihrer Bewerbung bei. Bei Fremdsprachen und PC-Programmen erwähnen Sie, auf welchem Level Sie diese beherrschen.

Einige Beispiele für Zusatzqualifikationen:

- Fremdsprachen
- Wirtschaftskenntnisse (Marketing, Patentrecht, Management, usw.)
- Besondere fachspezifische PC-Programme
- Präsentationskompetenz
- Fortbildungen
- Besondere berufsspezifische Techniken

Mein Charakter

Machen Sie sich Gedanken darüber, welche Charaktereigenschaften Sie besonders ausmachen. Welcher Beruf könnte dazu passen? Falls Sie Ihre Charaktereigenschaften in Ihrer Bewerbung erwähnen, sollten Sie in einem Bewerbungsgespräch Beispiele parat haben, die diese Eigenschaften belegen. Wenn Sie Ihre Charaktereigenschaften in einer Bewerbung nicht aufzählen möchten, können Sie sie auch durch Beispiele darstellen. Viele Hobbys lassen z.B. auf bestimmte Charaktereigenschaften schließen. Wählen Sie mindestens fünf Eigenschaften, die Sie am besten beschreiben:

- Intrinsische Motivation
- Offenheit
- Ausdauer
- Lernbereitschaft
- Zuverlässigkeit
- Kritikfähigkeit/Selbstkritikfähigkeit
- Selbstbewusstsein
- Verantwortungsbewusstsein
- Belastbarkeit
- Flexibilität
- Kontaktfreudigkeit

Meine soziale Kompetenz

In der heutigen Arbeitswelt wird soziale Kompetenz immer wichtiger, da Teamarbeit ▶

Wer bin ich? Was kann ich?

oder Führungsverantwortung gefragt ist. Auch für diese Kompetenzen sollten Sie in einem Bewerbungsgespräch auf Fragen nach Beispielen gefasst sein. Sie könnten beispielsweise von bestimmten Situationen erzählen, in denen Ihnen eine bestimmte Fähigkeit besonders weiter geholfen hat. Welche der unten genannten Kompetenzen passen am besten zu Ihnen:

- Teamfähigkeit
- Kontaktstärke
- Einfühlungsvermögen
- Führungsqualitäten
- Fähigkeit, andere zu motivieren
- Interkulturelle Kompetenz
- Kooperationsfähigkeit/Kompromiss-bereitschaft
- Durchsetzungsvermögen
- Höflichkeit/Freundlichkeit/ Umgangsformen

Meine Arbeitsweise

In Ihrer Bewerbung sollten Sie auch erwähnen, was Ihre Arbeitsweise besonders auszeichnet.

Achten Sie dabei auf die speziellen Anforderungen der Stelle und beschreiben Sie Ihre Arbeitsweisen mit Begriffen wie:

- Analytische Kompetenz
- Schnelle Auffassungsgabe
- Hohes Engagement
- Zielorientiertes Handeln
- Problemlösungskompetenz
- Vorausschauendes Denken
- Klare und strukturierte Kommunikation
- Strukturiertes Arbeiten

Interessen

Wie schon erwähnt, sagen Ihre Hobbys etwas über Ihren Charakter aus und können deshalb für den Arbeitgeber interessant sein. Doch auch Ihre generellen Interessen können Sie für einen Job qualifizieren. Ein gewisses Grundwissen in Psychologie kann in einem Beruf hilfreich sein, in dem Sie mit Menschen verhandeln. Vielleicht können Sie auch Ihre Interessen zum Beruf machen bzw. in den Beruf einfließen lassen. Wenn Sie sich grundsätzlich für Wirtschaft interessieren, könnten Sie über eine Tätigkeit im Vertrieb nachdenken. Wählen Sie die Themen aus, die Sie am meisten interessieren:

- Wirtschaft
- Kultur
- Politik
- Sport

Vorbereitung

Bereiten Sie sich anhand der Stellenausschreibung vor. Nutzen Sie Ihre Eigenanalyse, um zu evaluieren, welche Berufsfelder zu Ihnen passen. Danach ist es wichtig genau dieses Wissen in Ihrer Bewerbung zum Ausdruck zu bringen und dem Personalverantwortlichen transparent darzustellen. Auch für das Vorstellungsgespräch ist diese Vorbereitung essentiell. Überlegen Sie, wie Sie die in der Stellenanzeige geforderten Eigenschaften und Qualifikationen im Vorstellungsgespräch überzeugend mit Leben füllen. Somit steigern Sie Ihre Chancen auf Erfolg. ■

Finden Sie jetzt Jobs, die zu Ihnen passen auf jobvector.com

Wenn man die Formulierungen einer Stellenanzeige verstehen und richtig bewerten möchte, sollte man immer im Hinterkopf behalten, was ein Unternehmen mit der Anzeige erreichen möchte:

- Potentielle Bewerber begeistern
- Die richtige Bewerber-Zielgruppe ansprechen
- Auffallen und das Firmenimage transportieren
- Aber auch Kunden und Mitbewerber beeindrucken

Stellenanzeigen werden öffentlich ausgeschrieben und sind daher auch in Bezug auf den Kunden- und Wettbewerbsmarkt ein Medium der Außendarstellung des Unternehmens. Aus diesem Grund sind die Anforderungen an den Bewerber meistens sehr ambitioniert formuliert: Man möchte zeigen, dass nur die Besten für das Unternehmen arbeiten. Wenn man bei der Lektüre der Stellenanzeige den Eindruck hat, dass „Mr/s Perfect" gesucht wird, sollte man sich deshalb nicht sofort abschrecken lassen.

Eine klassische Stellenanzeige ist meist in fünf bis sechs Abschnitte aufgeteilt, die Aufschluss über das Arbeitsumfeld und die Stelle geben, wenn man sie richtig zu lesen weiß:

Firmenvorstellung
Die meisten Stellenanzeigen beginnen mit einer Vorstellung des Unternehmens. ▶

Diesen Abschnitt nutzen die Unternehmen als Visitenkarte: Sie nennen Unternehmensgröße, Marktführerschaft, Kennzahlen und wichtige Produkte. Über den konkreten Arbeitsbereich erfährt man hier meist wenig, dafür aber über die Branche, in der das Unternehmen zu Hause ist. Aus diesem Teil kann man wichtige Informationen für die eigenen Karriereperspektiven und das Arbeitsumfeld herauslesen. Der Hinweis auf ein kleines Team bedeutet häufig, dass der Bewerber ein sehr vielfältiges Aufgabengebiet erwarten kann, da in einem kleinen Team auch Aufgaben übernommen werden können, die in großen Konzernen in verschiedenen Abteilungen bearbeitet werden. Dies kann gerade für Berufsanfänger sehr interessant und lehrreich sein. Auf der anderen Seite bieten große Unternehmen oft vielfältige Entwicklungsmöglichkeiten in verschiedenen Konzernbereichen.

Stellentitel

Meist optisch hervorgehoben, findet sich im Stellentitel die Funktion und der Bereich für das ausgeschriebene Berufsbild. Die Bezeichnung „Senior" oder „Junior" im Stellentitel bezieht sich nicht etwa auf das Alter des gewünschten Bewerbers, sondern auf seine Berufserfahrung.

Oft kursieren völlig unterschiedliche Bezeichnungen für vergleichbare Tätigkeiten, wie man am Beispiel der Klinischen Monitore erkennen kann. Auch gibt es zum Teil Berufsbezeichnungen, bei denen das Berufsbild ideal zu einem passt, die man aber bisher nicht kannte. Wenn man also nicht sicher ist, was sich hinter dem genannten Jobtitel verbirgt, sollte man sich Aufgaben und Anforderungen ansehen und die zukünftige Suche eventuell um diese entsprechenden Begriffe erweitern.

Wird im Stellentitel oder später eine Referenznummer genannt, sollte diese in der Bewerbung unbedingt erwähnt werden. Das hilft dem Unternehmen, die Bewerbung der richtigen Vakanz zuzuordnen und zu dokumentieren, welche Recruitingkanäle zu passenden Bewerbungen führen.

Aufgabenbeschreibung

Die Aufgaben des zukünftigen Berufsbildes, die den Bewerber erwarten, werden in der Aufgabenbeschreibung dargestellt. Der Aufgabenbereich ist für den Bewerber der wichtigste Teil der Stellenanzeige, da hier beschrieben ▶

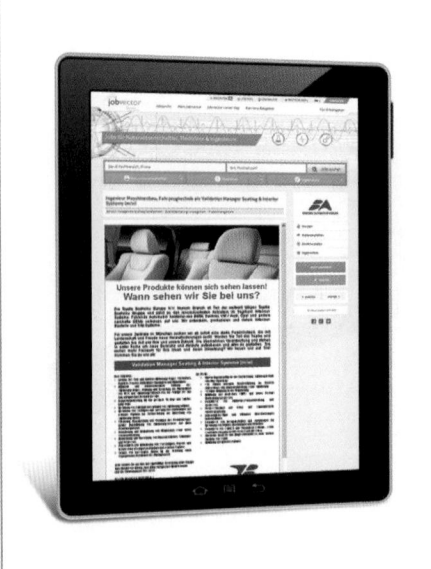

wird, was der zukünftige Arbeitsbereich, die Kompetenzen und die Erwartungen des Unternehmens beinhaltet. Dabei stehen die Aufgaben, die den Schwerpunkt des Jobs bilden, am Anfang der Liste, weiter unten finden sich ergänzende Aufgaben. Um die richtigen Bewerber anzusprechen, setzen gut vorbereitete Unternehmen auf eine zielgruppenspezifische Ansprache. Fachwörter sollen garantieren, dass sich nur geeignete Bewerber bewerben. Wenn man in der Aufgabenbeschreibung über Fachwörter oder Abkürzungen stolpert, die man bisher nicht kannte, lohnt sich eine kurze Recherche. Meist klärt sich schnell, was gemeint ist und ob das Berufsbild zu den eigenen Vorstellungen passt. Die Aufgabenbeschreibung liefert damit eine wichtige Entscheidungsgrundlage, ob die Stelle zu einem passt und ob man sich in diesem Berufsbild wiederfindet und sich verwirklichen möchte.

Sollten Sie sich für eine Bewerbung auf die Stelle entscheiden, ist es wichtig in der Bewerbung deutlich herauszustellen, dass Sie die Fähigkeiten, Kompetenzen und Erfahrungen besitzen, die hier genannt werden.

Anforderungsprofil

Im Anforderungsprofil definiert das Unternehmen, welche Kenntnisse, Fähigkeiten, Ausbildung oder Studium und Berufserfahrung der Bewerber haben sollte, um in dem Berufsbild erfolgreich im Unternehmen arbeiten zu können. Es sollte klar sein, für welche Aufgaben man die genannten Qualifikationen benötigt. In der Regel beginnt das Anforderungsprofil mit der gewünschten Berufsausbildung oder dem Studium, anschließend folgen weitere Hard- und zuletzt Soft-Skills. Tendenziell kann man sagen, dass auch hier die wichtigeren Anforderungen jeweils weiter oben im Abschnitt stehen, weniger wichtige weiter unten.

Lassen Sie sich nicht direkt abschrecken, wenn Sie nicht alle Anforderungen erfüllen: Oft beschreiben Stellenanzeigen den Idealbewerber, den das Unternehmen sich wünscht, aber häufig können genannte Anforderungen durch andere kompensiert werden. Wenn man ca. 60-70% der genannten Anforderungen erfüllt, kann man eine Bewerbung wagen. Gelegentlich wird zwischen sogenannte „Muss- und Kann-Anforderungen" unterschieden. „Kann-Anforderungen" erkennt man zum Beispiel an Formulierungen wie „...wäre ideal", „...sind erwünscht", „...ist von Vorteil" oder „...nach Möglichkeit". Bei „Muss-Anforderungen", wie „nachweisliche Erfolge erforderlich" oder „Voraussetzung", sollten Sie sich nur bewerben, wenn Sie die Anforderungen tatsächlich erfüllen können.

Insbesondere die geforderten Soft-Skills können wichtige Hinweise auf die spätere Arbeit geben, da diese für die konkreten, nicht fachlichen Anforderungen der Stelle benötigt werden: Gewünschte „Teamfähigkeit" weist darauf hin, dass Sie in Teams arbeiten werden; wenn Sie „auch in turbulenten Zeiten einen klaren Kopf bewahren" sollen, ist dies ein Hinweis darauf, dass Sie z.T. strenge Deadlines einhalten sollen. Viele Bewerber machen sich angesichts der in Stellenanzeigen geforderten Sprachkenntnisse Sorgen, ob sie diesen Anforderungen gerecht werden. In der Regel werden diese mit den Abstufungen ▶

„Grundkenntnisse", „in Wort und Schrift" und „verhandlungssicher" angegeben. Unter Grundkenntnissen werden wirklich nur rudimentäre Kenntnisse erwartet. Ein Beispiel wäre, dass man sich bei Anwendungsprogrammen in der entsprechenden Sprache mit den Oberflächen arrangieren kann; „Sehr gut in Wort und Schrift" bedeutet, dass man sowohl mündliche als auch in der schriftliche Kommunikation kompetent bewältigen kann. „Verhandlungssicher" ist die höchste Qualifikation, die ein Arbeitgeber verlangen kann. Man sollte die Sprache soweit beherrschen, dass man die bei Verhandlungen wichtigen Feinheiten der Sprache erkennen und darauf reagieren kann. Wer sich in der Fremdsprache problemlos unterhalten kann, sollte sich dadurch nicht von einer Bewerbung abhalten lassen.

Wir bieten

In diesem Teil der Stellenanzeige soll dem Bewerber die Tätigkeit bei genau diesem Unternehmen schmackhaft gemacht werden. Dazu werden Vorteile aufgezählt, die über ein spannendes Aufgabengebiet hinausgehen. Häufig werden zum Beispiel ein attraktives Gehalt, gute Aufstiegsmöglichkeiten, betriebliche Altersvorsorge oder individuelle Lösungen für Eltern als zusätzliche Anreize ins Spiel gebracht. Das Unternehmen, das sich gerade, wenn es hoch qualifizierte Fachkräfte sucht, in Konkurrenz zu anderen Firmen befindet, umwirbt hier den Bewerber. Sie können diesen Teil der Stellenanzeige nutzten, um zu evaluieren, welche Werte dem Unternehmen wichtig sind und natürlich abhängig von Ihren Erwartungen und Ihrer Lebenssituation, wichtige Punkte gegeneinander abwägen.

Kontaktdaten

Stellenanzeigen enden normalerweise mit den Kontaktdaten und einem Hinweis, wie und bis wann man sich bewerben soll. Die Formulierung „vollständige Bewerbungsunterlagen" meint eine Bewerbung, die neben Anschreiben und Lebenslauf auch alle Arbeits- und Abschlusszeugnisse sowie Nachweise über zusätzliche Qualifikationen enthält, die Ihre Qualifikationen untermauern. Achten Sie hierbei darauf, dass Sie nur Unterlagen zufügen, die auch für das Stellenprofil relevant sind. „Aussagekräftige Bewerbungsunterlagen" sollen genau darauf eingehen, warum Sie konkret für diese spezielle Stelle geeignet sind. Ihre Bewerbung sollten Sie entsprechend individualisieren. Ist z.B. in den Kontaktdaten ein Ansprechpartner genannt, sollten Sie diesen auch persönlich im Anschreiben ansprechen und Ihre Unterlagen entsprechend adressieren. Wenn es bei den Kontaktdaten auch eine Telefonnummer für den Personalverantwortlichen gibt, dann dürfen Sie diese auch nutzen und Ihre Fragen stellen. Wenn Sie konkrete Fragen haben, empfiehlt es sich vor der Bewerbung telefonischen Kontakt aufzunehmen und das was Sie in Erfahrung gebracht haben, gleich in die Bewerbungsunterlagen einfließen zu lassen. Ist ein Link zum Online-Bewerbungssystem enthalten, bewirbt man sich am Besten direkt über dieses System. ■

Finden Sie jetzt Jobs,
die zu Ihnen passen
auf jobvector.com

Wie finde ich den perfekten Arbeitgeber?
Wegweisende Suche

Wenn Sie sich entschieden haben, in welchem Bereich Sie arbeiten möchten, ist ein wichtiger Schritt schon gemacht. Doch mindestens genauso wichtig ist es, den Arbeitgeber zu finden, der zu Ihnen und Ihren Wünschen und Bedürfnissen passt.

Die folgende Checkliste soll Ihnen helfen zu reflektieren, was Ihre Ziele sind, was Sie von Ihrem Arbeitgeber erwarten und was Sie sich von ihm wünschen. Entwickeln Sie mit Hilfe der folgenden Checkliste Kriterien, nach denen Sie entscheiden, bei welchen Unternehmen Sie sich bewerben möchten. Oder nutzen Sie sie, um Fragen zu entwickeln, die Sie den Personalverantwortlichen stellen möchten –

beispielsweise auf einem Recruiting Event, in einem Telefonat oder im Bewerbungsgespräch.

Setzen Sie sich mit diesen Aspekten Ihrer beruflichen Zukunft auseinander, dann wird Ihnen die Wahl Ihres Wuncharbeitgebers wesentlich leichter fallen.

Der Arbeitgeber
Größe und Art des Arbeitgebers, aber auch seine wirtschaftliche Lage und sein Image können entscheidend auf Ihre Motivation einwirken, in Zukunft mit Freude Ihrer Arbeit nachzugehen. Möchten Sie in der Privatwirtschaft arbeiten oder lieber an einer Universität? Möchten Sie in einem hochdynamischen, ▶

jungen Start-up tätig sein, in dem Sie mit vielfältigen Aufgaben in Kontakt kommen, in einem großen und international führenden Konzern oder in einem etablierten Familienunternehmen? Ist Ihnen wichtig, was das Unternehmen produziert?

Prüfen Sie, ob Sie sich mit den Produkten des Unternehmens und deren Einsatz am Markt identifizieren können. Welches Produkt möchten Sie unterstützen? Möchten Sie ein Produkt anfassen können oder arbeiten Sie lieber im Dienstleistungssektor? Finden Sie es spannender, direkt mit dem Kunden zu interagieren oder arbeiten Sie lieber „im Hintergrund", z.B. in der Zuliefererindustrie? Bewerben Sie sich auf Forschungsprojekte, dann sollten Sie sicher sein, dass Sie das Thema der Arbeit wirklich interessiert. Sie sollten sich nicht bewerben, nur weil Sie z.B. die gefragten Methoden beherrschen, schließlich arbeiten Sie oftmals lange an solchen Projekten.

	Will ich unbedingt	Wünsche ich mir	Möchte ich eher nicht	Möchte ich nicht	Ist nebensächlich
Großes, internationales Unternehmen					
Kleines bis mittelgroßes Unternehmen					
Universität, Klinik oder öffentliche Forschungseinrichtung					
Guter Ruf					
Attraktive Produkte					
Positionierung am Markt					
Gute wirtschaftliche Lage					
Wachstumschancen					
Dynamisches Unternehmen					
Weltmarktführer					
Familienunternehmen					
Hochinnovatives Start-up					

Leistungen

Mit Leistungen sind die besonderen vertraglichen Bedingungen gemeint, die Ihnen zugesichert werden. Mit der genauen Klärung dieser Fragen sollten Sie jedoch erst im Vorstellungsgespräch rechnen. Die Frage, ob man einen Firmenwagen erwarten kann, hängt eng mit der angestrebten Stellung zusammen. Wollen Sie im Außendienst tätig sein, ist die Wahrscheinlichkeit, dass Ihnen ein Firmenwagen zugeteilt wird, ungleich höher, als wenn sie eine Labortätigkeit ohne Reisenotwendigkeit ausführen. ▶

	Will ich unbedingt	Wünsche ich mir	Möchte ich eher nicht	Möchte ich nicht	Ist nebensächlich
Unbefristeter Vertrag					
Überdurchschnittliches Gehalt					
Besondere Sozialleistungen (z.B. betriebliche Altersvorsorge)					
Firmenwagen					
Vergütung nach Tarif					

Team/Position

An dieser Stelle sollten Sie sich Gedanken über Ihre Wunschkollegen machen und darüber, wie viel Freiraum und eigene Verantwortung Sie in Ihrem Aufgabenbereich übernehmen möchten. Ist es Ihnen wichtig in einem jungen Team zu arbeiten, oder schätzen Sie erfahrene Kollegen? Wenn Sie in Betracht ziehen in einer neuen Stadt zu arbeiten, in der Sie bisher keine Freunde oder Familie haben, ist ein Anschluss im Kollegenkreis umso wichtiger. Daher kann für Sie auch der Sympathiefaktor der zukünftigen Kollegen wichtig sein.

	Will ich unbedingt	Wünsche ich mir	Möchte ich eher nicht	Möchte ich nicht	Ist nebensächlich
Möglichkeit, eigene Ideen zu verfolgen					
Anspruchsvoller Aufgabenbereich					
Gelegenheit zu eigenverantwortlicher Arbeit					
Abwechslungsreiche Tätigkeiten					
Führungsverantwortung					
Hoher Anteil an Teamarbeit					
Passende Altersstruktur der Mitarbeiter/Kollegen					
Gutes Arbeitsklima					
Internationales Umfeld					

Reisetätigkeit

Hier geht es darum, ob Sie lieber an einem festen Standort arbeiten möchten oder bereit sind, für Ihre Arbeit viel zu reisen. ▶

	Will ich unbedingt	Wünsche ich mir	Möchte ich eher nicht	Möchte ich nicht	Ist nebensächlich
Landesweit arbeiten					
International arbeiten					

Karriere und Weiterentwicklung

Was sind Ihre Karriereperspektiven bei Ihrem Wunschunternehmen, insbesondere im Hinblick auf Weiterbildungsmöglichkeiten und Aufstiegschancen? Im Rahmen einer strukturierten Karriere- und Laufbahnplanung bieten viele Unternehmen Programme an, um Ihre Mitarbeiter auf zukünftige Aufgaben vorzu-bereiten. Beispiele hierfür sind etwa Trainee oder Management-Programme, so dass Ihre Lernkurve weiterhin steil nach oben zeigt. Der strukturierte Zugewinn an Kompetenzen ermöglicht Ihnen, weiteres Wissen zu erlangen, um den nächsten Karriereschritt durchzuführen.

	Will ich unbedingt	Wünsche ich mir	Möchte ich eher nicht	Möchte ich nicht	Ist nebensächlich
Gute Aufstiegschancen					
Weiterbildungsmöglichkeiten					
Strukturierte Karriere- und Laufbahnplanung					
Möglichkeit, den Arbeitsbereich zu wechseln					

Unternehmenskultur

Die Unternehmenskultur ist ein wichtiger Indikator dafür, ob das Unternehmen zu Ihnen passt. Sehen Sie nach, ob das Unternehmen seine Werte publiziert hat. Können Sie sich mit den Werten dieses Unternehmens identifizieren? Sind Sie der Typ, der genauso denkt? Sind alle Werte vertreten, die Sie in dieser Branche für wichtig halten? Wenn die Unternehmensphilosophie insgesamt konträr zu Ihren Überzeugungen steht, sollten Sie sich ernsthaft überlegen, ob dieses Unternehmen der richtige Arbeitgeber für Sie ist. Wenn Ihnen einige der Punkte besonders gut gefallen, sollten Sie diese für ein eventuelles Bewerbungsgespräch im Hinterkopf behalten. Oft stellen Personaler die Frage, weshalb man ausgerechnet bei diesem Unternehmen tätig sein möchte. ▶

	Will ich unbedingt	Wünsche ich mir	Möchte ich eher nicht	Möchte ich nicht	Ist nebensächlich
Insgesamt überzeugende Unternehmensphilosophie					
Flache Hierarchien					
Ethische Werte					
Soziales Engagement					
Umweltfreundlichkeit					
Ausgeprägte Team-Kultur					
Familienfreundlichkeit					

Work-Life-Balance

Machen Sie sich Gedanken darüber, wie wichtig Ihnen Ihr Privatleben im Vergleich zur Arbeit ist. Die wöchentlichen Arbeitszeiten variieren je nach Arbeitsbereich und Unternehmen stark. Informieren Sie sich vor einer Bewerbung über die durchschnittliche Arbeitszeit für diese Tätigkeit. Brauchen Sie viel Zeit, sich von der Arbeit zu erholen oder können Sie in Ihrer Arbeit aufgehen? Sind Sie bereit, viele Überstunden zu machen oder brauchen Sie geregelte Arbeitszeiten? Sind Sie gewillt, für Ihre Karriere Ihre Beziehung oder Freundschaften zu vernachlässigen? Was sagt Ihre Familienplanung zu Ihren Karriereambitionen? Zum Punkt „Vereinbarkeit von Beruf und Familie" bieten Unternehmen verschiedene Lösungsmöglichkeiten an, beispielsweise flexibel gestaltbare Arbeitszeiten oder Teilzeitstellen.

	Will ich unbedingt	Wünsche ich mir	Möchte ich eher nicht	Möchte ich nicht	Ist nebensächlich
Geregelte Arbeitszeiten					
Flexibel gestaltbare Arbeitszeiten					
Überdurchschnittlich viel Urlaub					
Vereinbarkeit von Beruf und Familie					

Tragen Sie zusammen, welche Punkte Sie als besonders wichtig markiert haben (Spalten eins und vier). Aus diesen können Sie K.O.-Kriterien entwickeln, nach denen Sie entscheiden, ob es überhaupt sinnvoll ist, sich auf eine bestimmte Stelle zu bewerben oder nicht. Die Spalten zwei und drei eigenen sich als weitergehende Kriterien zur Feinabstimmung, um beispielsweise nach mehreren Bewerbungsgesprächen die Vor- und Nachteile der verschiedenen Unternehmen oder Stellen abzuwägen. Natürlich sind nicht alle genannten Kriterien anhand externer Informationen einzuschätzen, aber einige geben einen guten Überblick, welche Fragen man in einem Bewerbungsgespräch stellen könnte, um echtes Interesse am Unternehmen und der Stelle zu zeigen. Informationen zum Unternehmen können Sie auf der Unternehmenshomepage, aber auch auf Recruitingevents z.B. in Firmenvorträgen erhalten. Einige Unternehmen stellen auch Arbeitgebervideos zur Verfügung mit deren Hilfe Sie einen authentischen Einblick ins Unternehmen erhalten können. Behalten Sie Ihre Wünsche bei der Auswahl des Arbeitgebers im Hinterkopf und achten Sie gleichzeitig auf Ihr Bauchgefühl – so werden Sie zufrieden in Ihren neuen Job starten können! ■

Checkliste:
- Art und Größe des Arbeitgebers
- Vertragliche Leistungen
- Team und Position
- Mobilität und Reisetätigkeit
- Karriere- und Weiterentwicklungspotenzial
- Unternehmenskultur
- Work-Life-Balance

Den perfekten Arbeitgeber finden Sie auf jobvector.com

jobvector Arbeitgebervideos
Ihr Blick ins Unternehmen

Karriereperspektiven entdecken:

- ■ Welches Unternehmen passt zu Ihnen?
- ■ Arbeitgebervideos auf jobvector nutzen
- ■ Traumarbeitgeber finden

www.jobvector.com

Vergütung in der Industrie
Eine Frage des Geldes

„**B**itte senden Sie Ihre Bewerbung unter Angabe Ihrer Gehaltsvorstellungen an..." Dieser letzte Satz in Stellenanzeigen löst bei vielen Bewerbern große Unsicherheit aus. Man möchte sich schließlich weder unter Wert verkaufen, noch sich mit übermäßig hohen Gehaltsvorstellungen sofort aus dem Rennen katapultieren.

Noch schwieriger wird es in den konkreten Gehaltsverhandlungen: Da sollte man seinen Gehaltswunsch verteidigen und mit Argumenten untermauern können. Den eigenen „Marktwert" zu kennen, ist dazu unverzichtbar. Nur: „Wie ermittelt man diesen?" Vergleichszahlen können hierbei hilfreich sein: Was verdienen andere in meiner Position?

Sollten Sie schon eine konkrete Stelle im Auge haben, informieren Sie sich zunächst, ob der Arbeitgeber einem Branchenverband angehört. Versuchen Sie bei Gewerkschaften oder anderen Arbeitnehmerverbänden Vergleichszahlen zu recherchieren.

Besonders einfach geht das, wenn der Arbeitgeber an einen Tarifvertrag gebunden ist. Einen sehr hoch dotierten Tarifvertrag bietet beispielsweise die Chemiebranche. Sind über Arbeitnehmerverbände keine Vergleichszahlen erhältlich, nutzen Sie für Ihre Recherchen Gehaltsvergleichsportale im Internet. Dort gemachte Angaben sind allerdings mit Vorsicht zu genießen, da sie nicht immer repräsentativ sind. Denn besonders hohe oder niedrige ▶

Gehaltsangaben verzerren die Ergebnisse. In der Gehaltsverhandlung sollten Sie auf jeden Fall mit einem Wert beginnen, der über Ihren Minimalvorstellungen liegt, um noch verhandeln zu können.

Grundsätzlich hängt das Gehalt von verschiedenen Faktoren ab, die Sie bei Ihren Überlegungen berücksichtigen sollten. Dazu gehören Unternehmensgröße, angestrebte Position innerhalb des Unternehmens, die Lebenshaltungskosten vor Ort, Ihr höchster Abschluss und Ihre Berufserfahrung.

Vergütung von Ingenieuren

Maschinenbau, Elektrotechnik, Biotechnologie - Das Ingenieurwesen ist facettenreich und dynamisch. Absolventen von ingenieurwissenschaftlichen Studiengängen werden von der Industrie umworben und zählen als Bestverdiener unter den Berufseinsteigern. Dabei ist am Anfang vor allem die akademische Leistung des Bewerbers entscheidend, im weiteren Berufsleben zählen vor allem persönliche Kompetenzen und Erfahrungswerte beim Erklimmen der Gehaltsleiter. Durch die Internationalisierung des Handels ist es zudem wichtig, Ingenieure mit interdisziplinären Fähigkeiten mithilfe entsprechender Vergütung an das Unternehmen zu binden.

Einstiegsgehälter Ingenieure nach Branchen
Quelle: personalmarkt via Staufenbiel, Stand 03/2015

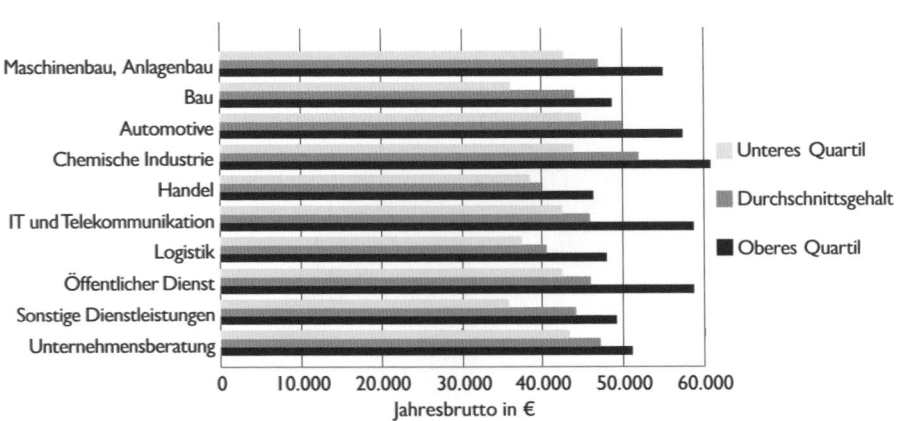

Branchenunabhängig können Ingenieure in der Industrie aktuell mit enorm hohen Einstiegsgehältern rechnen. Durchschnittlich liegt dieses zwischen 40.000 und 52.000 Euro brutto. Die chemische Industrie ist hinsichtlich des Einstiegsgehaltes der Spitzenreiter – Hier können Absolventen durchschnittlich mit bis zu 52.000 Euro rechnen. ▶

Einstiegsgehälter Ingenieure nach Berufsposition
Quelle: personalmarkt via Staufenbiel, Stand 03/2015

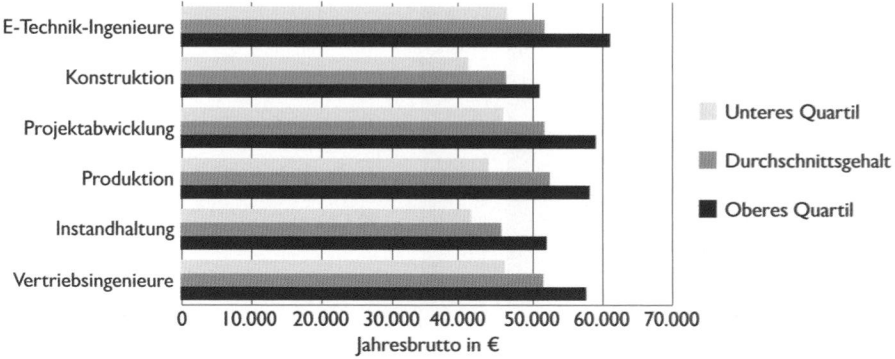

Bei Ingenieuren spielt das Tätigkeitsfeld für das Gehalt nur eine untergeordnete Rolle. Zwar lassen sich leichte Differenzen erkennen, diese sind jedoch eher marginal. Mit dem höchsten Gehalt kann ein Berufseinsteiger in den Bereichen Produktion und Vertrieb rechnen.

Einstiegsgehälter Ingenieure nach Unternehmensgröße
Quelle: personalmarkt via Staufenbiel, Stand 03/2015

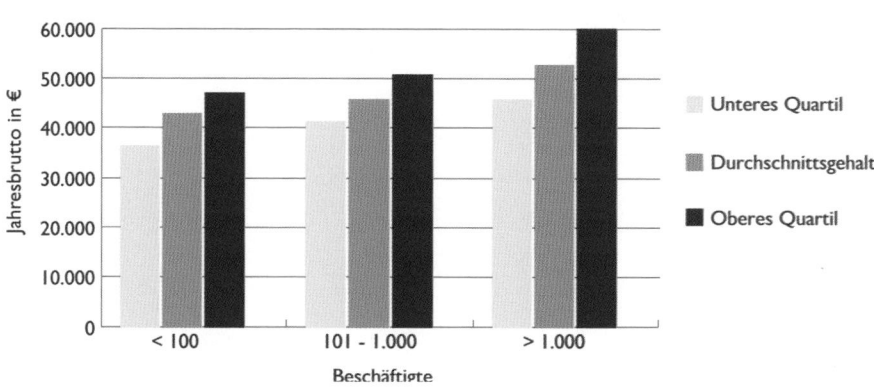

Auch für Absolventen der Ingenieurwissenschaften gilt die Faustregel: Je größer das Unternehmen, desto höher das potenzielle Einstiegsgehalt. Die Unterschiede zwischen großen (>1.000 Beschäftigte) und kleinen (<100 Beschäftigte) Unternehmen können sich im Hinblick auf das Gehalt durch Differenzen von bis zu 9.000 Euro brutto bemerkbar machen. ▶

Vergütung in der Industrie

Gehaltsunterschiede nach Hochschulabschluss

Quelle: personalmarkt via Staufenbiel, Stand 03/2015

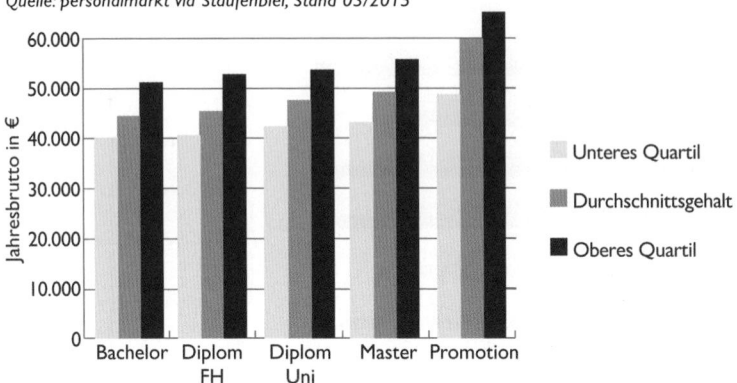

Ein entscheidendes Kriterium für das Einstiegsgehalt der Absolventen im Ingenieurwesen ist die Art des Hochschulabschlusses. Die Gehaltsunterschiede sind hier sogar wesentlich höher: Eine Promotion zahlt sich verglichen mit dem Master-Abschluss durch ein Plus von durchschnittlich bis zu 10.000 Euro brutto aus. ■

Bei der Betrachtung verschiedener Gehaltsvergleiche lassen sich Tendenzen feststellen:
- Große Unternehmen zahlen besser als kleine
- (Formal) höher Qualifizierte verdienen mehr als (formal) geringer Qualifizierte
- Ingenieure können mit Einstiegsgehalt zwischen 40.000 und 52.000 Euro rechnen.
- Bei mittelgroßen Unternehmen (101-1000 Mitarbeiter) liegt das durchschnittliche Einstiegsgehalt für Naturwissenschaftler bei 45.744 Euro, für Ingenieure bei 45.838 Euro

Stellenangebote von
Top-Industrieunternehmen
finden Sie auf jobvector.com

Wenn Sie Zahlen für vergleichbare Positionen recherchiert haben, überlegen Sie, ob Sie für die ausgeschriebene Stelle Zusatzqualifikationen mitbringen, die sich gehaltssteigernd auswirken könnten. Orientieren Sie sich dabei an der Leitfrage: „Welchen Mehrwert biete ich dem Arbeitgeber?". Dieser Mehrwert kann zum Beispiel in Ihrer Berufserfahrung, in speziellen Kenntnissen oder Auslandserfahrung bestehen. Auf Basis der oben genannten Kriterien modifizieren Sie Ihre Gehaltsvorstellungen. Dabei sollten Sie das Jahresgehalt inkl. aller Zusatzleistungen berücksichtigen. Diese können bis zu 15% der Gesamtvergütung ausmachen.

Worin können solche Zusatzleistungen bestehen? Zum einen kann es sich dabei um zusätzliche Geldauszahlungen handeln – etwa in Form von Prämien, Urlaubs-, Weihnachtsgeld oder zusätzlichen Monatsgehältern. Viele Unternehmen bieten auch eine betriebliche Altersvorsorge an. In diesem Fall sollten Sie abklären, in welcher Form diese angeboten wird, nach wie vielen Jahren Betriebszugehörigkeit Ansprüche erreicht werden können und ob die Ansprüche bei einem Jobwechsel bestehen bleiben.

Zum anderen können Zusatzleistungen in der Bereitstellung von Dienstwagen, Handys und Notebooks bestehen. Diese bieten sich in Positionen mit Reisetätigkeit an. Beachten ▶

Sie, dass solche Zusatzleistungen – ob monetäre Leistungen oder Sachleistungen – unter Umständen als sogenannter „geldwerter Vorteil" gelten und somit wie ein Einkommen versteuert werden müssen. Bei einem Dienstwagen muss, zum Beispiel im Rahmen der sogenannten 1%-Regel ein Prozent des Bruttolistenneupreises monatlich versteuert werden.

Klären Sie in diesem Fall ab, ob die private Nutzung erlaubt ist und welche Kosten entstehen. Der Weg zum Arbeitsplatz kann auch Gegenstand von Zusatzleistungen sein, etwa in Form von vergünstigten ÖPNV- oder Zugtickets oder der Finanzierung des Umzugs an den Arbeitsort.

Weitere Zusatzleistungen können Betriebskindergärten, Personalrabatte auf die Produktpalette des Unternehmens, Freizeitangebote (z.B. betriebseigenes Fitnessstudio), Mitarbeiteraktionen, subventionierte Mahlzeiten (z.B. in einer Kantine) oder günstige Kreditangebote sein.

Die im Artikel (Vergütung in der Industrie) genannten Zahlen und Tendenzen sind Anhaltspunkte, die Ihnen helfen sollen Ihre Gehaltsvorstellungen zu konkretisieren und ihren Gehaltswunsch in künftigen Vorstellungsgesprächen zu argumentieren. Die Unternehmen selbst orientieren sich an firmeninternen Gehaltsbändern – also Unter- und Obergrenzen für Bruttogehälter, die Stellen mit gleichwertigen Anforderungsprofilen und Verantwortungsbereichen zusammenfassen.

An welcher Stelle Sie in das Gehaltsband einsteigen, ist abhängig von Ihrem Verhandlungsgeschick. Gerade für Berufseinsteiger sind die ersten Gehaltsverhandlungen eine Herausforderung. Bedenken Sie aber: Ihr Einstiegsgehalt ist nicht in Stein gemeißelt. Mit zunehmender Berufserfahrung, der Übernahme weiterer Aufgabenbereiche oder Personalverantwortung können Sie über die Höhe Ihres Gehalts verhandeln. Solche Verhandlungen über eine Gehaltserhöhung ist oft unangenehm. Möchten Sie keinen Extra-Termin bei Ihrem Chef machen, nutzen Sie das jährliche oder halbjährliche Mitarbeitergespräch, um über eine Gehaltsanpassung und/oder über mögliche Beförderungen zu sprechen.

Eine gute Vorbereitung erhöht die Chancen auf ein erfolgreiches Gespräch. Dazu gehören stichhaltige Argumente, die einen Wunsch nach mehr Gehalt rechtfertigen. Analysieren Sie dazu Ihre bisherigen Leistungen und suchen Sie nach konkreten Beispielen für den Erfolg Ihrer Arbeit, die Ihren Wert für das Unternehmen belegen. ■

Passende Stellenangebote
finden Sie auf jobvector.com

Ingenieureinkommen weiter gestiegen
Fachwissen zahlt sich aus

Keine Berufsgruppe ist so stark nachgefragt wie die der Ingenieure. Erfreulich ist auch, dass sich Berufseinsteiger mittlerweile über stetig steigende Gehälter freuen können. Die Lage auf dem Arbeitsmarkt hat sich weiter entspannt und die Einkommenskurve zeigt nach oben. Wie sich die Einkommen entwickelt haben, wer am meisten verdient und welche Gehälter beim Berufseinstieg gezahlt werden, zeigen die folgenden Abschnitte.

Die Ingenieure in Deutschland haben 2012 ihr Einkommen erneut steigern können, um 2,6% auf nun 58.500 € im Jahr. Besonders stark legten die Ingenieureinkommen am Bau zu. Das ist das Ergebnis der aktuellen Gehaltsstudie 2012 der VDI nachrichten. Ingenieure in der Bauindustrie verdienten 2012 im Durchschnitt 49.400 €, das waren 3.700 € oder 8% mehr als ein Jahr zuvor. Allerdings bleiben die Bauingenieure mit den Ingenieuren von Planungs- und Ingenieurbüros die am schlechtesten bezahlten Ingenieure. Den zweit größten Einkommensschub erlebten 2012 die Ingenieure in den Ingenieur- und Planungsbüros, die ihr Einkommen auf im Schnitt 45.000 € schraubten. Das waren 1.200 € bzw. 2,7% mehr als 2011. Ebenfalls im durchschnittlichen Plus lagen die Einkommenssteigerungen im Maschinen- und Anlagenbau und in der Elektroindustrie. Unterdurchschnittlich gestiegen sind die Einkommen in der Fahrzeugindustrie, der Chemie- und Pharmaindustrie. ▶

Mit Abstand am besten verdienen, wie in den Vorjahren, die Ingenieure in der chemischen Industrie. Dort lag das tatsächliche Durchschnittseinkommen aller Ingenieure bei 65.400 €, das waren 9.600 € mehr als in der zweitplatzierten Branche, dem Fahrzeugbau, wo im Schnitt 55.850 € bezahlt wurden.

Deutlich stärker als die allgemeinen Ingenieureinkommen konnten die Einstiegsgehälter zulegen. Junge Ingenieure erhielten 2012 mit dem Berufseinstieg im Schnitt 44.300 €, das waren 4,7% mehr als ein Jahr zuvor. Am besten verdienten Berufsanfänger in der Chemie- und Pharmaindustrie (49.000 €), dem Fahrzeugbau (46.000 €) sowie dem Maschinen- und Anlagenbau (44.600 €). Auffallend ist bei den Einstiegsgehältern, dass sich die Einkommen von Absolventen mit Diplomabschluss deutlich dynamischer entwickelt haben als die der Ingenieure mit Master und Bachelor. Seit 2006 gab es faktisch kaum noch finanzielle Unterschiede zwischen Diplom- und Masterabsolventen. Das hat sich im vergangenen Jahr verändert. 2012 verbesserten sich die Einstiegsgehälter der Diplom-Ingenieure von Universitäten und Technischen Hochschulen um 2000 € auf 45.000 €, während die Master-Absolventen nur um 900 € auf 44.200 € zulegten. Gleichauf mit den Mastern liegen die Diplom-Ingenieure von Fachhochschulen, die auf glatte 44.000 € kommen und sich ebenfalls um 2.000 € verbesserten. Um die gleiche Summe stiegen auch die Einstiegseinkommen der Bachelor auf 42.500 €. Allerdings gleichen sich die Einkommen mit fortschreitender Berufserfahrung zunehmend an.

Erfreuliche Entwicklungen bei den unterschiedlichen Einkommen von Frauen und Männern zeigt eine Sonderauswertung der Studie. Die VDI nachrichten haben die Einkommen von jeweils 250 Frauen und Männern in vergleichbaren Positionen als Ingenieur-Sachbearbeiter oder Projektingenieure, in gleichen Branchen und mit vergleichbaren Qualifikationen untersucht. Danach haben sich die Einkommen von Frauen und Männern weiter angeglichen und differierten 2012 nur noch um 3,3%. Bei einem entsprechenden Vergleich über die Teilnehmer 2011 kam heraus, dass die Frauen im Vorjahr noch 6,1% weniger verdienten als die Männer.

Wer sein aktuelles Gehalt überprüfen möchte, kann seine Daten auf www.ingenieurkarriere.de/gehaltstest eingeben und erhält gratis und umgehend einen realistischen Vergleich seiner Bezüge. ■

Claudia Rasche, VDI e.V.

Weitere Informationen zum Thema auch in der neuen Ausgabe des VDI-Bewerbungshandbuchs „Chancen im Ingenieurberuf", unter www.vdi.de/bewerbungshandbuch

Der VDI unterstützt Berufseinsteiger aktiv in allen Karrierefragen. So berät er beispielsweise persönlich. Anmeldungen dazu unter www.vdi.de/karriere (Reiter Service).

Stellenangebote für Ingenieure finden Sie auf jobvector.com

Die Bewerbung
Durch Struktur überzeugen

Sie haben die perfekte Stelle gefunden und möchten sich bewerben. Dann nutzen Sie Tipps zum Aufbau und den Inhalten einer erfolgsversprechenden Bewerbung.

Zunächst das Wichtigste. Nehmen Sie sich Zeit, egal ob es sich um eine Bewerbung für einen Praktikumsplatz, einer Doktorarbeit oder einer festen Stelle handelt. Fehler im Anschreiben oder im Lebenslauf sind schnell gemacht und schmälern den Erfolg der Bewerbung, also die Einladung zu einem Vorstellungsgespräch.

Das Bewerbungsanschreiben
Das Anschreiben einer Bewerbung ist mit das relevanteste Dokument der Bewerbung.

Sie können darin neben Ihren fachlichen auch Ihre persönlichen Kompetenzen aufzeigen, die sonst aus dem Lebenslauf nicht direkt ersichtlich sind. Es ist besonders wichtig, dass Sie auf die Anforderungen aus der Stellenanzeige eingehen. Wenn möglich nehmen Sie Bezug auf Ihre bisherigen Erfahrungen. Sie sollten jedoch darauf achten, dass das Anschreiben nicht länger als eine DIN-A4 Seite ist. Die Informationen sollten in sinnvollen Absätzen gegliedert sein.

Sorgfalt und Zeit
Für die Erstellung des Anschreibens sollten Sie sich genug Zeit nehmen. Für jede Bewerbung sollten Sie ein individuelles Anschreiben verfassen, welches spezifisch für die ▶

Ausschreibung ist. Für Personalverantwortliche ist das Anschreiben sehr aufschlussreich. Hierzu gehört unter anderem, wie gut Sie Sachverhalte formulieren können, ob Sie die Daten in einer übersichtlichen Darstellung wiedergeben und natürlich, ob sie fehlerfreie Ergebnisse liefern können. HR-Manager ziehen auch Rückschlüsse, inwieweit Sie konzentriert arbeiten können.

Ausschlaggebend, ob Ihre Bewerbungsunterlagen weiter gelesen werden, ist natürlich, wie gut Sie herausstellen, dass Sie die Anforderungen der Stellenausschreibung erfüllen - also ein guter Kandidat für diese Stelle sind.

Aufbau Anschreiben

Wenn es um den Aufbau des Anschreibens geht, kann man sich an einem üblichen Briefaufbau orientieren. Wenn Sie bisher keine persönliche Briefvorlage haben, gibt es im Internet oder auch in Ihrem Textverarbeitungsprogramm entsprechende Vorlagen. Sie starten mit der Adresse der Firma und dem Namen des Ansprechpartners. Falls Sie in der Ausschreibung keinen persönlichen Ansprechpartner finden können, rufen Sie bei der Firma an und lassen sich den Namen der Kontaktperson geben. Das zeigt dem Unternehmen, dass Sie offen und zielstrebig sind und sich für die Stelle einsetzen. Nach der Empfängeradresse folgen Ihre Kontaktdaten, bestehend aus Vor- und Nachname, Adresse, Telefonnummer und Email-Adresse.

Die Betreffzeile wird über Ihrem Text des Anschreibens platziert. Hier geben Sie an auf welche Stelle Sie sich bewerben. In der Regel wird die Betreffzeile fett formatiert, damit sie dem Leser sofort ins Auge fällt. Ist auf der Stellenausschreibung eine Referenznummer angegeben, so fügen Sie die in der Zeile unterhalb der Betreffzeile ein.

Die Anrede ist der nächste Punkt beim Anschreiben. Falls Sie aus der Stellenanzeige oder dem vorherigen Telefonat einen Ansprechpartner ermitteln konnten, verwenden Sie: „Sehr geehrter Herr Mustermann" oder „Sehr geehrte Frau Mustermann". Sollte Ihr Ansprechpartner einen Doktortitel oder eine Professur besitzen, achten Sie darauf den Titel korrekt wiederzugeben. Konnten Sie keinen Ansprechpartner finden, schreiben Sie lediglich „Sehr geehrte Damen und Herren".

Im ersten Absatz beziehen Sie sich auf den Grund Ihrer Bewerbung und wie Sie auf die Stellenausschreibung gestoßen sind. Anschließend gehen Sie auf Ihre fachlichen Qualifikationen und Fähigkeiten ein und erläutern dem Unternehmen, warum Sie für diese Stelle perfekt geeignet sind. Heben Sie Ihre Stärken hervor und belegen Sie diese mit aussagekräftigen und bestärkenden Fakten aus Ihrem Werdegang oder Ihrer aktuellen Tätigkeit.

Im letzten Absatz gehen Sie nochmal auf Ihre beruflichen Erwartungen, Ziele und Wünsche ein. Geben Sie Ihre Gehaltsvorstellungen mit an, sofern diese in der Stellenausschreibung erwartet wird. Formulieren Sie als letztes einen kurzen Abschlusssatz. Gehen Sie darauf ein, dass Sie sich auf ein persönliches Gespräch freuen und das Unternehmen in dem Gespräch von Ihren fachlichen und ▶

persönlichen Qualifikationen überzeugen möchten. Sie verbleiben „Mit freundlichen Grüßen" und beenden Ihr Bewerbungsanschreiben mit Ihrem vollständigen Namen.

Falls Sie Ihre Bewerbungsunterlagen elektronisch versenden, können Sie eine Unterschrift einscannen und ins Dokument einbauen. Verschicken Sie eine Bewerbungsmappe per Post, ist eine Originalunterschrift wichtig. Ihre kompletten Kontaktdaten wie Name, Straße und Ort, Telefonnummer und E-Mail Adresse können Sie, Ihrer Briefvorlage entsprechend, in der Kopf oder Fußzeile einbauen. Bei der E-Mail Adresse sollten Sie darauf achten, dass Sie eine seriöse Adresse verwenden, wie z.B. vorname.nachname@provider.de.

Durch das Anschreiben überzeugen
Wenn das Anschreiben den Personalverantwortlichen nicht überzeugt, macht er sich oft nicht die Mühe und geht Ihre Bewerbung weiter durch. Sie müssen den Personaler also schon mit dem Anschreiben überzeugen, um ihn zum Weiterlesen zu bewegen.

Das Deckblatt
Das Deckblatt einer Bewerbung ist kein Muss, aber hilfreich. Es hilft Ihren Unterlagen eine persönliche Note zu geben und optisch aus der Masse an Bewerbungen hervorzutreten. Sie sollten den Stil des Deckblattes der ausgeschriebenen Stelle anpassen und eher schlicht und übersichtlich halten. Ebenso ist es ratsam, die gleiche Formatierung, sowie Schriftart und -farbe wie im Rest Ihrer Bewerbung zu verwenden. Bei dem Bewerbungsfoto sollten Sie nur ein Businessfoto verwenden.

Der generelle Inhalt eines Deckblattes ist im Prinzip immer gleich, jedoch können Sie Ihren Ideen bei der Anordnung dieser Informationen freien Lauf lassen.

> *Was gehört auf das Deckblatt:*
> - Name des Unternehmens
> - Titel der Stellenausschreibung
> - Referenznummer (falls vorhanden)
> - Ihre Kontaktdaten mit vollständigem Namen, Adresse, sowie Telefonnummer und E-Mail Adresse
> - Bewerbungsfoto

Das Deckblatt wird vor dem Lebenslauf platziert. Sie vermitteln dem Personalverantwortlichen einen ersten Eindruck von sich, bevor die zuständige Person überhaupt Ihre Bewerbungsunterlagen gelesen hat. Sehen Sie das Deckblatt als den klassischen ersten Eindruck, den man bekanntlich kein zweites mal machen kann.

Bewerbungsfoto
Der erste Eindruck zählt, das gilt auch bei Ihrer Bewerbung. Das Bild kann auf dem Deckblatt und oben rechts oder links im Lebenslauf positioniert werden. Je nachdem in welche Richtung der Blick zeigt wird das Bild platziert, da der Blick immer in Richtung Blattmitte gehen sollte. Das Bewerbungsfoto sollte dem Personalverantwortlichen in positiver Erinnerung bleiben und Sympathie ausstrahlen. (Hierzu siehe auch Artikel Sympathieträger Bewerbungsfoto – Ein Bild macht den Unterschied).

Lebenslauf
Ihr Lebenslauf dient dazu dem Personalmanager zu vermitteln, dass Sie die Voraussetzungen und Erfahrungen besitzen, welche in ▶

der Stellenanzeige formuliert sind. Der Lebenslauf sollte eine Länge von zwei bis drei Seiten nicht überschreiten. Hier verschaffen sich die Arbeitgeber einen ersten Überblick über Ihre Ausbildung, den beruflichen Werdegang und Ihre fachlichen Qualifikationen.

Sorgen Sie bei der Erstellung des Lebenslaufs dafür, dass dieser vollständig und ohne Lücken ist. Der Lebenslauf sollte übersichtlich und harmonisch gestaltet sein und keine großen Lücken aufweisen. Wenn Sie ein Jahr auf Weltreise waren oder sich beruflich neu orientiert haben, dann schreiben Sie dies in Ihren Lebenslauf. Nutzen Sie Zwischenüberschriften, um das Lesen und die Zuordnung der Tätigkeiten für den Leser einfacher zu gestalten. Sie sollten sich vorher bewusst machen, wie Sie Ihren Lebenslauf aufbauen wollen. Die übliche Sortierung ist die umgekehrte chronologische Anordnung. Sie beginnen also mit Ihrer aktuellen Tätigkeit, da diese für den Arbeitgeber am interessantesten ist.

Generell gilt bei der Erstellung des Lebenslaufs, nur für die Stelle relevante Aspekte näher auszuführen und andere Stationen Ihres Lebenslaufs nur stichwortartig zu benennen. Das zeigt dem HR-Manager, dass Sie auf den Punkt kommen und wichtiges von unwichtigem unterscheiden können. Versehen Sie Ihren Lebenslauf zum Schluss noch mit Ort, Datum und Ihrer Unterschrift am Ende des Blattes.

Der Personalverantwortliche entscheidet innerhalb weniger Sekunden, ob er sich Ihre Bewerbung weiter durchlesen möchte oder

nicht. Umso wichtiger ist es, dass Ihr Lebenslauf übersichtlich ist und Sie alles genau auf den Punkt bringen.

Daten zur Person

Unter diesem Punkt machen Sie alle Angaben zu Ihrer Person, wie z.B. Ihren Vor- und Nachnamen, Ihre Adresse, Geburtsdatum und -ort, Staatsangehörigkeit, sowie Ihren Familienstand. Die Angabe des Familienstandes und der Staatsangehörigkeit ist inzwischen weniger verbreitet, sodass Sie sich überlegen können, ob Sie diese Daten angeben möchten oder nicht. Sie sollten die Staatsangehörigkeit nur dann aufführen, wenn aufgrund Ihres Familiennamens und Geburtsort nicht direkt ersichtlich ist, dass Sie in Deutschland geboren sind.

Berufserfahrung

Geben Sie neben dem Namen der Firma, den Firmensitzes, Ihre Berufsbezeichnung und Position an. Die Beschreibung Ihres Aufgabenbereiches ist von besonderer Wichtigkeit, insbesondere wenn Ihre Tätigkeiten über die selbstverständlichen Aufgaben hinausgingen. Stellen Sie drei bis fünf der wichtigsten Aufgaben stichpunktartig zusammen. Sortieren Sie die Aufgaben nach der Relevanz für die ▶

> **03/2009 – 09/2014: Verpackungsingenieur bei der Muster GmbH in München**
> - Schnittstellenmanagement zwischen Kunden, Vertrieb, Supply Chain und Produktion
> - Entwicklung neuer Verpackungskonzepte unter Einbezug von wirtschaftlichen Aspekten mit Vertriebsaußendienst und Kunden
> - Transfer von entwickelten Konzepten in der Produktion
> - Analyse von Verpackungsvariationen und alternativen Verpackungskonzepten für den Vertrieb

Stellen für welche Sie sich bewerben und beginnen Sie mit der wichtigsten. Ein Aufbau könnte wie folgt aussehen:

Berufsausbildung bzw. Studium

Zu den Angaben der Berufsausbildung oder dem Studium zählen neben der Bezeichnung der Ausbildung und der Ausbildungsstätte auch der erzielte Abschluss und die Abschlussnote. Geben Sie beim Studium die Art und Richtung an sowie die Hochschule. Vermerken Sie, ob das Studium schon abgeschlossen ist oder ob Sie noch studieren. Falls Sie Ihre Abschlussarbeit bereits geschrieben haben, können Sie das Thema mit angeben. Sie sollten das Thema jedoch nur mit aufnehmen, wenn es in Verbindung mit Ihrer Bewerbung steht. Bei einen abgeschlossenem Studium sollten Sie auch Ihre Abschlussnote aufführen.

Schulausbildung

Fassen Sie Ihre bisherige Schulausbildung zusammen und beginnen Sie mit Ihrem höchsten Abschluss. Unternehmen sind nicht daran interessiert welche Grundschule Sie besucht haben.

Weiterbildungen

Weiterbildungen, die Ihnen für Ihr berufliches Weiterkommen nützlich waren, sollten Sie mit Informationen über die Art des Lehrgangs, den Veranstalter und die Inhalte aufführen.

Besondere Kenntnisse

Verfügen Sie über Fremdsprachenkenntnisse? Dann sollten Sie diese unter diesem Punkt mit Angabe des Sprachniveaus aufführen. Auch bei den EDV Kenntnissen vermerken Sie hinter jedem neuen Punkt die Erfahrung mit den Programmen bzw. die Sicherheit im Umgang. Diese Angaben können sich von Grundkenntnisse bis Expertenwissen erstrecken.

Zeugnisse

Scannen Sie Ihre Zeugnisse zunächst ein und fügen Sie diese hinter Ihren anderen Dokumenten ein. Ihrer Bewerbung sollte maximal fünf Arbeitszeugnisse enthalten. Als Berufseinsteiger sollten Sie auch schulische Abschlusszeugnisse und das Zeugnis des Studienabschlusses anhängen. Passen Sie die Wahl der Zeugnisse der gewünschten Stelle an. Das Zeugnis sollte Aufgaben und Qualifikationen detailliert darstellen. Es sollte auch Ihre Stärken und Erfolge beschreiben. Prüfen Sie vor dem Abschicken alle Dokumente noch einmal auf Rechtschreibfehler und Grammatik. Stellen Sie sich abschließend die Frage: Wären Sie in der Position des Arbeitgebers, würden Sie sich zu einem Vorstellungsgespräch auf diese Stelle einladen? Wenn Sie die Frage mit ja beantworten, dann schicken Sie Ihre Bewerbung erfolgreich ab.

Viel Erfolg in Ihrer Bewerbungsphase. ■

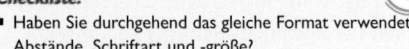

Checkliste:
- Haben Sie durchgehend das gleiche Format verwendet: Abstände, Schriftart und -größe?
- Ist der richtige Ansprechpartner genannt?
- Haben Sie das aktuelle Datum verwendet, sowohl im Anschreiben als auch im Lebenslauf?
- Gehen Sie konkret auf die Stellenausschreibung ein?
- Gehen Sie auf Ihre Qualifikationen und Fähigkeiten in Bezug auf die Stellenausschreibung ein?
- Ist Ihr Lebenslauf lückenlos und übersichtlich?
- Haben Sie Ihren Lebenslauf auf die Stellen angepasst?
- Haben Sie alle relevanten Zeugnisse eingefügt?

Die digitale Bewerbung
Schnell und effizient

Unternehmen wünschen bei der Art des Bewerbungszugangs meist die Online- oder E-Mail- Bewerbung, da diese die Bearbeitung der Bewerbungen in vielerlei Hinsicht für Unternehmen erleichtert. Folgen Sie dem Wunsch des Arbeitgebers in der Stellenausschreibung. Beide Seiten sparen Zeit und Kosten im Vergleich zur früher gängigen Papierbewerbung.

Digitale Bewerbungsunterlagen können innerhalb des Unternehmens schnell ausgetauscht werden. Bei der Online-Bewerbung kann z.B. aufgrund Ihrer strukturierten Dateneingabe automatisch gefiltert werden, ob Sie zu den Anforderungen der ausgeschriebenen Stelle passen.

Bei den elektronischen Bewerbungen unterscheidet man zwischen der Online-Bewerbung und der E-Mail-Bewerbung.

Online-Bewerbung

Für die Online-Bewerbung stellt das Unternehmen ein Bewerbungssystem auf seiner Homepage zur Verfügung. In der Stellenanzeige wird dann ein Link angegeben, über welchen Sie sofort zur richtigen Stelle in das System geleitet werden. Meist müssen Sie sich zunächst registrieren und können dann in vorgefertigte Formulare Ihre Daten eintragen. Hierzu zählen z.B. die Angaben zu Ihrer Person, wie Ihre Kontaktdaten, die Stationen Ihres Lebenslaufs und Ihre Qualifikationen, sowie Ihre bisherigen Erfahrungen. Anlagen ▶

wie Zeugnisse und Zertifikate können meist am Ende der Bewerbung hochgeladen werden. Durch den Aufbau eines Formulars haben die Unternehmen für alle Bewerber die gleiche Struktur der Angaben und können diese unmittelbar miteinander vergleichen und im Bezug auf die relevanten Punkte aus der Stellenausschreibung evaluieren.

Da es bei den Formularen der Online-Bewerbungen Pflichtfelder zum Ausfüllen gibt, haben die Personalverantwortlichen alle relevanten Informationen und Unterlagen parat. Sie können so leichter ihre Wahl treffen, welche Kandidaten sie zu einem Vorstellungsgespräch einladen. Je nach Stellenausschreibung werden die Bewerbungsmasken angepasst und ermöglichen das Abgleichen mit dem Anforderungsprofil. Aus diesem Grund ist der Verwaltungsaufwand des HR-Managers geringer und folglich verkürzt sich auch Ihre Wartezeit bis zu einer Entscheidung.

Ein weiterer Vorteil für Sie ist, dass die Bewerbung auf jeden Fall vollständig ist. Also alle Daten beinhaltet, welche der Arbeitgeber braucht, um eine Auswahl zu treffen. Da man bei der Online-Bewerbung die Texte wie das Anschreiben direkt in das Formular eingibt, ist es ratsam, dass Sie die entsprechenden Texte zunächst wie bei einer klassischen Bewerbung in ein Textverarbeitungsprogramm auf Ihrem Rechner erstellen. Das Anschreiben kann dann nochmals sowohl auf Rechtschreibfehler als auch inhaltlich geprüft werden. Anschließend können Sie die Texte in die Formularfelder kopieren. Das bietet zwei Vorteile: zum einen sind Sie sicher keine Flüchtigkeitsfehler zu

machen und zum anderen können Sie das Textdokument anschließend speichern und zur Vorbereitung auf das Bewerbungsgespräch nutzen, wenn Sie eingeladen werden. Beim Upload der Zeugnisse sollten Sie nur stellenrelevante Dokumente mitschicken.

E-Mail-Bewerbung

Im Gegensatz dazu kommt die E-Mail-Bewerbung der klassischen Print-Bewerbung sehr nahe. Sie schicken das Anschreiben zusammen mit Ihrem Lebenslauf und den Zeugnissen per E-Mail an das Unternehmen. Ihr Vorteil bei einer E-Mail Bewerbung ist, dass Sie Ihre persönliche Note mit einbringen können. Der Nachteil, dass Sie nicht sicher wissen, welche Daten das Unternehmen von Ihnen genau haben möchte. Daher ist es hierbei umso wichtiger auf alle Punkte einzugehen, die Sie aus der Stellenanzeige herauslesen können.

Der Aufbau der digitalen Bewerbungsunterlagen entsprechen dem einer klassischen Bewerbung. Trotzdem gibt es einige Besonderheiten, die man bei einer digitalen Bewerbung beachten sollte. Gehen Sie mit der gleichen Sorgfalt und Vorbereitung vor, wie bei einer klassischen Bewerbung. Nur weil die Bewerbung schnell per E-Mail verschickt ist, heißt es nicht, dass die Qualität leiden darf. Von Massenbewerbungen bei denen nur der Firmenname ausgetauscht ist, ist prinzipiell abzuraten. Individualisieren Sie jede Bewerbung und gehen Sie explizit auf die Stellenausschreibung ein.

Versenden Sie Ihre Dokumente ausschließlich als PDF-Dateien und nicht als offene ▶

Dokumente (z.B. MS Word). Bei den meisten offenen Dateiformaten gibt es Funktionen wie „Änderungen nachverfolgen". Nichts ist unangenehmer, als bei einem Bewerbungsgespräch darauf angesprochen zu werden, warum man etwaige Änderungen gemacht hat. Außerdem besteht bei offenen Dateiformaten die Gefahr, dass sie auf anderen Rechnern mit unterschiedlichen Programmversionen verschieden angezeigt werden und die Formatierungen leiden.

Nachdem Sie also die Dateien für die Bewerbung fertiggestellt haben, ist es sinnvoll alle Dokumente zusammen in eine PDF-Datei zu speichern. Die Formatierung bleibt so auf jedem Computer gleich. Zudem erleichtern Sie auch dem Personalverantwortlichen die Arbeit, da er nur eine Datei zu öffnen braucht. Benennen Sie die PDF-Datei mit Ihrem Namen, z.B. Bewerbung_Max_Mustermann. pdf, damit Ihnen Ihre Bewerbung leichter zugeordnet werden kann.

Geben Sie auch die Referenznummer mit an, wenn in der Stellenausschreibung eine vorhanden ist: Max-Mustermann_Referenznummer.pdf. Bewerber neigen dazu Bewerbungen in dem Muster Bewerbung_Unternehmensname zu benennen, um diese bei sich sortieren zu können. Dies hilft dem Personaler aber nicht Ihre Bewerbung zuzuordnen. Achten Sie darauf, dass das Dokument nicht größer als 3-5 MB ist.

Auch bei den digitalen Bewerbungsunterlagen ist der erste Eindruck wichtig. Kontrollieren Sie daher abschließend die PDF-Datei nach folgenden Gesichtspunkten:
- Stimmen alle Formatierungen?
- Ist die Auflösung des Bewerbungsfotos gut?
- Sind die Zeugnisse gut lesbar?
- Kann man das Dokument gut drucken?
- Ist das Dokument vollständig?

Aufbau der E-Mail
Geben Sie in der Betreffzeile der E-Mail an - Bewerbung: „Ihren Namen", „Stellentitel". Wenn es eine Referenznummer in der Stellenausschreibung gibt, geben Sie diese ebenfalls mit an. Benutzen Sie für die Anrede den selben Namen wie in Ihrem beigefügten Anschreiben an das Unternehmen. Schreiben Sie in ein bis zwei Sätzen, dass Sie Interesse an der Mitarbeit in der Firma haben und verweisen Sie auf die Bewerbung im Anhang. Vermeiden Sie Abkürzungen wie „MfG". Bevor Sie die E-Mail abschicken, überprüfen Sie nochmal die Rechtschreibung.

Nutzen von Talent Pools
Aufgrund des Fachkräftemangels und der demographischen Entwicklung zeichnet sich momentan ein Trend ab - das sogenannte Active Sourcing. Hierbei suchen Unternehmen aktiv in Lebenslaufdatenbanken nach passenden Kandidaten. Ein besonderer Fokus liegt auf Kandidaten aus dem sogenannten MINT-Bereich (Mathematik, Ingenieurwesen, Naturwissenschaften und Technik).

Gute Jobbörsen wie auch jobvector bieten Ihnen die Möglichkeit Ihren Lebenslauf zu hinterlegen, so dass Unternehmen aktiv nach Ihnen suchen können. Viele Unternehmen darunter auch Großkonzerne betreiben ▶

Active Scouring, das heißt, dass sie gezielt nach passenden Bewerberprofilen für ihre offenen Positionen suchen. Dabei kann es sich auch um Positionen handeln, die nicht öffentlich ausgeschrieben werden. Sie können durch Ihren Eintrag in einem solchen Talent Pool Ihre Chancen auf einen schnellen Bewerbungserfolg erhöhen.

Seriöse Jobportale ermöglichen es Ihnen, Ihren Lebenslauf und Ihre Bewerbungsunterlagen kostenlos und auf Wunsch auch chiffriert anzulegen. Das bedeutet, dass die Unternehmen nur anonymisierte Daten einsehen können. Möchte ein Unternehmen mit Ihnen Kontakt aufnehmen, entscheiden Sie, ob Sie Ihre persönlichen Daten freischalten möchten oder nicht. Dies kann besonders wichtig sein, wenn Sie noch im Arbeitsverhältnis sind. Schließlich möchte keiner, dass der eigene Arbeitgeber seine persönlichen Daten in einem Talent Pool einsehen kann.

Tipps zur erfolgreichen Nutzung von Talent Pools

Das Anschreiben sollten Sie allgemeiner formulieren, da Sie sich nicht auf eine konkrete Stellenausschreibung bewerben. Hier heißt es also seine Stärken zu präsentieren. Bei allen Eingaben sollten Sie überlegen: Nach was könnten Unternehmen suchen? Um einen größeren Erfolg zu ermöglichen, empfehlen wir Ihnen, Ihre Angaben durchdacht und mit großer Sorgfalt einzugeben und immer auf dem aktuellsten Stand zu halten.

Neben dem allgemein formulierten Anschreiben und dem Lebenslauf können Sie weitere Dokumente wie Arbeitsbescheinigungen oder Zeugnisse hochladen, um Ihren Werdegang zu unterstreichen. Wenn Sie Ihre Daten chiffrieren möchten, achten Sie darauf in Freitextfeldern auf personenbezogene Daten zu verzichten z.B. Ihren Namen unter dem Bewerbungsanschreiben. Wenn Sie z.B. Ihre Publikationen angeben möchten, nennen Sie nur Journal und Jahr.

Nutzen Sie ausschließlich seriöse Jobportale, schließlich handelt es sich um sehr persönliche Daten. Wenn es z.B. keine Datenschutzerklärung gibt, sollten Sie von diesem Portal absehen.

Die Nutzung eines Talent Pools lohnt sich nicht nur für Berufseinsteiger, sondern ist auch für Bewerber interessant, die aktuell in einem Arbeitsverhältnis stehen, sich aber beruflich verändern möchten oder für berufliche Veränderungen offen sind. ■

> **jobvector Talent Pool**
> Sie sind Ingenieur? Dann nutzen Sie den fachspezifischen jobvector Talent Pool. Unternehmen suchen im jobvector Talent Pool ausschließlich nach Kandidaten mit einem ingenieurswissenschaftlichem Hintergrund. Nutzen Sie Ihre Chance von Unternehmen gefunden zu werden.

Passende Stellenangebote finden Sie auf jobvector.com

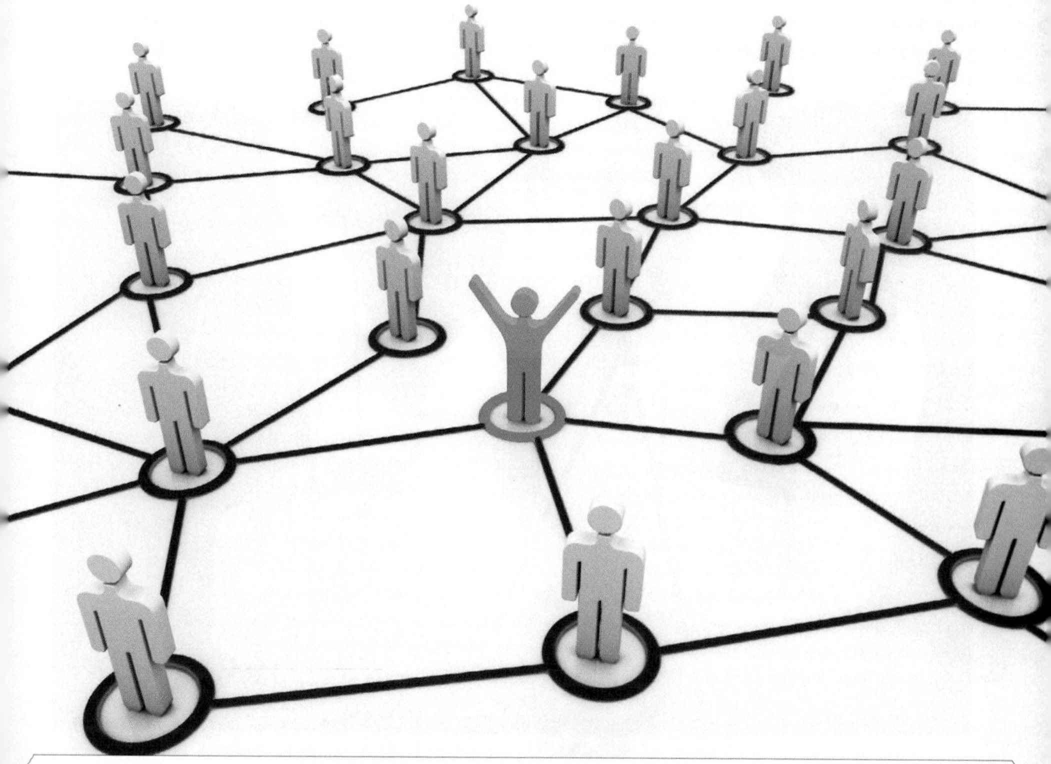

Sympathieträger Bewerbungsfoto
Ein Bild macht den Unterschied

Als Ingenieur können Sie vielleicht Kameras konstruieren, Strahlengänge erklären oder Selbstauslöser programmieren. Für Bewerbungsfotos sind jedoch Aspekte wichtig, die sich nicht immer in allgemeingültige Grundsätze zusammenfassen lassen. Das liegt einerseits an uneinheitlichen Standards und der Vielzahl an Gestaltungsmöglichkeiten, die das Bewerbungsfoto bietet. Andererseits ist entscheidend, welchen Eindruck Sie mit Ihrem Bewerbungsfoto vermitteln möchten. Diesen sollten Sie nach dem Unternehmen oder Stellenprofil, auf das Sie sich bewerben, anpassen. Als potentielle Führungskraft in einem Industriekonzern ist ein ernsterer oder neutralerer Blick angemessener, als in einem jungen Start-up Unternehmen. Obwohl ein Bewerbungsfoto seit Einführung des Antidiskriminierungsgesetzes (AGG) kein zwingender Bestandteil einer Bewerbung ist, erwarten Personaler in Deutschland weiterhin Bewerbungen mit Foto. Es kann also noch von Nachteil sein, auf diese Komponente der Bewerbungsunterlagen zu verzichten. Ein gut getroffenes Bewerbungsfoto von einem professionellen Fotografen kann für Sie nur von Vorteil sein. Denn es leistet das, wozu Anschreiben und Lebenslauf nicht in der Lage sind: Es transportiert eine positive Ausstrahlung und einen ersten, visuellen und damit persönlichen Eindruck Ihrer Person. Wenn Sie einen kompetenten Fotografen wählen, rückt er Sie mit geschultem Auge ins rechte Licht. Ein Bewerbungsfoto soll keine künstliche Inszenierung ▶

sein, sondern einen authentischen Ausschnitt Ihrer Persönlichkeit einfangen und vermitteln. Ihr Bewerbungsfoto sollte aus diesem Grund nicht älter als ein Jahr sein bzw. bei größeren optischen Veränderungen sollten Sie neue anfertigen lassen.

Mit den folgenden Tipps und Empfehlungen erreichen Sie dieses Ziel ganz einfach.

Qualität

Der Termin bei einem professionellen Foto-studio ist unumgänglich. Dies zeigt eine Studie des Berufszentrums Nordrhein-Westfalen, wonach 50 % der Bewerber allein aufgrund eines minderwertigen Fotos bei der weiteren Auswahl nicht berücksichtigt wurden (Quelle: http://www.berufszentrum.de/). Ein Passbild-automat kann nie die Qualität hervorbringen, die sich für ein so wichtiges Dokument, wie eine Bewerbung eignet. Ebenfalls ungeeignet sind selbst bearbeitete Privataufnahmen sowie Ganzkörperfotos. Schließlich drücken Sie mit einem stimmigen Foto aus, dass Sie Ihre Bewerbungen ernst nehmen und das Unter-nehmen wertschätzen.

Ein Fotograf bietet die Möglichkeit, mit profes-sionellen Equipment das Beste aus Ihnen her-auszuholen und Ihre Vorzüge zu betonen. Oft ist die Bearbeitung der Aufnahmen nach dem Fotoshooting im Preis inbegriffen. Die Preis-spanne guter Bewerbungsfotos ist nach oben hin offen. Sie beginnt bei ca. 15 €; qualitativ sehr hochwertige können auch 100 € und mehr kosten. Dafür dürfen Sie jedoch erwar-ten, dass eine Reihe verschiedener Fotos von Ihnen erstellt werden, von denen Sie mehrere

auswählen können – je nachdem auf welche Position Sie sich bewerben möchten. Rechnen Sie zeitlich mit mindestens 30 Minuten. Wenn Sie eine Serie mit unterschiedlichen Outfits machen, planen Sie eine Stunde und mehr ein. Ein guter Fotograf lässt Sie zwischendurch die Aufnahmen einsehen. Idealerweise können Sie danach bei der Bearbeitung und Auswahl der besten Fotos dabei sein. Verzichten Sie auf übermäßige Retusche. Eine Korrektur kleine-rer Makel, wie Hautunebenheiten oder abste-hende Haarsträhnen sind im Rahmen. Lassen Sie sich neben einigen Abzügen für postalische Bewerbungen die Aufnahmen digital geben. So haben Sie die wichtigen digitalen Versionen für Ihre Online-Bewerbungen.

Eine gute Alternative ist unser professioneller kostenfreier Bewerbungsfotoservice auf den jobvector career days (die aktuellen Termine finden Sie auf www.jobvector.com).

Größe/Format

Ein Bewerbungsfoto wird klassischerweise als Portrait angefertigt. Bei der klassischen Variante ist Ihr Kopf bis zum Brustbereich sichtbar. Vermeiden Sie Fotos, bei denen die Stirn angeschnitten ist. Ein weißer Rahmen wertet das Bild auf. Machen Sie dabei keine Experimente. Das lässt im schlechtesten Fall vermuten, dass sie von Ihren fachlichen Quali-fikationen ablenken möchten. Ein einheitliches Format gibt es bei Bewerbungsfotos nicht. Mit bewährten Standardformaten – zum Beispiel 4,5 x 6 cm, 5 x 7 cm oder auch 6 x 9 cm – sind Sie jedoch auf der sicheren Seite. Sie ori-entieren sich am Goldenen Schnitt und wirken daher besonders harmonisch und stimmig. ▶

Sympathieträger Bewerbungsfoto

Diese Größen eignen sich für den Lebenslauf im gängigen DIN A4-Format sehr gut. Verwenden Sie ein Deckblatt, kann das Fotoformat etwas größer sein.

Bei Online-Bewerbungen gilt: Das Foto sollte eine möglichst kleine Dateigröße, aber eine ausreichende Auflösung haben, so dass es auch im Ausdruck nicht unscharf ist. Der Personaler soll Sie schließlich auch auf einem Ausdruck erkennen können. Bewerben Sie sich über Online-Portale, sollte die Bild-Datei die maximal erlaubte Dateigröße beim Hochladen nicht überschreiten. Fragen Sie am besten Ihren Fotografen. Er kennt sich mit der idealen Auflösung und Größe für die digitale Version Ihres Bewerbungsfotos aus. Drucken Sie auch Ihre digitalen Bewerbungsunterlagen zum Test aus, bevor Sie diese losschicken.

Position

Das Bewerbungsfoto wird standardmäßig oben rechts auf der ersten Seite des Lebenslaufs platziert. Falls Sie mit einem Deckblatt arbeiten, wird das Foto mittig im oberen Drittel oder in der Mitte positioniert. Verwenden Sie bei einer Printbewerbung Klebestifte oder spezielle lösbare Fotoklebestreifen, um es sauber am Blatt zu befestigen. Büroklammern oder gar Heftklammern wirken lieblos, fallen leicht ab und hinterlassen unschöne Einkerbungen. Vergessen Sie nicht, mit einem wasserfesten Stift, auf der Rückseite des Fotos Ihren Namen und Ihre Telefonnummer zu schreiben. Falls sich das Foto wider Erwarten doch von der Bewerbung löst, können die Personaler Ihr Foto leichter zuordnen.

Farbe

Ob Sie Ihr Foto in Farbe, Schwarzweiß oder in einem etwas wärmeren Sepiafarbton wünschen, ist reine Geschmackssache und bleibt Ihnen überlassen. Farbige Fotos haben den Vorteil mehr Tiefe wiederzugeben. Sie wirken natürlicher und lebendiger. Eine vorteilhafte Beleuchtung ist hierbei sehr wichtig und ein weiterer Grund, einen Profi ans Werk zu lassen. Auch bei der Kleiderwahl sollten Sie darauf achten, harmonische Farben zu wählen, die Ihren Typ unterstreichen und nicht von Ihrem Gesicht ablenken. Sie sollten gedeckt und nicht grell oder leuchtend sein. Das Gleiche gilt für den Hintergrund. Er sollte als Kontrast bei farbigen Bildern unbedingt im Einklang mit dem Motiv und Ihrer Bewerbung stehen und nicht hervorstechen. Varianten wie Schwarzweiß oder Sepia sind eleganter. Die Konturen treten mehr in den Vordergrund, weshalb Sie Ihnen mitunter leicht einen harten Zug verleihen können. Lassen Sie beide Versionen von Ihrem Fotografen anfertigen. Falls Sie unentschlossen sind, holen Sie Meinungen aus Ihrem Umfeld ein.

Das Fotoshooting

- Sprechen Sie vorab mit dem Fotografen Ihrer Wahl über Ihre Wünsche und Vorstellungen und planen Sie für den Termin mindestens 30 Minuten ein.
- Bereiten Sie sich zu Hause vor. Bringen Sie Ihre Frisur in einen guten Zustand oder investieren Sie in einem Frisörtermin. Verzichten Sie auf zu viel Gel, da es auf dem Foto unvorteilhafte Effekte erzeugen kann. Bei langen Haaren wirkt eine zusammengefasste Frisur sehr ▶

professionell und bringt das Gesicht zur Geltung. Allerdings sollte sie nicht zu streng sein. Wenn die Haare offen bleiben, sollten sie nicht störend in das Gesichtsfeld fallen.

- Allgemein: Für Bewerber, die zu fettiger Haut neigen, empfiehlt sich sogenanntes Löschpapier, das sie in gut sortierten Drogerien finden. So vermeiden Sie auf dem Foto unvorteilhafte Lichtspiegelungen.
- Frauen sollten Ihr Make-up dezent und natürlich halten. Betonen Sie Ihr Gesicht ohne es zu sehr zu schminken. Einige gute Fotostudios bieten auch die Leistung eines Stylisten an.
- Treffen Sie eine Auswahl an Kleidungsstücken, die sich gut miteinander kombinieren lassen und die Sie auch im Bewerbungsgespräch tragen würden. Für Männer sind Hemd mit Krawatte und Sakko die richtige Wahl. Frauen haben eine größere Auswahl. Blusen kombiniert mit einem Blazer eignen sich sehr gut.
- Für Frauen: Wählen Sie höchstens eine dezente Kette oder kleine Ohrringe aus, wie zum Beispiel Stecker. Große Schmuckstücke lenken ab.
- Wenn Sie als Brillenträger verschiedene Brillen haben, testen Sie vor dem Fotoshooting, welche Brille Sie tragen möchten.
- Probieren Sie beim Shooting verschiedene Posen im Sitzen und Stehen aus. Lassen Sie sich von Ihrem Fotografen beraten. Er sollte Sie jedoch nie zu Posen überreden, die Sie gekünstelt wirken lassen. Ein leicht gedrehter Oberkörper, der sich ein wenig nach vorne in Richtung des Betrachters neigt, wirkt dynamisch. Der Kopf sollte leicht seitlich gedreht sein, sodass Sie nicht frontal in die Kamera schauen. Dies kann zu forsch und direkt wirken. Vermeiden Sie bei Bewerbungsfotos für Führungspositionen eine Kameraeinstellung, die zu sehr von oben auf Sie gerichtet ist. Eine Führungskraft sollte sich im wahrsten Sinne zumindest auf Augenhöhe befinden.

- Ganz wichtig: Zeigen Sie ein natürliches Lächeln mit geschlossenem oder leicht geöffnetem Mund. Damit wirken Sie immer sympathisch und das Foto erhält eine positive Ausstrahlung. Falls Ihnen das schwer fällt, denken Sie an etwas Schönes. Wie wäre es mit dem Moment, wenn Sie eine positive Zusage für den künftigen Job bekommen? So erreicht Ihr Lächeln auch Ihre Augen. ∎

Checkliste

- Halte ich Blickkontakt zum Betrachter?
- Ist der Körper dem Betrachter zugeneigt?
- Zeige ich ein offenes, natürliches Lächeln?
- Ist das Gesicht gut ausgeleuchtet und frei zu erkennen?
- Sitzen die Haare?
- Ist der Teint matt/sitzt das Make-up?
- Ist die Kleidung passend zum Job gewählt?
- Werfen Hemd, Bluse und Jackett keine Falten?
- Ist der Hintergrund ruhig und neutral?
- Gefällt Ihnen das Bild?
- Sind Sie auf dem Bild authentisch getroffen?

Kostenfreie Bewerbungsfotos erhalten Sie auf den jobvector career days:
Frankfurt, März
München, Mai
Berlin, September
Düsseldorf, November

ⓘ

Passende Stellenangebote
finden Sie auf jobvector.com

jobs

Checkliste für Ihren erfolgreichen Besuch auf dem jobvector career day

Vor dem jobvector career day

- Registrieren Sie sich bereits im Voraus für den jobvector career day, um vor Ort Zeit zu sparen
- Melden Sie sich bei Interesse am Bewerbungsmappencheck bitte frühzeitig an
- Firmenprofile und Jobangebote im Begleitheft anschauen und Zeitplan für den Tag zusammenstellen: Welche Unternehmen und Firmenvorträge besuchen Sie um welche Uhrzeit? An welchen Veranstaltungen des Rahmenprogramms möchten Sie teilnehmen? Planen Sie hierfür genug Zeit ein
- Lebenslauf oder Kurzprofil erstellen bzw. aktualisieren. Falls vorhanden: Visitenkarte mitnehmen
- Ein paar kurze, prägnante Sätze zu sich selbst vorformulieren: Wer bin ich? Was möchte ich? Wo möchte ich hin? So können die Firmenvertreter Sie besser und individuell beraten
- Outfit vorbereiten: Am besten im Businessdress, so wie Sie zu einem Vorstellungsgespräch gehen würden. Rucksäcke vermeiden, das passt nicht zum Business-Look
- Mailservice mit Stellenangeboten abonnieren, um über die aktuellsten Stellen der beteiligten Unternehmen informiert zu sein ▶

Auf dem jobvector career day
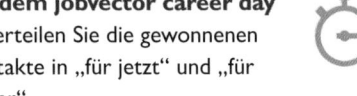

- Rechtzeitig ankommen, Stau und Zugverspätungen einplanen
- Die Garderobe für Jacken, Taschen und Koffer nutzen: Nur das Nötigste mitnehmen
- Zum Warm-up: Einen Rundgang über die Messe machen und Begleitheft an der Infotheke abholen
- Vor dem Gespräch das Firmenprofil aus dem Begleitheft als Reminder lesen
- Am Messestand: Mit einer kurzen persönlichen Vorstellung starten und dann offene und authentische Fragen stellen. So kann Ihr Gesprächspartner gezielt antworten. Signalisieren Sie, dass Sie sich über das Unternehmen informiert haben. Kontaktdaten des Ansprechpartners merken (besser noch: nach Visitenkarte fragen)
- Nach jedem Gespräch Stichworte zu Ablauf, Ansprechpartner und Kontakt (z.B. auf der Visitenkarte des Ansprechpartners) notieren
- Pausen nicht vergessen, besonders vor dem Gespräch mit dem Wunscharbeitgeber
- Ihr Freiexemplar der jobvector „Karrieretrends für Ingenieure" an der Infotheke abholen

- Tagesabschlussrunde machen
- Bewerbungsgespräch live nicht verpassen: Besser können Sie sich nicht auf Ihr persönliches Bewerbungsgespräch vorbereiten

Nach dem jobvector career day

- Unterteilen Sie die gewonnenen Kontakte in „für jetzt" und „für später"
- Reflektieren Sie die Ergebnisse der Gespräche: Sowohl über das Unternehmen als auch über sich selbst, daraus können Sie lernen
- Bedanken Sie sich per E-Mail bei Ihren Ansprechpartnern für das gute Gespräch. Eventuell können Sie darauf hinweisen, dass eine Bewerbung später erfolgt oder Ihre Bewerbung - wenn gewünscht - gleich mitschicken
- Bewerben Sie sich mit Bezug auf das Gespräch auf dem jobvector career day im gesamten Jahr oder später, das zeigt Ihr persönliches Engagement und hebt Sie von der Masse der Bewerbungen ab
- Notieren Sie den Termin des nächsten jobvector career days für Ihren nächsten Karriereschritt ■

Aktuelle Termine der jobvector career days finden Sie auf jobvector.com

Dress for Success – Der Erste Eindruck zählt
Die richtige Kleidung für Ihr Vorstellungsgespräch

Vielleicht denken Sie bei der Überschrift daran, wann Sie zuletzt einen Anzug oder ein Buisness-Outfit getragen haben. Beim Abiball? Lange her... Während des Studiums steht die Kleidung meist nicht im Vordergrund. Kittel und Jeans gehören zur Standard-Garderobe.

Doch wenn Sie Ihre erste Einladung zu einem Vorstellungsgespräch in der Hand halten, wird die passende Kleidung zu einem Thema, mit dem Sie sich eingehend beschäftigen sollten. Schließlich zählen zum ersten Eindruck nicht nur die Inhalte Ihrer Worte und Ihr Auftreten, sondern auch Ihr äußeres Erscheinungsbild.

Oftmals wird der erste Eindruck unterschätzt. Gerade bei einem Vorstellungsgespräch entscheidet dieser jedoch über Erfolg oder Misserfolg. Unterbewusst entscheiden Personalverantwortliche bereits in den ersten Sekunden, ob ihnen jemand sympathisch ist oder nicht. Ihr Gegenüber fragt sich oftmals bei einem Vorstellungsgespräch, ob Sie als Kandidat geeignet sind, das Unternehmen- auch vor Kunden oder Geschäftspartnern angemessen zu präsentieren. Durch ein gepflegtes Äußeres drücken Sie dem Gesprächspartner gegenüber ihre Wertschätzung aus.

Bei gleich qualifizierten Bewerbern entscheidet bei 65% der Personalverantwortlichen ▶

Einfacher Knoten

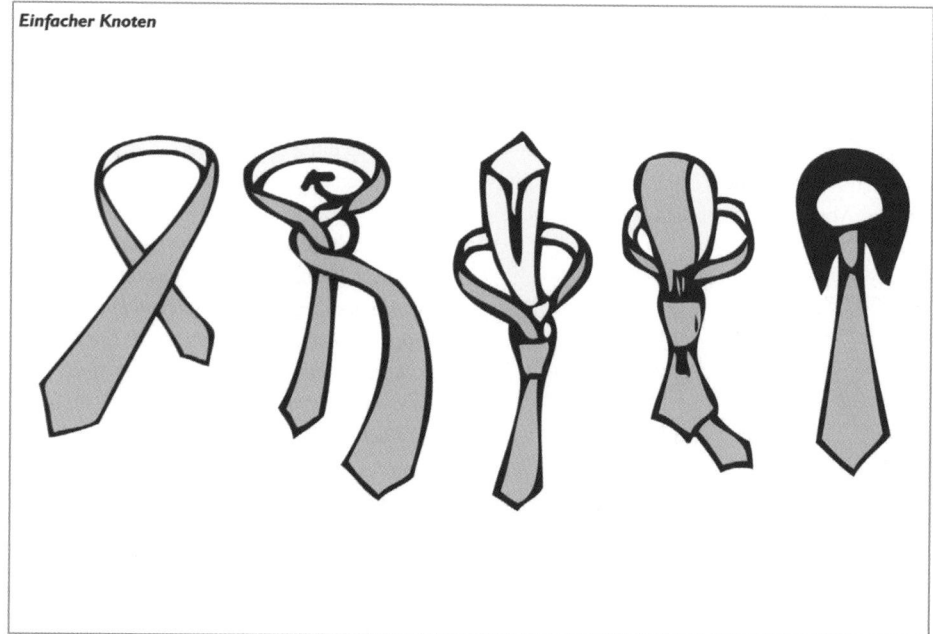

die Kleidung darüber wer die Stelle bekommt. 70% bewerten zu bunte und grelle Kleidung als negativ. Sie sehen, gute Kleidung ist im Job immer wichtig, ganz gleich ob Sie in der Wissenschaft, der Klinik oder der Industrie tätig werden möchten. Sie kann sogar den wesentlichen Unterschied ausmachen.

Mit dem richtigen Erscheinungsbild können Sie also gleich bei Ihrem potenziellen neuen Arbeitgeber punkten. Dabei gibt es einige Punkte zu beachten.

Allgemeines

Ein passendes Outfit ist eine Visitenkarte für Ihr Marketing in eigener Sache. Die Investition in gute Kleidung lohnt sich in jedem Fall, auch wenn Sie Ihnen vielleicht hoch erscheint. Das Vorstellungsgespräch eignet sich prima, um sich mit dem Business-Look vertraut zu machen. Schließlich werden Sie in Ihrem künftigen Job diese Kleidung öfter tragen.

Auch eine Tasche, in der Sie Ihre Unterlagen mit zum Vorstellungsgespräch bringen, gehört

zum Outfit. Lassen sie Ihren Rucksack zu hause und wählen Sie stattdessen eine Aktentasche, die zu Ihrem Businesslook passt.

- Unpassende Kleidung
- Grelle Farben
- Schmutzige Schuhe
- Sicht auf Tätowierungen und Piercings

Für Bewerber

Männliche Kandidaten sind mit einem dunklen Anzug branchenunabhängig auf der sicheren Seite. Allgemein sind dunkle Farben wie blau oder grau zu bevorzugen. Das passende Hemd in einem helleren Farbton sollte ordentlich gebügelt sein.

Eine Krawatte ist ein absolutes Muss. Dezente, farblich abgestimmte Muster sind erlaubt. Greifen Sie aber auf keinen Fall zu Rot, diese Farbe ist zu dominant. Die Krawatte sollte exakt bis zum Hosenbund reichen und sorgfältig gebunden sein. Üben Sie im Voraus das Binden oder lassen Sie sich notfalls dabei helfen.

Das Sakko Ihres Anzugs sollte geschlossen sein. Beim Hinsetzen können Sie es öffnen, doch denken Sie beim Aufstehen daran, es wieder zu schließen. Ziehen Sie es niemals aus, auch wenn es noch so heiß ist, es sei denn, Ihr Gesprächspartner macht es Ihnen vor. Auch die Krawatte sollten Sie nicht lockern. Diese Geste ist allzu lässig und kommt nicht gut an.

Bei einer langen Anreise empfiehlt es sich ein Ersatzhemd mitzunehmen, falls Ihr Hemd bis zur Ankunft verknittert oder verschwitzt ▶

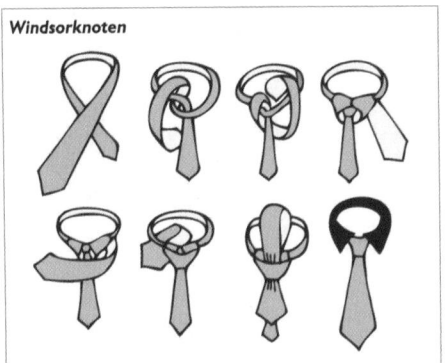

Windsorknoten

ist. Die Sicht auf Männerbeine beim Sitzen sollte unbedingt vermieden werden. Deshalb sind Socken zu wählen, welche bis zur Wade reichen und farblich eine Nuance dunkler sind als der Anzug. Sportsocken oder bunte Exemplare mit auffälligem Muster sind tabu.

Das Schuhwerk sollte vor dem Vorstellungsgespräch geputzt und poliert werden. Stimmen Sie Ihre Schuhe farblich mit dem Gürtel ab. Dies trägt zu einem harmonischen Gesamtbild bei. Auf das Tragen von auffälligem Schmuck sollten Sie verzichten und ggf. auffällige Piercings oder Tattoos verdecken. Über dem Anzug tragen Sie unterwegs am besten einen leichten Mantel oder Trenchcoat. Zerstören Sie Ihren gepflegten Business-Look nicht durch eine unpassende Jacke.

Ihre Haare sollten zum Rest Ihres Business-Looks passen. Nutzen Sie nicht zu viel Haargel. Bei längeren Haaren empfiehlt es sich, einen Zopf zu machen. Gehen Sie nicht unrasiert zu einem Vorstellungsgespräch. Bei einem längeren Bart ist darauf zu achten, dass er gepflegt aussieht.

- Kapuzenpullover
- Jeans
- Mützen
- Bedruckte Shirts
- Sandalen
- Tennissocken

Für Bewerberinnen

Weibliche Kandidatinnen haben in der Wahl der passenden Kleidung mehrere Möglichkeiten. Am besten eignen sich ein Hosenanzug oder Kostüm, bestehend aus Rock und Bla-

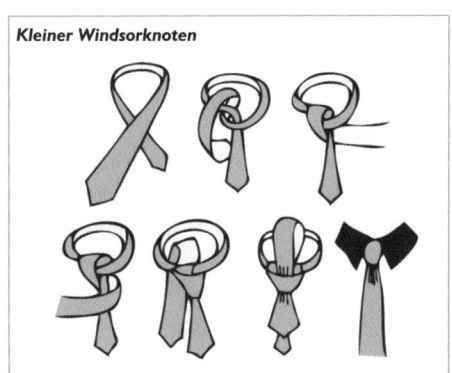

Kleiner Windsorknoten

zer. Die Farbe sollte einheitlich, dezent und gedeckt sein.

Verzichten Sie bei der Kleidung auf Details wie Schleifen oder Rüschen. Der Schmuck sollte ebenso dezent gewählt werden. Kombinieren Sie nie mehr als fünf Teile und stimmen Sie diese aufeinander ab. Weniger ist hier mehr. Dies gilt auch bei Ihrem Make-up.

Vermeiden Sie es unbedingt mehr Haut als nötig zu zeigen. Der Rock sollte mindestens bis zum Knie reichen. Eine Feinstrumpfhose dazu ist – zu jeder Jahreszeit - unverzichtbar. Sie sollte matt und in einer dezenten Hautfarbe gewählt werden. Denken Sie daran, sich eine Ersatzstrumpfhose einzupacken, damit Sie im Falle einer Laufmasche nicht in Not geraten.

Wenn Sie Ihr Outfit farblich akzentuieren möchten, tun Sie das mit dem Oberteil, jedoch nicht mit einer bunten Strumpfhose oder ähnlichem. Ebenso tabu sind Trägertops und tiefe Ausschnitte. All dies hinterlässt keinen seriösen Eindruck. Greifen Sie eher zu einer ▶

Bluse. Unkomplizierte Stoffe sind am einfachsten zu handhaben. Leinen zum Beispiel knittert schnell; Seide dagegen ist zu elegant.

Wählen Sie zudem Schuhe, in denen Sie sicher laufen können. Vermeiden Sie zu hohe Absätze und offene Schuhe. Am wichtigsten ist, dass Sie sich in Ihrer Kleidung wohl und sicher fühlen. Achten Sie deshalb auf gut sitzende Stücke, die Sie nicht einengen.

Für Ihre Frisur gilt: Fassen Sie lange Haare am besten zu einer ordentlichen Frisur zusammen. Offene Haare stören und werden schnell zur Verlegenheitsfalle, wenn Sie sie ständig zurückstreichen müssen. Eine gepflegte Frisur dagegen unterstreicht Ihren Business-Look.

- Miniröcke
- Durchsichtige Kleidung
- Großzügige Ausschnitte
- Trägertops
- Strass, Pailletten, Schleifen, Rüschen, Spitze
- Übertriebenes Make-up
- Greller Nagellack

Allgemein gilt

Neben einem gepflegtem Erscheinungsbild gilt es auch keine penetranten Parfüms zu verwenden. Ein zu starker Duft kann negativ ausgelegt werden. Vermeiden Sie es auch am Tag vor dem Vorstellungsgespräch Lebensmittel mit intensiven Gerüchen zu essen oder zu trinken. Am Tag des Vorstellungsgesprächs sollten Sie nicht zu stark rauchen und vorsichtshalber ein Mundspray und Deo mitnehmen.

Legen Sie Ihr Outfit einige Tage vorher zurecht. Prüfen Sie vor dem Termin frühzeitig den Zustand Ihrer gewählten Kleidung auf offene Säume, Flecken oder Knitter und geben Sie diese gegebenenfalls in die Reinigung. Falls Sie unsicher sind, ziehen Sie es probehalber einmal an und bewegen Sie sich ein wenig darin.

Fragen Sie Ihr Umfeld wie Sie wirken. Üben Sie dabei auch eine entsprechende Körperhaltung. Übertreiben Sie nicht und bleiben Sie auch im anfangs ungewohnten Business-Look authentisch. Finden Sie heraus, in welchem Businesslook Sie sich am wohlsten fühlen. So unterstreicht das äußere Erscheinungsbild Ihre beruflichen Ambitionen ideal und Sie machen die beste Werbung für sich. ■

Passende Stellenangebote
finden Sie auf jobvector.com

Wenn Sie zu einem Vorstellungsgespräch eingeladen werden, haben Sie die erste Hürde bereits gemeistert! Die formalen Anforderungen haben Sie erfüllt. Sie wurden ausgewählt, sich persönlich vorzustellen. Jetzt kommt es drauf an, sich gut zu präsentieren und durch Kompetenz und Persönlichkeit zu überzeugen.

Punkten Sie, indem Sie sich gut auf den zukünftigen Arbeitgeber vorbereiten. Informieren Sie sich vor dem Gespräch sehr gut über das Unternehmen und die Schwerpunkte der Stellenbeschreibung. Setzen Sie sich intensiv mit Ihrem eigenen Lebenslauf auseinander und durchdenken Sie, warum Sie welche Entscheidungen getroffen haben. Warum haben Sie Ihren Studiengang oder Ihre Ausbildung gewählt?

Es muss nicht immer der stromlinienförmige Lebenslauf sein, der überzeugt. Wichtig ist, dass Sie jede Station Ihres Lebenslaufs begründen und transparent darlegen können, warum Sie genau diese Entscheidung für Ihren Werdegang getroffen haben. Häufig werden Sie gebeten den Interviewer kurz durch Ihren Lebenslauf zu führen, oder im Bewerbungsgespräch spricht der Interviewer bestimmte Situationen Ihres Werdegangs an.

Setzen Sie sich nochmals genau mit der Stellenbeschreibung auseinander und ▶

überlegen Sie, wie Sie im persönlichen Gespräch überzeugen können und warum Sie das Anforderungsprofil erfüllen. Ist zum Beispiel Teamfähigkeit gefordert, dann überlegen Sie sich, anhand welcher Lebenssituation Sie gut darlegen können, dass Sie teamfähig sind.

Bereiten Sie sich auf die gängigen Fragen im Vorstellungsgespräch vor. Bei der Frage nach den persönlichen Schwächen geht es nicht um eine Darstellung Ihres persönlichen Selbstportraits, sondern um eine eloquente und dennoch selbstkritische Reaktion – können Sie sich gut darstellen? Bleiben Sie immer authentisch und versuchen Sie nicht, eine Rolle zu spielen. Sprechen Sie den Personalverantwortlichen ruhig auf Ihre Perspektiven und Entwicklungsmöglichkeiten im Unternehmen an.

Wenn Sie das Berufsfeld wechseln oder Berufseinsteiger sind, möchten Sie bestimmt wissen, was Sie erwartet. Überlegen Sie sich im Vorfeld, was Sie von Ihrem zukünftigen Arbeitgeber und zu Ihrer Stelle wissen möchten, um nach dem Gespräch entscheiden zu können, ob die Stelle und das Unternehmen auch zu Ihnen passen.

Falls Sie in eine Gehaltsverhandlung kommen, vergessen Sie nicht: Geld allein macht nicht glücklich, aber es ist beruhigend, genug zu haben. Wichtig ist hier seinen Marktwert realistisch einzuschätzen (Siehe hierzu auch Artikel: Eine Frage des Geldes).

Hören Sie Ihrem Gesprächspartner zu und stellen Sie Ihre Fragen zum richtigen Zeitpunkt. Eine kurze Denkpause ist nicht schlimm und beruhigt. Erscheinen Sie ausgeruht, angemessen gekleidet (Siehe hierzu Artikel: Dress for Success) und pünktlich zum Vorstellungsgespräch.

Zu Ihrem Vorstellungsgespräch sollten Sie bestimmte Unterlagen mitnehmen. Ihre Gesprächsunterlagen sollten die Stellenanzeige, eine Kopie der Bewerbung und die Einladung beinhalten. Nehmen Sie vorsichtshalber alle Zeugnisse und Referenzen, die Sie in der Bewerbung erwähnt haben mit.

Oftmals ist ein kleines Rollenspiel des Bewerbungsgesprächs mit Freunden oder vor dem Spiegel sehr hilfreich. Es kann mögliche Unsicherheiten beiseite räumen und Ihr Auftreten im Gespräch verbessern. Wenn Sie zu mehreren Gesprächen eingeladen werden, dann versuchen Sie, wenn möglich das Vorstellungsgespräch mit Ihrem Favoriten nicht als erstes zu terminieren. Das verschafft Ihnen mehr Erfahrung für Ihre Favoriten-Unternehmen und Sie können ruhiger in die für Sie wichtigen Gespräche gehen. Vielleicht liegt Ihnen sogar schon ein Angebot vor, so dass Sie noch selbstbewusster auftreten können.

Mögliche Fragen

Die folgenden Fragen gehören zu den häufig gestellten Interviewfragen. Sie sollten zu diesen eine klare und überlegte Antwort geben können. Wir können natürlich nur einen beispielhaften Auszug von Fragen darstellen. ▶

Zu Ihrer Person allgemein
- Welche persönlichen Ziele haben Sie?
- Weshalb wollen Sie sich verändern?
- Wo liegen Ihre Stärken und Schwächen?
- Was verstehen Sie unter Teamarbeit?
- Wie organisieren Sie Ihren Arbeitstag?

Zu Ihrer Vergangenheit
- Was war Ihr schwierigstes berufliches Problem, wie haben Sie es gelöst?
- Haben Sie Misserfolge erlebt?
- Welches waren die wichtigsten Aufgaben in Ihrer letzten Position?

Zu Ihrer Zukunft
- Was erwarten Sie von der neuen Stelle?
- Was möchten Sie in 5 Jahren erreicht haben?

Zu Grund- und Fachwissen
- Welche Station in Ihrem Werdegang hat Sie fachlich am meisten geprägt?
- Welche Fachkenntnisse konnten Sie bereits beruflich nutzen?
- Welche Rolle spielt Ihr Fachwissen in Ihrer heutigen Position?
- Fachfragen zur gesuchten Position

Unerwartete Fragen
- Können Sie lügen?
- Weshalb würden Sie sich selbst möglicherweise nicht einstellen?
- Was wäre das Schlimmste, was Ihnen passieren könnte?
- Können Sie sich nur in Fachwörtern ausdrücken?
- Was denken Sie über Ihren letzten Chef?

Zu Ihrer Lernbereitschaft
- Wenn es nicht läuft wie gewohnt, was machen Sie dann?
- Welchen Stellenwert haben Fortbildungen für Sie?

Im Zusammenhang mit der Firma
- Warum haben Sie sich gerade bei uns beworben?
- Weshalb interessiert Sie diese Position?
- Was wissen Sie über unser Unternehmen?
- Nennen Sie mir Gründe, weshalb wir Sie einstellen sollten.
- Wie würden Sie die Tätigkeit der Position umschreiben?
- Welche Eigenschaften wären Ihnen bei Ihrem zukünftigen Chef wichtig?
- Warum sind Sie für diese Postion geeignet?

Zu überfachlichem Wissen
- Was interessiert Sie besonders?
- Wie halten Sie sich auf dem Laufenden?
- Was sind Ihrer Meinung nach die wichtigsten Erfindungen der letzten Jahrzehnte und warum?
- Verfügen Sie über Zusatzqualifikationen?
- Fragen zu einem tagespolitischen Thema
- Welchen Produkten gehört Ihres Erachtens die Zukunft und warum?

Heikle Fragen
- Weshalb sind Sie arbeitslos geworden?
- Sind Sie nicht über – bzw. unterqualifiziert für diese Aufgabe?
- Weshalb haben Sie hier ein mittelmäßiges Zeugnis erhalten?

Unzulässige Fragen
- Was haben Sie mittelfristig für (private) Pläne?
- Provokativ: Wann wollen Sie eine Familie gründen und Kinder kriegen?
- An Frauen: Können Sie sich durchsetzen?

Zulässige und unzulässige Fragen
Die bewusst falsche oder unvollständige Antwort auf Fragen berechtigt den Arbeitgeber in der Regel zur Anfechtung des Arbeitsvertrages wegen arglistiger Täuschung. Voraussetzung ist, dass die Fragen zulässig waren. Unzulässige Fragen müssen nicht wahrheitsgetreu beantwortet werden. ■

Passende Stellenangebote
finden Sie auf jobvector.com

Jobs

Die häufigsten nonverbalen Fehler im Vorstellungsgespräch

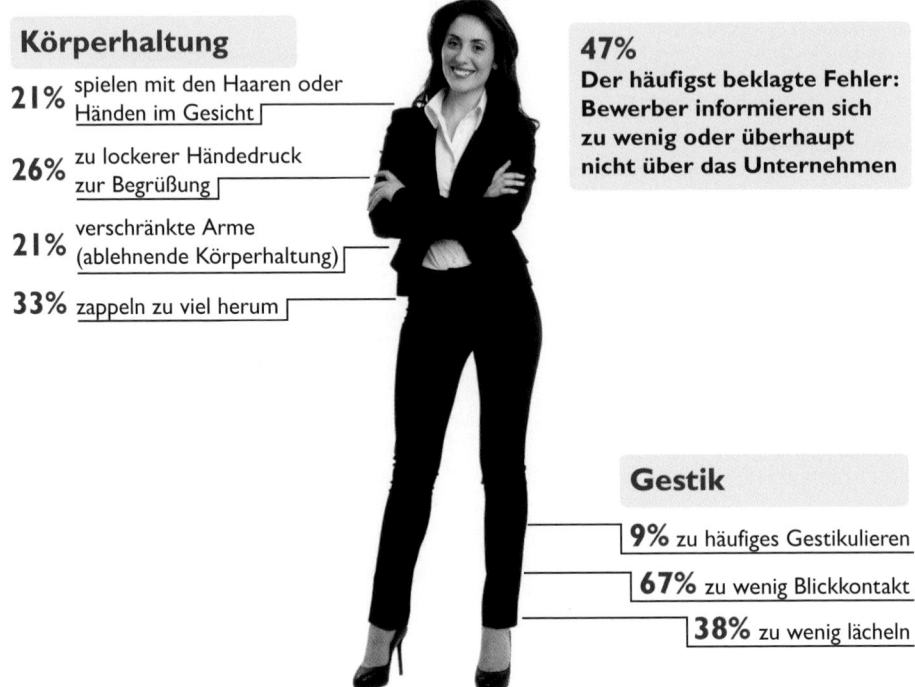

Körperhaltung

21% spielen mit den Haaren oder Händen im Gesicht

26% zu lockerer Händedruck zur Begrüßung

21% verschränkte Arme (ablehnende Körperhaltung)

33% zappeln zu viel herum

47%
Der häufigst beklagte Fehler: Bewerber informieren sich zu wenig oder überhaupt nicht über das Unternehmen

Gestik

9% zu häufiges Gestikulieren

67% zu wenig Blickkontakt

38% zu wenig lächeln

Die Top Ten der häufigsten Fehler, die bei einem Vorstellungsgespräch gemacht werden:

- Nicht nach der Tätigkeit fragen
- Sich nicht von den anderen Kandidaten abheben
- Im Vorstellungsgespräch zu viel improvisieren
- Sich verbiegen, um die Person zu sein, die das Unternehmen sucht
- Ausschließlich die eigenen Interessen über die des Unternehmens stellen
- Unzureichende Recherche über den potentiellen Arbeitgeber
- Nicht genügend Interesse oder Begeisterung zeigen
- Fehlender Humor, Herzlichkeit oder Persönlichkeit
- Vermitteln, dass Sie noch nicht über den letzten Job hinweg sind
- Zu sehr ins Detail gehen, warum Sie die letzte Beschäftigung verloren haben ▶

Quelle: Verändert nach Classes and Careers

33% der Recruiter wissen bereits nach den ersten **90 Sekunden** des Vorstellungsgespräches, ob der Kandidat für eine Einstellung in Frage kommt

Der erste Eindruck

7% Gesprächsinhalt

38% Ausdrucksqualität und rhetorische Fähigkeiten

55% Kleidung und die Art und Weise des Auftretens

33% schlechte Körperhaltung

Das erste Gespräch mit dem neuen potentiellen Arbeitgeber dauert **durchschnittlich 40 Minuten**

Kleidung

70% der Recruiter sagen: nicht zu bunt und keine knallbunten Krawatten oder Tücher

65% Verantwortliche sagen: Kleidung ist ein Entscheidungsfaktor bei gleich qualifizierten Bewerbern

---

Tipps für das Bewerbungsgespräch:
- Bereit sein kurz Ihre Erfahrungen zu beschreiben
- Überprüfen Sie Ihre Qualifikationen für den Job
- Eine bestimmte Aufgabe im Auge haben
- Im Vorfeld über das Unternehmen informiert sein

5 Fragen die gerne gestellt werden:
- Erzählen Sie mir etwas über sich.
- Warum haben Sie Ihren letzten Job gekündigt?
- Was wissen Sie über unser Unternehmen?
- Warum wollen Sie für uns arbeiten?
- Erzählen Sie etwas über Ihre Erfahrungen im... ■

Soft Skills
Wichtiger Karrierefaktor neben der Fachkompetenz

Sowohl im Berufsleben als auch im Privatleben spielen Soft Skills, auch soziale Kompetenzen genannt, eine wichtige Rolle. Sie können den Erfolg in vielen Lebensbereichen bestimmen. Insbesondere bei einem Bewerbungsgespräch ist das Wissen über die eigenen Stärken und Schwächen von großer Bedeutung, denn so können Sie sich gekonnt in Szene setzen und überzeugen.

Neben der reinen Fachkompetenz, genannt Hard Skills, die Ihre berufstypischen Qualifikationen beschreiben, gibt es die Soft Skills, die als „weiche Fähigkeiten und Fertigkeiten" bezeichnet werden. Diese Kompetenzen umfassen z.B. Fähigkeiten wie Einsatzbereitschaft, Kreativität, aber auch Kommunikationsstärke und Teamfähigkeit.

Hard Skills erlangen Sie in Ihrem Studium, Ihrer Ausbildung, durch Praktika oder im Berufsleben selber. Bei der Bewerbung können Sie diese anhand von Zeugnissen und Erfahrungen aus Ihrem Berufsleben leicht darstellen. Im Gegensatz dazu sind Soft Skills Grundlage Ihrer Lebens- und Berufserfahrung, einige können durch spezielle Trainings oder Coachings geschult werden. Bei Soft Skills unterscheidet man zwischen persönlichen, sozialen und methodischen Handlungskompetenzen. ▶

Persönliche Kompetenzen

Zu persönlichen Kompetenzen zählen z.B. Einsatzbereitschaft, Verantwortungsbewusstsein, Selbstvertrauen und Kreativität. Im Berufsleben wäre ein Zeichen für Einsatzbereitschaft, wenn Sie sich besonders für Ihre eigenen Aufgaben einsetzen oder auch Kollegen Ihre Hilfe anbieten, um ein Projekt zu Ende zu bringen, auch wenn es für Sie Überstunden bedeutet. Ebenso bedeutend ist Selbstvertrauen. Stellen Sie sich neuen Herausforderungen und sagen Sie nicht von vornherein, dass Sie etwas nicht können. Fragen Sie nach und zeigen Sie Ihren Vorgesetzten, dass Sie Interesse daran haben, etwas Neues zu erlernen. Das zeigt Ihrem Arbeitgeber, dass Sie nicht nur das machen, was Sie bereits können, sondern sich weiterbilden möchten.

Eine weitere Kompetenz ist das Verantwortungsbewusstsein. Erledigen Sie Ihre Aufgaben gewissenhaft, stehen Sie zu Ihren Ergebnissen und präsentieren Sie diese mit Überzeugung. Jedoch zeugt nicht nur das Fertigstellen der eigenen Aufgaben von Verantwortungsbewusstsein, sondern auch das Verhalten im Team. Übernehmen Sie Organisatorisches oder unterstützen Sie Ihre Kollegen bei Problemstellungen. Dabei dürfen Sie natürlich Ihre eigene Aufgabe nicht aus dem Auge verlieren und erfolgreich umsetzen.

Sie besitzen diese Fähigkeiten? Dann sollten Sie in Ihrer Bewerbung auf diese Punkte eingehen. Sie können Ihre Einsatzbereitschaft z.B. durch Engagements außerhalb des Studiums oder durch über das Studium hinausgehende Kurse und Seminare zeigen. Überzeugen Sie den Personalverantwortlichen, dass Sie nicht nur das Nötigste machen, um Ihr Ziel zu erreichen. Zeigen Sie, wie wichtig es Ihnen ist, Neues zu erlernen und sich für andere einzusetzen. Ehrenamtliche Tätigkeiten oder eine Stelle in einer leitenden Position sind ein Indiz für den Personaler. Sie machen damit deutlich, dass Sie bereits verantwortungsvolle Aufgaben gemeistert haben. Legen Sie Ihrer Bewerbung Arbeitszeugnisse oder konkrete Ergebnisse Ihrer Arbeit bei, damit sich der Personaler ein eigenes Bild von Ihnen und Ihrer Kreativität machen kann.

Am besten bereiten Sie sich auf ein Vorstellungsgespräch vor, indem Sie sich schon im Vorfeld Beispiele aus Ihrem Berufs- oder auch Ihrem Privatleben überlegen, um diese dann auch im Gespräch überzeugend darstellen zu können.

Soziale Kompetenzen

Als Basis fast aller Sozialkompetenzen lassen sich Kommunikationsfähigkeit, Empathie und Teamgeist bezeichnen. Sie können Ihre Meinung klar zum Ausdruck bringen ohne dabei andere zu denunzieren? Das zeugt von einer guten Kommunikationsfähigkeit, da Sie sich gegenüber anderen angebracht ausdrücken und auch Kritik sachlich äußern können. Teamgeist haben Sie, wenn Sie gerne mit Ihren Kollegen zusammen arbeiten und sich gegenseitig bei Ihrer Arbeit unterstützen. Diese Fähigkeiten sind Erfolgsfaktoren in sehr vielen Berufsbildern.

In Ihrer Bewerbung können Sie z.B. mit Mannschaftssportarten oder Teamarbeit in ▶

ehrenamtlichen Tätigkeiten punkten. So zeigen Sie dem Personalverantwortlichen, dass Sie bereits Erfahrung in der Teamarbeit gesammelt haben, aber auch, dass Sie in der Lage sind, im Team Konflikte zu lösen und Erfolge zu feiern.

Methodische Kompetenzen

Bei methodischen Kompetenzen geht es darum, wie gut Sie Methoden und Techniken erlernen und anwenden können. Dazu zählt z.B. das Vorbereiten, Aufbauen, Gestalten einer Präsentation, das verständliche Präsentieren oder die Fähigkeit, Probleme strukturiert anzugehen und zu lösen. Auch die Art und Weise mit welchen Strategien Sie sich Ihre Zeit effektiv einteilen, Sie Ihre Arbeit erleichtern und strukturieren ist eine methodische Fähigkeit. Ihre Kreativität bzw. Ihre Innovationsfreude und der Einsatz von Techniken zur Ideenfindung sind ebenso bedeutende Punkte. Diese helfen bei einer Herausforderung verschieden Lösungswege zu entwickeln.

Für Ihre Karriere ist das Selbstmarketing, also authentisch Ihre eigenen Stärken bewusst unterstreichen zu können, eine wichtige Kompetenz. Präsentieren Sie Ihre Ergebnissen und zeigen Sie Ihrem Vorgesetzten, dass Sie gute Arbeit geleistet haben. Machen Sie im Unternehmen auf sich aufmerksam.

Die Bewerbung ist das Erste, das der Personalverantwortliche von Ihnen sieht, also stellen Sie sich so gut wie möglich dar. Unterstreichen Sie Ihre Stärken z.B. durch ein ansprechendes Layout der Bewerbung. Ebenso spielen die passenden Formulierungen und die

Herausarbeitung der für das Berufsbild wichtige Erfahrungen und Karrierestationen eine große Rolle. Mit all diesen Aspekten können Sie dem Personaler zeigen, dass Sie zu der Stelle passen und sich gut vorbereitet haben.

Handlungskompetenz

Nicht nur als Führungskraft ist es wichtig mit Herausforderungen und Leistungsdruck umgehen zu können. Bringen Sie Ihre Stärken aktiv in Ihr Arbeitsleben ein und zeigen Sie Ihren Kollegen und Vorgesetzten, dass Sie bereit sind, sich Herausforderungen zu stellen und sich stetig weiterentwickeln möchten. Gehen Sie Ihre Aufgaben so an, dass Sie ständig Ihr Ziel vor Augen haben und ergebnisorientiert handeln.

In jedem Beruf gibt es Zeiten, in denen es hektischer zugeht. Bewahren Sie in diesen Situationen die Ruhe und erledigen Sie trotz Zeitruck Ihre Arbeit konzentriert und ergebnisorientiert. Geben Sie sich nicht mit dem Minimum zufrieden, sondern versuchen Sie immer aus allem das Maximum raus zu holen.

Auszeichnungen für gute Leistungen und gute Arbeitszeugnisse eigenen sich sehr gut, um diese Fähigkeiten im Lebenslauf festzuhalten. Studienbezogene Leistungen, wie ein Stipendium, eine Bestnote in der Bachelorarbeit oder ein Doppelstudium sowie die Teilnahme an einem Elite-Programm sind sehr gute Referenzen, die Ihre Fähigkeiten herausstellen. Ebenso können Erfolge aus Ihren Hobbys für den Personaler ausschlaggebend sein. Haben Sie bei einem akademischen oder musikalischen Wettbewerb gewonnen oder sind Sie ▶

sportlich aktiv? Diese Aktivitäten stehen genau wie z.B. die Auszeichnung zum Mitarbeiter des Jahres in Ihrem Nebenjob für Ihre Belastbarkeit und Ihren Leistungswillen.

Bewertung der Soft Skills

Soft Skills können im Gegensatz zu den Hard Skills nur subjektiv bewertet werden, daher ist es schwer einzelne Fähigkeiten zu definieren. Letztlich ist es wichtig, dass Ihre Fähigkeiten zu dem Berufsbild passen.

Neben dem Bewerbungsgespräch setzen einige Unternehmen im Auswahlprozess Verhaltens- und Persönlichkeitstest sowie Assessment Center ein, um sich von Ihren personalen, sozialen und methodischen Kompetenzen zu überzeugen. Mittels dieser Tests haben Sie nicht nur die Chance Ihre Fachkompetenz unter Beweis zu stellen, sondern können auch Ihre sozialen Kompetenzen präsentieren.

Einen ersten Eindruck von Ihren Soft Skills erhalten Personalverantwortliche in Ihrem Bewerbungsschreiben, Lebenslauf, Referenzen oder Zeugnissen. Wenn Sie in Ihrem Lebenslauf viele Weiterbildungen aufweisen können, sagt das aus, dass Sie neugierig und offen für Neues sind. Ihr Anschreiben sollte aus der Masse herausstechen, da das für den Personaler ein Zeichen für Kreativität und Ihren Ehrgeiz ist. Sehr wichtig ist, dass Sie auf die Anforderungen in der Stellenanzeige eingehen und es damit dem Personalverantwortlichen leicht machen zu erkennen, dass Sie ideal auf die zu besetzende Stelle passen. ■

- Gehen Sie in Ihrer Bewerbung auf die geforderten Soft Skills aus der Stellenanzeige ein
- Bereiten Sie Beispiele für die in der Stellenanzeige erwähnten Soft Skills vor, um im Bewerbungsgespräch zu überzeugen
- Versuchen Sie in Ihrem Studium oder Ihrer Ausbildung auf Kurse zu achten, welche Ihre Stärken unterstreichen

Passende Stellenangebote finden Sie auf jobvector.com